Fritz Baumgart

Stilgeschichte der Architektur

Fritz Baumgart

Stilgeschichte der Architektur

DuMont Buchverlag Köln

Vordere Umschlagklappe: Hans Scharoun, Philharmonie in Berlin
Umschlagrückseite: Reims, Kathedrale, Westfassade (nach Dehio Atlas IV, T. 412)

© Verlag M. DuMont Schauberg Köln, 1969
© DuMont Buchverlag, Köln 1977
Druck und buchbinderische Verarbeitung: Boss-Druck, Kleve

Printed in Germany ISBN 3-7701-0715-2

Inhalt

Vom Sinn und Wesen der Baukunst

Wer vom 20. Jh. her zu einer Bestimmung dessen gelangen will, was Architektur als Kunst ('Baukunst') ist, gerät in Schwierigkeiten. Ein belangloses Einfamilienhaus braucht sich in seinen formalen Elementen nicht von einem riesigen Verwaltungsbau, einer Bibliothek, einer Industrieanlage, einem Museum usw. zu unterscheiden. Alles ist Architektur, auch Mietskasernen, Schuppen und Ställe gehören zu ihr. Wo aber fängt dabei die Kunst an?

Bis in den Anfang dieses Jahrhunderts hinein hatte man offiziell und allgemein noch ziemlich genaue Begriffe von 'Baukunst': sie mußte, um diesen Namen zu verdienen, repräsentativ sein und sich einer reicheren Formengebung bedienen, als sie den reinen Zweckbauten zukam. Repräsentiert wurde der Staat (Reichstagsgebäude, Ministerien), die Stadt (Rathäuser), die Gerechtigkeit (Justizpaläste), die Künste (Museen als Kunsttempel, Theater als festliche Schauplätze), Wissen und Erziehung (Universitäten, Akademien, Bibliotheken), der Fortschritt (Weltausstellungen, Bahnhöfe) und vieles mehr. Das alles fehlt als äußerliche Kennzeichnung der Bestimmung von Bauwerken heute weitgehend. Es scheint, als ob nach fünf Jahrtausenden architektonischen Schaffens neue Definitionen der Baukunst gesucht werden müssen, wovon jedoch erst in den letzten Kapiteln gesprochen werden kann.

Für eine Stilkunde und Geschichte der Architektur aber ist der Begriff der Repräsentation (Darstellung und Stellvertretung) unerläßlich. Denn alles, was an beachtenswerter Architektur von ihren Anfängen an erhalten oder zu erschließen ist, hat die Eigenschaft des Repräsentativen. Diese Anfänge, so könnte man meinen, müßten in jene prähistorischen Zeiten zurückreichen, in denen die ersten künstlerischen Äußerungen des Menschen festzustellen sind. Das ist nicht der Fall. Viele Jahrtausende hindurch gab es, ehe gebaut wurde, Malerei und Plastik, die die Repräsentation des Menschen in der Welt und deren Deutung übernahmen. Baukunst, die mehr ist als notdürftigste Unterkunft, beginnt erst mit der Entstehung der frühesten Hochkulturen in Mesopotamien und Ägypten während des 4. Jahrtausends v. Chr., bedingt durch die Verwandlung des nomadenhaften Daseins von Jägern und Hirten in die Seßhaftigkeit des Bauern. Damit entstanden neue Formen der Gemeinschaft, die zu Städte- und Staatenbildungen führten. Notwendigerweise mußte sich das ganze Weltbild der Menschen verändern, das von neuen Göttern bestimmt wurde, die bleibende Stätten der Verehrung forderten: es entstanden Tempel. Gleichzeitig bedurften diese Gemeinschaften einer Ordnung, die nicht allein von unsichtbaren und fernen Göttern gewährleistet werden konnte. Diese mußten als Herrscher ins Leben treten: Gott, Priester und König in einer Person. Zum Tempelbau trat der Palastbau. Ebenso wichtig wie das Leben aber war der Tod. Auch der Tote verlangte eine bleibende Stätte: es entstand der Grabbau, der zugleich Monument war.

Bei wachsenden Siedlungen ergaben sich neue Bauaufgaben, vor allem solche des Schutzes. So bildete sich allmählich ein reiches Gebiet der Baukunst aus, das sich von der Masse der einfachen Behausungen stets durch eine besondere Formgebung unterschied, die Ausdruck eines bestimmten Ordnungswillens der Gemeinschaft oder Gesellschaft war. Das aber heißt, daß die Bauwerke, die man als Baukunst betrachtet, nicht nur die Erfordernisse des praktisch-materiellen Lebens berücksichtigten, sondern Sinngebungen erhielten, die die menschlichen Deutungen des Religiösen, Staatlichen, Gesellschaftlichen repräsentierten.

Dabei darf nicht vergessen werden, was hier zwangsläufig ausgeschaltet bleiben muß, daß zum repräsentativen Bau fast stets Plastik und Malerei traten, nicht als 'ästhetische' Applikationen, sondern als wesentliche Bestandteile der jeweiligen Sinngebung, so daß Gesamtkunstwerke entstanden, die alle Ausdrucksformen menschlichen Ordnungswillens auf dem Gebiet der 'Bildenden Künste' zusammenfaßten.

Doch macht diese Eigenschaft als Gesamtkunstwerk nicht das besondere Wesen der Architektur aus. Ein Bauwerk steht als raumumschließender und raumverdrängender Gegenstand anders in der Wirklichkeit als Malerei und Plastik. Dieses Verhaftetsein im Realen bedingt in höherem Maße, als es bei den sonstigen Künsten der Fall ist, Zweckgebundenheit. Auch Tempel, Kirche, Palast usw. sind zweckgebunden. Sie sind es nicht nur im Sinn der repräsentativen Bestimmung, sondern ebenso in der praktischen Benutzbarkeit. Diese Wirklichkeit wurde durch das Material bedingt, das zur Verfügung stand und der Gestaltbarkeit Grenzen setzte. So frei wie ein Maler seine Phantasie walten lassen kann, vermochte es ein Architekt nicht, so lange ihm nur die Möglichkeiten der natürlich gegebenen Baumaterialien von Lehm, Ziegel, Stein und Holz zur Verfügung standen. Die umfangreichere Verwendung schon bekannter künstlicher Baustoffe wie Eisen und Glas seit dem endenden 18. und dem beginnenden 19. Jh. und die seit dem Ende des 19. Jh. stetig zunehmenden Erfindungen neuer künstlicher Baustoffe erschlossen ungeahnte Möglichkeiten, die im 19. Jh. zunächst nur von Ingenieuren ausgenutzt wurden, während die Architekten sich ihrer zugunsten repräsentativer 'Baukunst' nur verschämt bedienten. Seitdem es keinen Unterschied mehr zwischen Ingenieurbau und Architektur gibt, ist jene neue Situation entstanden, auf die anfangs bereits hingewiesen wurde.

Es wäre möglich, die abendländische Baukunst vom 8. Jh. an unter den angeführten Gesichtspunkten für sich zu betrachten. Doch schwebte sie dann gleichsam in der Luft. Denn ihre Grundlagen, ohne die sie nicht zu verstehen ist, waren die christliche Spätantike des römischen Imperiums und die byzantinische Kunst, die aus der römischen Spätantike hervorgegangen ist. Die römische Architektur wiederum beruhte in vielem auf der griechischen, die ihrerseits Anregungen aus der ägyptischen, altorientalischen und kretisch-mykenischen Baukunst empfangen hat, so daß es angebracht ist, die ersten Kapitel den führenden Bauideen und Formen dieser vorabendländischen Kulturen zu widmen.

1 Alte Kulturen

Vorbemerkung: Gemeinsam sind den ersten Hochkulturen in Ägypten, Vorderasien und auf Kreta monumentale Grab-, Tempel- und Palastanlagen, die nach außen geschlossen wirken, im Innern aber eine Anzahl von mehr oder weniger großen offenen und eine Vielzahl von zumeist sehr kleinen oder verstellten geschlossenen Räumen enthalten.

Die Anordnung ist, mit Ausnahme der Hethiter und Kretas, zumeist von großer Regelmäßigkeit.

Material: Werkstein, Backstein, Lehmziegel, Holz.

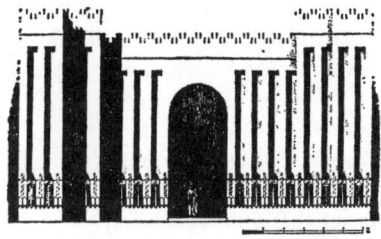

Mastaba-Gruppe. 4. Dynastie (nach A. Badawy)   Uruk, Inannatempel, Rekonstruktion der Südostfassade

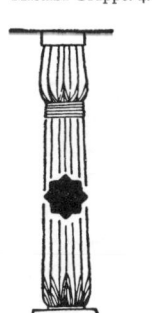

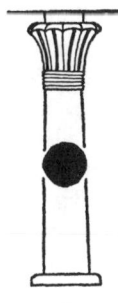

a   b   c   d   e

Papyrussäulen (nach H. Koepf).   a+b Papyrusbündelsäule mit geschlossenem und offenem Kapitell
c+d Lotossäule mit geschlossenem und offenem Kapitell
e Palmensäule

Ägypten

Totenkult

Bestimmend für die Ausbildung der ägyptischen Baukunst wurde der Totenkult, der auf dem Glauben an ein Weiterleben beruhte. Der einbalsamierte Leichnam erhielt außer seiner Grabkammer noch einen Opferraum und je nach Bedeutung und Reichtum weitere Räume, die bis zu dreißig vermehrt wurden, so daß dem Toten ein umfangreiches 'Wohnhaus' zur Verfügung stand, das mit Statuen, Reliefs und Malereien geschmückt war, die ihn selbst, seine Umgebung und das ganze Leben darstellten, ihm damit die Fortdauer seines Daseins gewährleistend. Derartige Gräber wurden in den Felsrändern des Niltales angelegt und zwar bis in die Spätzeit des ägyptischen Reiches. Die Felsentempel von Ramses II. aus der XIX. Dynastie (1314–1197) gehören zu den reichsten Anlagen dieser Art.

Gräber

Daneben entstanden von Beginn an halb oberhalb der Erde angeordnete Gräber, die Mastabas, die die Form eines flachen langgestreckten Blockes mit geböschten Wänden aus luftgetrockneten Lehmziegeln erhielten *(Fig. S. 9)*. Die meisten Mastabas befinden sich in den unterägyptischen Nekropolen von Gizeh und Sakkara. Es ist anzunehmen, daß sich die Pyramide aus der Mastaba entwickelte. Die *Stufenpyramide des Königs Zoser in Sakkara* (III. Dynastie 2780–2680) stellt die Übereinanderstaffelung von sechs Mastabas dar, jetzt aber quadratischem Grundriß angenähert und eine Höhe von 59 m erreichend *(Abb. 1)*. Die Pyramide enthielt nur die kleine Grabkammer, deren Lage von außen nicht zu ermitteln ist und auch unzugänglich gemacht wurde, was Ausplünderungen jedoch nicht verhinderte. Das 'Wohnhaus' des Toten befindet sich jetzt außerhalb der Pyramide im Tempelbezirk. Die rechteckige Anlage (544 : 277 m) ist insgesamt noch nicht axial ausgerichtet wie später, im einzelnen aber sehr regelmäßig. Die Umfassungsmauern sind durch rechteckige Vor- und Rücksprünge gegliedert, was sich ähnlich gleichzeitig oder sogar schon früher in Mesopotamien findet. Die Ostfassade des Nordpalastes ist mit Papyrus-Halbsäulen geschmückt *(S. 9)*, andere Teile enthalten kannelierte Säulen und Bündelsäulen. Diese ursprünglich aus den Pflanzen selbst verfertigten Glieder wurden dann in Holz übertragen und jetzt in Kalkstein hergestellt, dessen Bearbeitung in der III. Dynastie vollkommene Beherrschung des Materials zeigt. Erst dadurch wurde die monumentale Ausgestaltung von Grab und Tempel ermöglicht.

Wohnhäuser

Kalkstein und Granit blieben allein diesen Bauaufgaben vorbehalten, während Haus- und Nutzbauten, selbst königliche Wohnpaläste, auch in Zukunft fast ausschließlich mit Lehmziegeln und Holz errichtet wurden. Infolgedessen ist von Wohnhäusern so gut wie nichts erhalten. Darstellungen auf Reliefs und Wandmalereien aber lassen eine Vorstellung zu, die sich jedoch nur auf Häuser der Vornehmen bezieht. Die Wohnhütten der Bevölkerung sind von äußerster Primitivität gewesen, wohl denen des heutigen Ägypten entsprechend. Das Grundschema des reichen Hauses bestand aus einem Eingangshof, den eine Vorhalle mit einer Reihe von Säulen abschloß, durch die man in den breiten säulengetragenen Eingangssaal gelangte. An diesen schloß sich der quadratische oder langgestreckte, ebenfalls säulengetragene Hauptraum an. Diese Folge ist axial-symmetrisch angeordnet. Seitlich und nach der Tiefe zu lagen Schlafräume, Dienerquartiere, Küche, Magazine usw., die sich einem großen Rechteck einordneten. Oft wird ein zweites Stockwerk vorhanden gewesen sein, das neben offenen Loggien und Terrassen weitere Räume enthielt. Alles war außen und innen weiß verputzt, das Innere mit Wand- und Deckenmalereien und farbigen Fußböden geschmückt.

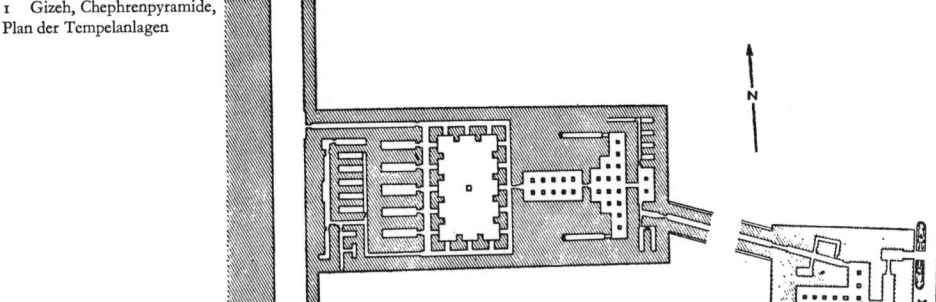

1 Gizeh, Chephrenpyramide, Plan der Tempelanlagen

Pyramiden

Daß das Grundschema des reichen Wohnhauses für die Totentempel der Pyramiden maßgebend war, zeigt der Plan der Tempelanlagen der *Chephrenpyramide in Gizeh (Fig. 1)* aus der IV. Dynastie (2680–2565). Der Taltempel im Osten enthält Vorhalle, breitgelagerten ersten Säulensaal und tiefgestreckten zweiten Säulensaal, genau axial-symmetrisch angeordnet. Ein 450 m langer gemauerter Damm verbindet den Taltempel in beträchtlicher Achsenverschiebung mit dem größeren Grabtempel, der die gleiche, nur reichere symmetrische Ordnung zeigt. Die Pyramide selbst *(Abb. 2 Mitte)* zwischen der kleineren und jüngeren Mycerinuspyramide und der etwas älteren größeren Cheopspyramide hat eine Seitenlänge von 215 m und eine Höhe von 143 m. An ihr sind Reste der ursprünglichen Verkleidung mit sorgfältig geglätteten Steinplatten erhalten, wie sie alle Pyramiden hatten. Außer den mächtigen Grabanlagen der IV. Dynastie in Gizeh sind weitere der V. Dynastie (2565–2420) in Sakkara und Abusir und der VI. (2420–2258) südlich Sakkara erhalten.

Das Mittlere Reich

Sehr viel weniger ist vom Mittleren Reich bewahrt, aus dem aber große Tempelanlagen nachweisbar sind, die dem von Beginn an festgelegten Schema folgten. Das Schwergewicht lag jetzt in Oberägypten. Der in Deir el Bahari (gegenüber Theben) befindliche Grabtempel des Mentuhotep aus der XI. Dynastie (2134–1991) zeichnet sich durch neuartige Verwendung von Terrassenanlagen und großartige Geschlossenheit aus.

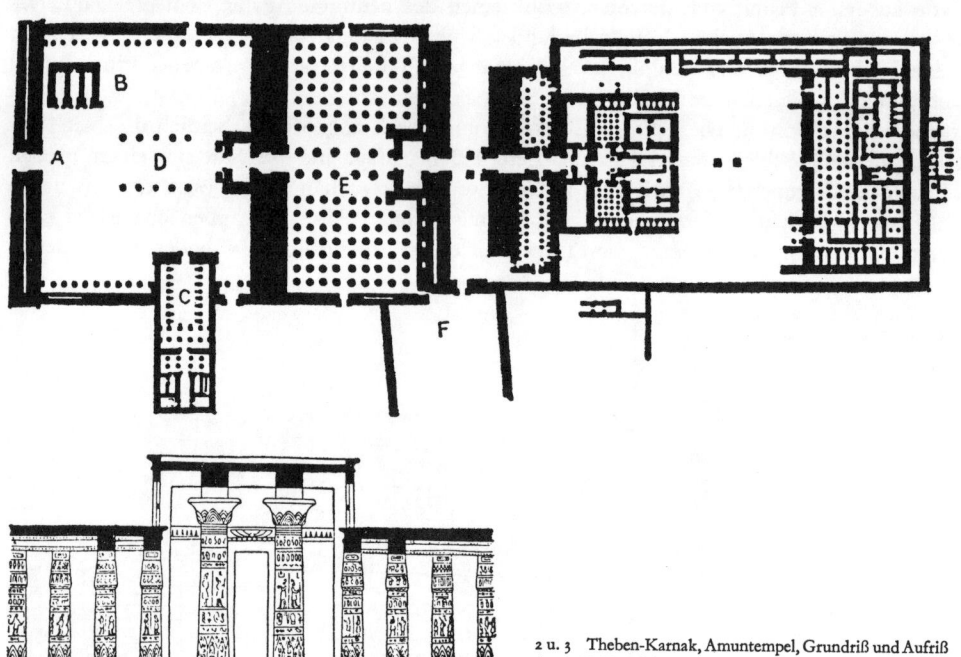

2 u. 3   Theben-Karnak, Amuntempel, Grundriß und Aufriß (nach H. Koepf)

Tempel des Neuen Reiches

Am anschaulichsten werden große Tempelkomplexe aus dem Neuen Reich (1570–1085), so vor allem am *Amuntempel von Theben-Karnak (Abb. 3* u. *Fig. 2 u. 3)*, den mehrere Herrscher der XVIII. (1570–1314) und XIX. Dynastie (1314–1197) errichtet haben [Thutmosis I. und III., Hatshepsut, Sethos I., Ramses I., II. und III.]. Die Abbildung zeigt den Blick auf die Gesamtanlage (L. 260, Br. 118 m) mit dem ersten Pylon (A) im Hintergrund und dem Pylon V von Hatshepsut links, der zu einer Folge von Pylonen gehört, die von Süden her auf den Tempel zuführen (F). Die genaue Symmetrie der in östlicher Richtung verlaufenden Anlage ist nur im ersten Vorhof (D) durch Einbeziehung zweier kleinerer Tempel (B und C) gestört. Der Prozessionsweg führt nach dem zweiten Pylon durch einen großen Säulensaal (52 : 103 m), der von 134 Papyrussäulen gestützt wird. Die beiden mittleren Reihen tragen ein erhöhtes Dach (24 m), die Säulen der 14 Seitenschiffe sind 14 m hoch. – Der *Grabtempel der Königin Hatshepsut in Deir el Bahari* neben dem älteren Tempel des Mentuhotep ist unter dessen Einfluß terrassenförmig angelegt *(Abb. 6)*. Zwei Rampen führen aus dem Vorhof und dem mittleren Hof zum obersten Heiligtum, dessen kleinerer Hof vollständig von Säulenhallen umschlossen war. Die Anlage zeichnet sich durch ungewöhnliche Weiträumigkeit aus.

Ebenfalls aus der Zeit der XVIII. und XIX. Dynastie stammt der *Amuntempel in Theben-Luxor (Abb. 4 u. Fig. 4)*. Die von Amenhotep III. errichtete völlig regelmäßige Folge von Kolonnaden, Säulenhöfen und Säulenhallen (B, C) bis zum Allerheiligsten (L. 260, Br. 55 m) erfuhr eine Achsenverschiebung durch den von Ramses II. vorgelegten Hof, der mit einer Doppelreihe von 74 Papyrussäulen umgeben ist (A). Die Verschiebung wurde durch die Erhaltung einer älteren Kapelle von Thutmosis III. bewirkt. Die Abbildung zeigt die mit 34 gebündelten Papyrussäulen versehene Vorhalle zum Allerheiligsten. An diesem Beispiel ist gut ersichtlich, wie es bei derartigen Innenräumen nicht auf Raumwirkung ankam, sondern allein auf die körperhafte und monumentale Wirkung des Säulenwaldes. Der Säule kam die Repräsentation des Majestätischen und Ewigen zu, ähnlich wie den mächtigen geschlossenen Wänden der Pylonen. – Von anderen Tempeln des Neuen Reiches seien erwähnt: der Totentempel von Ramses II., das Ramesseum in Theben (57:180 m) und der Totentempel von Ramses III. in Theben-Medinet Habu (ca. 50:150 m).

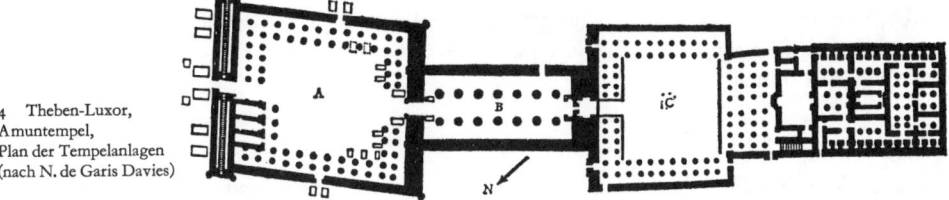

4   Theben-Luxor,
Amuntempel,
Plan der Tempelanlagen
(nach N. de Garis Davies)

Ptolemäische und römische Spätzeit

Die Tradition derartiger Monumente reicht bis in die Spätzeit der ptolemäischen und römischen Periode. Der *Horustempel in Edfu* von 237–212 stellt mit seiner Regelmäßigkeit der Anordnung und der Verwendung aller seit Jahrtausenden entwickelten Elemente geradezu ein Musterbeispiel ägyptischer Baukunst dar *(Abb. 5 u. Fig. 5)*. An ihm kann die Folge der Teile wie an einem Lehrschema abgelesen werden. Gleichzeitig wird an der Trockenheit aller Glieder die tödliche Erstarrung dieser Baukunst deutlich, die noch im Neuen Reich von schwellender Kraft erfüllt gewesen war.

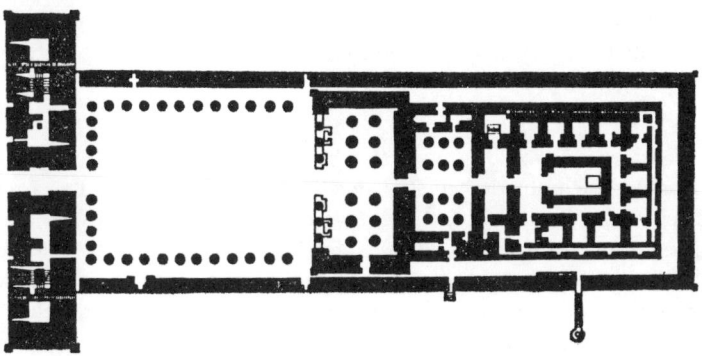

5   Edfu, Horustempel,
Plan des Tempels

Die Sumerer

Ein sehr verschiedenartiges Bild bietet die Baukunst des Alten Orients, deren Entwicklung schon vor der ägyptischen einsetzte. Bereits im 4. Jahrtausend entstand in Südmesopotamien (Ur, Uruk, Eridu, Lagasch) die städtische Kultur der Sumerer. Die Unterschiede zur Kultur des Niltales wurden durch andere Voraussetzungen und Bedingungen hervorgerufen. Der Totenkult spielte keine Rolle, so daß sich monumentale Gräber mit Grab- und Totentempeln in geordneter Folge von Anlagen entlang einer heiligen Straße nicht entwickeln konnten. Tempel wurden ausschließlich zur Verehrung der Gottheiten errichtet. Auch hier war die Grundform des Wohnhauses maßgebend, die aus einer Ansammlung von Kammern um einen rechteckigen Binnenhof bestand, sich also von der axial-symmetrischen Richtungs-betontheit des ägyptischen Hauses unterschied. Neben die Tempel traten allmählich reiche Palastanlagen, denen ebenfalls eine monumentale Ausgestaltung zukam, was in Ägypten nicht oder jedenfalls sehr viel weniger der Fall war. Da Stein und Holz nicht vorhanden waren, wurden fast ausschließlich luftgetrocknete Lehmziegel verwendet, die später durch gebrannte und farbig glasierte Ziegel ergänzt oder ersetzt wurden. Farbe und Plastik traten von Beginn an hinzu.

Warka (Uruk)

Schon in der ersten Periode der Sumerer zwischen 3500 und 3000 entwickelte sich aus kleinen primitiven Tempelgebäuden eine regelmäßig gegliederte Form, die durch innere und äußere Strebepfeiler, durch viele kleine Rücksprünge und durch farbiges Mosaik aus bunten Ton-stiften, die in den dicken Wandverputz gesteckt wurden, ein gegenüber sonstigen Gebäuden hervorgehobenes Aussehen erhielt. Die Ausgrabungen des *'Weißen Tempels' von Warka* (Uruk) haben nicht nur den Grundriß vollständig zutage gebracht *(Fig. 6)*, sondern auch große Teile der Mosaikwände. Bedeutsam ist, daß der Tempel auf einem künstlichen Hügel von etwa 12 m Höhe errichtet wurde, womit die Grundform der Zikkurat (Hochtempel) geschaf-fen wurde, die unter sämtlichen Herrschaften bis zum Ende bewahrt blieb ('Turmbau zu Babel' im 7. Jahrhundert!), wie auch die Gliederungsweise alle Elemente enthielt, die in der Folgezeit den Monumentalbau bestimmten. In den hügellosen Ebenen des Zweistromlandes bedeutete die künstliche Erhebung viel. Das Haus des Gottes wurde weithin sichtbar gemacht und zugleich dem Himmel näher gebracht.

Stadtstaaten von Isin, Larsa und Babylon (3.–2. Jahrtausend)

Aus der nachsumerischen Zeit der Stadtstaaten von Isin, Larsa und Babylon (2025–1594) stammt der *Tempel der Ishtar-Kititum in Ishchali* (um 2000–1900), dessen Rekonstruktion die inzwischen erfolgte bedeutende Monumentalisierung der Architektur zeigt *(Fig. 7)*. Auf hoher Plattform erhebt sich ein langgestrecktes Rechteck mit mehreren Binnenhöfen. Außen- und Innenwände sind durch breite lisenenartige und etwas erhöhte Mauerteile gegliedert. Die unregelmäßig verteilten Portale werden von turmartigen Kuben mit schmalen hohen Recht-

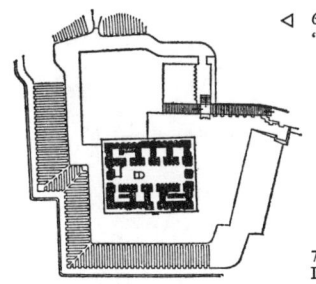

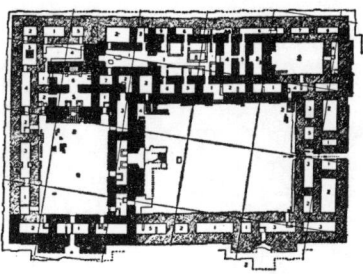

6　Warka (Uruk), Grundriß des
'Weißen Tempels' (nach H. Frankfort)

7　Ishchali, Plan des Tempels der
Ishtar-Kititum

ecknischen flankiert. Das Ganze erhält einen burg- oder festungsartigen Charakter. Bögen und Gewölbe waren bekannt, spielten aber für die Konstruktion der Bauten keine Rolle. Die Architektur wird wie in Ägypten durch glatte Flächen, Vertikalen und Horizontalen bestimmt. – Am kleinen *Inannatempel* des Königs Karaindash in *Warka* (um 1440) aus der Kassiten-Dynastie (um 1600–1100) tauchen zum ersten Mal wirkliche Architekturplastiken auf, die, aus den gleichen Ziegeln wie die Wände hergestellt, sich in den Rücksprüngen der Fassade befinden *(Abb. 7 u. Fig. S. 9)*. Fast tausend Jahre später wird in den neubabylonischen Tempeln derartige Architekturplastik glänzender verwendet. Der Grundriß des Tempels ist regelmäßig, der Eingang liegt axial, die Ecken werden durch eine Art von Bastionen betont.

Assyrien

Aus der späteren assyrischen Periode (um 1000–612) ist am genauesten der *Palast von Sargon II*. (742–705) *in Khorsabad* untersucht (L. c. 400, Br. 300 m). Er liegt an der Nordseite der rechteckig angelegten und fast eine Quadratmeile bedeckenden Stadt und ragt über die Stadtmauer hinaus *(Abb. 8)*. Die Tempel sind mit farbig glasierten Ziegelreliefs geschmückt, Thronraum und Tore durch monumentale Plastiken von geflügelten menschenköpfigen Stieren bewacht *(Fig. 8)*. Von der Zikkurat innerhalb der Palastanlage sind dreieinhalb Stufen erhalten, jede war verschiedenfarbig bemalt. Die Gesamtzahl betrug wahrscheinlich sieben und erreichte eine Höhe von etwa 45 m, die der Basislänge entsprach.

8　Khorsabad, Palast von Sargon II,
Rekonstruktion der Tore zum Thronsaal VII,
Ausschnitt, Umzeichnung

Neubabylonische Periode

Der letzten Zeit altorientalischer Kunst, der neubabylonischen Periode (um 612–539), gehört das *Ishtartor aus Babylon* an (um 575), das mit seinen farbig glasierten Ziegeln und Reliefs in den Berliner Museen rekonstruiert worden ist *(Fig. 9)*. Es schmückte die Ein-

15

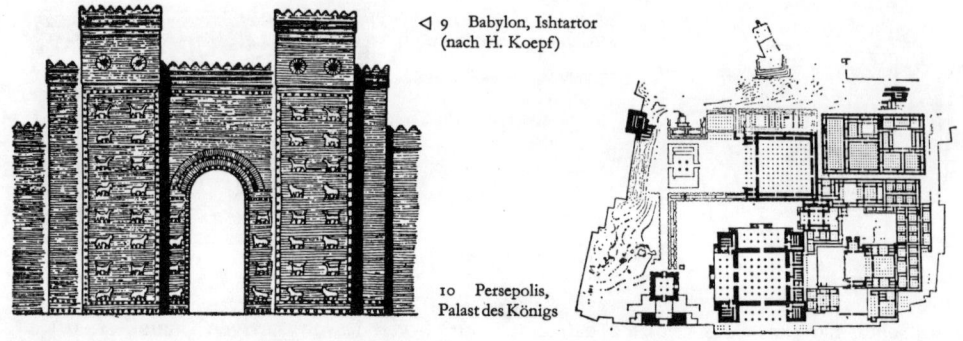

◁ 9   Babylon, Ishtartor
(nach H. Koepf)

10   Persepolis,
Palast des Königs

mündung der von Löwenreliefs begleiteten Prozessionsstraße vom Festhaus außerhalb der Mauern in die Stadt. Über das Aussehen des biblischen 'Turmes zu Babel', der wohl eine Höhe von 90 m erreichte und einen Hochtempel trug, ist eine genaue Vorstellung nicht möglich; er bestand sicher aus Stufen, die über Frei- und Rampentreppen erreichbar waren.

Perser

539 wurde Babylon von den Persern unter Cyrus erobert; 525 eroberte Cambyses Ägypten. Unter Darius I. (522–486) wurde 518 der *Palast von Persepolis* begonnen, dessen Errichtung sich bis um 460 hinzog *(Abb. 9* u. *Fig. 10)*. Was sich hier vollzog, kann nur als ein nahezu größenwahnsinniger Synkretismus bezeichnet werden. Altorientalisches wird mit Ägyptischem vermischt. Die unmäßige Verwendung von Säulen in mächtigen Hallen kann nur aus ägyptischen Tempelanlagen erklärt werden. Die Säulen, entweder aus Stein oder aus Holz, das mit einer dicken bemalten Gipsschicht umgeben wurde, unterscheiden sich durch ihre Schlankheit aber beträchtlich von den ägyptischen. Griechische Werkleute aus dem westlichen Kleinasien führten das ionische Kapitell ein, dessen Verwendung hier jedoch nichts von der logischen Klarheit der Griechen zeigt. Dasselbe gilt für die Art der Steinbearbeitung. Es werden nicht regelmäßige, sondern ganz verschieden große Blöcke zugehauen und zusammengesetzt. Bezeichnend ist das Verfahren bei steinernen Türrahmen, die, statt aus vier gesonderten Teilen (Schwelle, Pfosten, Sturz) aufgebaut zu werden, oft aus einem Stück oder aus zwei bis drei geschlagen werden. Ähnlich zusammengesetzt erscheint die Gesamtanlage des Palastes.

Troja

Von den übrigen Kulturen des 3. und 2. Jahrtausends im Vorderen Orient seien nur zwei genannt: Troja und die der Hethiter. Troja verdient Erwähnung, weil sich hier wie auf Lesbos schon im 3. Jahrtausend ein Haustyp findet, der als Frühform des homerischen Megaron betrachtet werden kann: schmale Rechtecke enthalten hintereinander 2–3 Räume, wobei die Wände an einer oder beiden Schmalseiten vorgezogen werden, so daß bereits die Grundform des griechischen Antentempels vorgebildet erscheint.

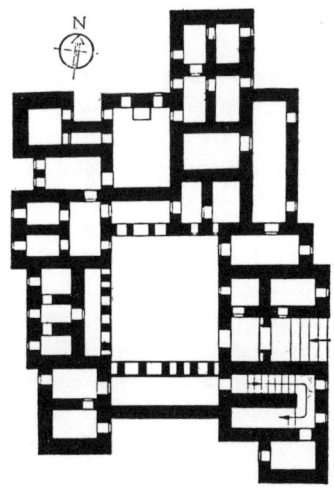

11   Boghazköy, Tempel III und Löwentor

Die Hethiter

Der Höhepunkt der Hethitereinwanderung in Kleinasien lag im 18. Jahrhundert. Zwischen 1400 und 1200 erfuhr das Hethiterreich seine größte Macht und Ausdehnung. In der Hauptstadt Hattusa (Boghazköy) entstanden Tempel und mächtige Festungsanlagen. Die Mauern und Tore, gelegentlich wie das *Löwentor in Boghazköy* von etwa 1250 mit Skulpturen versehen *(Fig. 11)*, sind aus gewaltigen Steinblöcken errichtet ('Zyklopenmauern'). Dasselbe gilt für die Tempeleingänge. Die großen Gebäude wurden auf Steinfundamenten erstellt, auch der untere Wandteil war aus Stein, dann folgten Ziegel mit Holzstämmen zur Verstärkung. Die Tempelanlagen sind von großer Unregelmäßigkeit. *Tempel III in Boghazköy (Fig. 11)* enthält als einzigen übersichtlichen Teil einen großen Innenhof mit Kolonnaden. Bemerkenswert ist die Anbringung vieler Fenster. Zyklopenmauern und Löwentor zeigen Verwandtschaft mit der gleichzeitigen mykenischen Architektur auf dem griechischen Festland und mögen nicht ohne Bedeutung für sie gewesen sein.

Kreta und Mykene

Kreta

Die dritte der frühen Hochkulturen ist die kretisch-minoische, die sich kurz nach 2000 in engen Beziehungen zu Ägypten und Mesopotamien zu entwickeln beginnt, aber sofort einen eigenen Charakter annimmt. Er wird durch unbefestigte Palastanlagen mit reichem malerischen Schmuck gekennzeichnet. Tempel gab es nicht. Grabmonumente spielen eine geringe Rolle; es waren aber schon im 3. Jahrtausend Rundgräber aus Steinwällen vorhanden, die sich nach innen neigten, so daß eine Wölbung anzunehmen ist, die wahrscheinlich aus Lehmziegeln bestand. Auch die Grundform des kretischen Palastes geht auf Hauspläne des 3. Jahrtausends zurück, die bei äußerster Kleinräumigkeit totale Unregelmäßigkeit zeigen.

Knossos

Der Höhepunkt des Palastbaues fällt in die Zeit von 1650–1400. Aus ihr stammen die end-gültigen Anlagen von Knossos, Phaistos und Mallia, ebenso wie die große Villa in Hagia Triada. Der Grundriß des *Palastes von Knossos (Fig. 12)* läßt die Entstehung der Sage vom Labyrinth des Minos verstehen. Um einen größeren Zentralhof ist eine Unmenge kleiner Rechtecke in vollendeter Unregelmäßigkeit angehäuft. Die Zugänge sind kompliziert und führen nicht unmittelbar von Raum zu Raum, sondern häufig auf Umwegen durch schmale Korridore hin und zurück. Das Gewimmel setzte sich durch mehrere Stockwerke fort, was Lichtschächte und Treppenanlagen notwendig machte *(Abb. 10)*, die erstmals in der Bau-geschichte künstlerisch ausgenutzt wurden, was dann erst wieder drei Jahrtausende später in der Renaissance erneut der Fall war. Als Stützglieder wurden rechteckige Pfeiler benutzt, deren Gebrauch aus Ägypten und Syrien gelernt werden konnte, und nach unten verjüngte Holzsäulen, die auf ausgehöhlten steinernen Fußplatten standen. Das Mauerwerk bestand aus Bruchsteinen mit Lehmmörtel, Lehmziegeln und Holzverstärkungen und war durch-gehend verputzt. Die Einteilung der oberen Stockwerke ist schwer auszumachen. Möglicher-weise dienten zahlreiche Mauern der winzig unterteilten Räume im Erdgeschoß als Stütz-mauern, so daß sich darüber größere Säle und Terrassen erheben konnten. Jedenfalls fehlten oben auch die dichtgereihten Magazine. Der Anblick mag äußerlich in manchem dem reiche-rer ägyptischer Wohnhäuser und Paläste ähnlich gewesen sein, nur daß deren innere Ordnung fehlte. Von Monumentalität kann bei der kretischen Baukunst nicht gesprochen werden, sie hat eher einen verspielten Charakter, wie er der gesamten kretischen Kultur zukam: sinnlich, elegant, bis zum Raffinement verfeinert.

Kretische Städte

Wie kretische Städte ausgesehen haben, kann man sich beim Durchstreifen der Ausgrabungen von Gournia ausmalen: ein unvorstellbares Gewimmel von winzigen Wohneinheiten, die auf

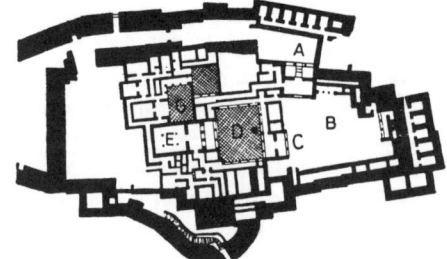

◁ 12 Knossos, Palast. A = Pfeilerhalle; B = Zentralhof;
C = Thronsaal; D = Magazine; E = Gemach der Königin;
F = Saal der Doppeläxte (nach H. Koepf)

13 Tiryns, Burganlage. A = Torbau; B = Haupthof;
C = kleiner Torbau; D = Altarhof; E = Megaron (s. Fig. 14);
F = Zweiter Hof mit Megaron (nach H. Koepf)

'Straßen' zugänglich waren, in denen gerade ein Mensch oder ein Esel passieren konnte. Ob die kretische Kultur plötzlich um 1400 zerstört wurde oder in einem längeren Verlauf zwischen 1400 und 1200 zugrunde ging, ist nicht mit Sicherheit zu sagen. Jedenfalls müssen die mykenischen Griechen daran beteiligt gewesen sein, die aber anscheinend schon vorher Herren von Kreta geworden waren und die Inselkultur übernahmen, sich nur in der Architektur stark von ihr unterscheidend.

Mykenische Burgen
Die großen Burganlagen wie *Tiryns (Fig. 13)* und Mykene hatten ihr Vorbild in Troja, die Zyklopenmauern bei den Hethitern. Auch das *Löwentor von Mykene* (um 1350–1300) kann durch Tore hethitischer Städte angeregt worden sein, zeigt aber in den beiden Löwen neben der nach unten verjüngten kretischen Säule eine größere architektonische Strenge *(Abb. 11)*.

Das Megaron
Die Palastgebäude in Tiryns und Mykene stammen fast alle aus dem endenden 14. und dem 13. Jahrhundert. Die unregelmäßige Aneinanderfügung entspricht den kretischen Palästen. Die Einzelzelle aber unterscheidet sich durch die Regelmäßigkeit des voll ausgebildeten Megaron: dem von 2 Säulen getragenen offenen Eingangsraum folgt die breitrechteckige

14   Grundriß eines mykenischen Megaron

Vorhalle, dieser der Hauptraum mit dem Herd in der Mitte und 4 hölzernen Säulen im Rechteck, die den erhöhten Rauchabzug im Dach trugen *(Fig. 14)*. Der Herdraum des Hauptmegaron in Tiryns ist 9,80 : 11,80 m groß. Die Bauweise entspricht der kretischen: über einer Basis von Bruchsteinen erheben sich mit Holz versteifte Ziegelwände, alle glatt verputzt und mit Fresken geschmückt. Die homerischen Epen des 8. Jh. beschreiben genau die Lebensformen und Wohnzustände des 13. und 12. Jh., nicht etwa die der dunklen Zwischenzeit.

Mykenische Rundgräber
Neben den Burganlagen stellen die Rundgräber (Tholos) den bemerkenswertesten Zug der mykenischen Kultur dar. Sie tauchen kurz vor 1500 auf. Eine erste Gruppe umfaßt die Zeit von 1510–1460, eine zweite die von 1460–1400, eine dritte die von 1400–1300. Der letzten gehört das größte dieser Gräber, das *'Schatzhaus' des Atreus*, an (um 1330–1300; *Fig. 15*). Die bienenkorbartige Innenform wird durch allmähliches Vorkragen der einzelnen Steinringe erreicht; es handelt sich um ein unechtes Gewölbe (D. 14,50, H. 13,20 m). Die Wandflächen waren verputzt und dekoriert. Eine kleine Tür führt zu einer weiteren Grabkammer. Der Zugang zum Hauptraum erfolgt durch einen gemauerten Gang (L. 30, Br. 6 m)

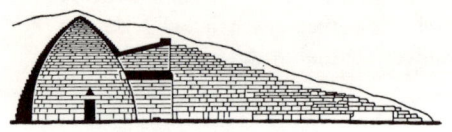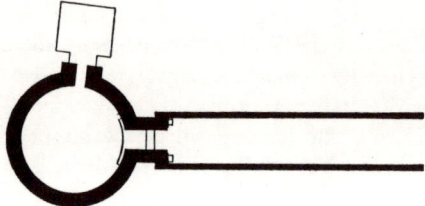

15   Mykene, 'Schatzhaus' des Atreus, Aufriß und Grundriß

und führt auf eine ursprünglich von Halbsäulen flankierte Tür von 5,40 m Höhe mit einem Entlastungsdreieck über dem gewaltigen monolithen Türsturz, der weit in die Mauern des Rundbaus hereinreicht. 2 kleine Säulen rahmten die ursprünglich geschlossene und dekorierte Fläche über dem Türsturz ein. Die Säulen waren mit Zickzackbändern und Wellenranken geschmückt.

Um 1100 wurde durch neue Einwanderungen von Norden her die mykenische Kultur zerstört. Es dauerte mehrere Jahrhunderte, bis sich aus der Erbschaft der alten Hochkulturen die neue griechische entwickelte.

2 Griechenland

Vorbemerkung: Wesentliches Merkmal der griechischen Architektur ist der Gliederbau mit vertikalen tragenden Stützen (Säulen) und horizontalen lastenden Teilen (Gebälk) ohne Verwendung von Wölbungen. Die Größenverhältnisse, obwohl variabel, sind durch Konstruktion und Material begrenzt. Innenräume spielen eine geringe Rolle. Die Bauelemente folgen der dorischen oder der ionischen Ordnung. Die dorische Säule hat keine Basis und ein Kapitell aus wulstförmigem Ring (Echinus) mit quadratischer Deckplatte (Abakus). Die ionische Säule steht auf einer Basis und hat ein Kapitell aus ornamentiertem Polster zwischen zwei schneckenförmig gewundenen Voluten. Die korinthische Ordnung entspricht der ionischen, nur daß das Kapitell aus einem Kranz von Akanthusblättern mit aufsteigenden Voluten besteht. Alle Proportionen sind aus denen des menschlichen Körpers entwickelt (Fig. S. 21).

Material: Marmor, Haustein, Holz.

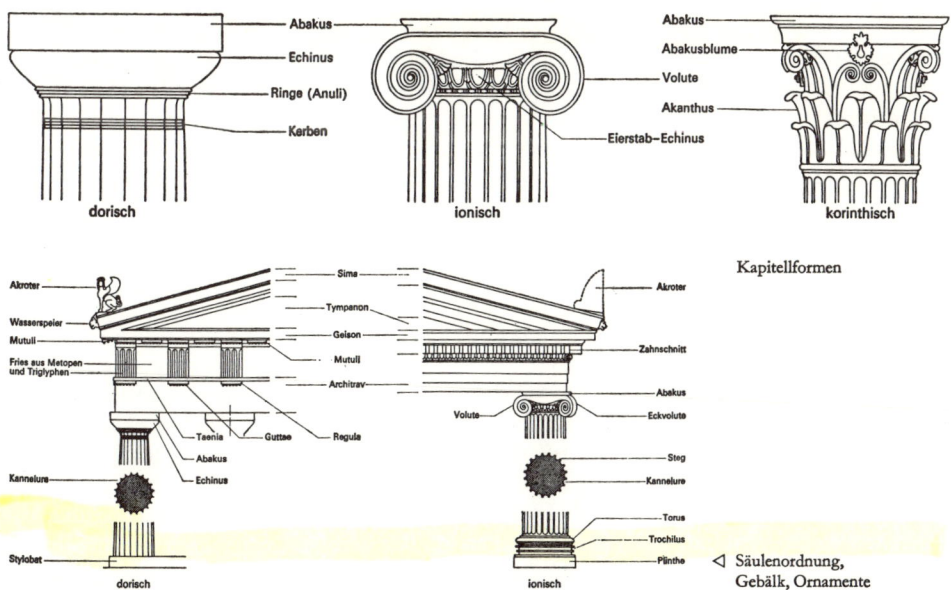

dorisch ionisch korinthisch

Kapitellformen

dorisch ionisch

◁ Säulenordnung, Gebälk, Ornamente

Zwischen 1210 und 1100 eroberten die aus dem Norden kommenden Dorer den Peloponnes und Südwest-Kleinasien, die Ionier setzten sich in Attika und auf den Inseln fest. Die myke-nische Palastkultur nahm ein abruptes Ende, die Zivilisation sank auf primitive Zustände zurück. In einfachsten Wohnhütten wurde fortgesetzt, was seit fast zwei Jahrtausenden üblich gewesen war. Die Ausbreitung der Griechen seit dem 8. Jh. und wachsender Wohlstand führ-ten zu den Anfängen einer neuen Kultur und Götterlehre. Vom 8.–7. Jh. erfolgte die syste-matische Besiedlung der kleinasiatischen Küsten durch Ionier und Äolier, vom 8.–6. Jh. fanden die Stadtgründungen auf Sizilien, in Süditalien, Südfrankreich und am Schwarzen Meer statt.

Anfänge des Tempelbaus

In den Mittelpunkt der architektonischen Bemühungen trat zunächst der Tempel, der aus dem Wohnhaus (Megaron) entwickelt wurde. Palast- und Grabbau spielten keine Rolle, andere öffentliche Gebäude traten erst allmählich hinzu. Die Anfänge sind nicht festzustellen, können aber im 9. Jh. angenommen werden. Alle Datierungen vor 600 sind schwierig, da wegen der bis dahin üblichen Bauweise nichts erhalten ist. Die Cellawände der Tempel wurden über einer Bruchsteinbasis mit Lehmmörtel aus luftgetrockneten Lehmziegeln errichtet und verputzt. Für Säulen, Gebälk und Dach wurde Holz verwendet. Haustein als Baumaterial trat zugleich mit den ersten Steinskulpturen Ende des 7. Jh. auf. Der Steinbau mit Giebeln wurde durch die Erfindung von Dachziegeln gefördert. Im Laufe des 6. Jh. wurden alle Holz-Ziegel-Tempel durch steinerne ersetzt, die übertragene Zimmermannskunst darstellen, da sämtliche strukturellen und funktionellen Teile aus dem Holzbau übernommen wurden. Es entstanden zwei Ordnungen: die dorische auf dem Festland und im Westen, die ionische in Kleinasien, auf den Inseln und teilweise in Athen.

Die Tempelformen (s. S. 21)

Die Grundform ist der Antentempel: die Längswände werden im Osten über die Cella vorge-zogen und zwei Säulen eingestellt, so daß eine Vorhalle (Pronaos) entsteht. Erhält auch die Westseite eine derartige Vorhalle (Opisthodomus), entsteht der Doppelantentempel. Schon bei dieser Form ist aufschlußreich, daß sie nicht aus praktischen, sondern aus ästhetischen Gründen der Symmetrie entstanden ist. Werden vier Säulen vor die Anten gestellt, handelt es sich um den Prostylos; bei Wiederholung im Westen um den Amphiprostylos. Die üblichste Form wurde der Peripteros, bei dem die Säulen um den ganzen Tempel geführt wurden. Die Verdoppelung des Säulenumgangs ließ den Dipteros entstehen. In der Cella, die das Götterbild enthielt und für den Gläubigen unbetretbar war, fand aus Gründen der Abstützung von Decke und Dach eine Unterteilung durch eine mittlere Säulenreihe, meist aber durch zwei statt, die doppelgeschossig angelegt werden konnten. Der Tempel wurde stets auf einen Unterbau von drei Stufen gesetzt. Da der Innenraum nur eine ideelle, aber keine reale Rolle spielt, ist der Tempel so gut wie ausschließlich auf die Außenansicht berechnet: er ist ein plastisches Monument. Der Altar befand sich vor dem Tempel im Freien. Als Schmuck traten Skulpturen in den Giebeln, Reliefs in Metopen und Friesen, Terrakotta-Ornamente an Gesimsen und auf Giebeln und Bemalung hinzu. Da kein einziger Tempel im ursprünglichen Zustand erhalten ist, fällt es der Vorstellung schwer, sich ein lebendiges Bild von Aussehen und Wirkung zu machen.

Proportionen

Trotz verschiedener Möglichkeiten der Säulenverwendung blieb die Grundform des Tempels immer dieselbe. Nur die Proportionen konnten sich ändern. Auch hier aber waren durch Material und Form Grenzen gesetzt, so daß sich die Durchbildung auf feinste Formulierungen der Maßverhältnisse richten mußte, die vom Auge kaum wahrnehmbar und doch so spürbar sind, daß eine erstaunliche Vielfalt der Wirkungen entstand. Wenn heute jeder Tempel durch den jeweils verschiedenen Zustand der Ruine als Individuum erscheint, so liegt das nicht nur an der zufälligen Erhaltung, sondern ebensosehr an den Proportionen, die sich auf alles erstrecken: Höhe des Kapitells im Vergleich zur Schaftlänge, Abstände der Säulen untereinander (Interkolumnien) und zur Cellawand, Höhe des Gebälks zur Höhe der Säulen, Höhen von Architrav, Fries und Gesims innerhalb des Gebälks, Verdickung der Säulen in der Mitte (Entasis) und ihre Verjüngung nach oben, die sich leicht hebende Kurvatur des Unterbaus, der das Gebälk folgt, die Innenneigungen der Säulen, die Ecklösungen des Gebälks usw. Das unwandelbare Grundprinzip der Sichtbarmachung von Stütze und Last im griechischen Tempelbau wurde durch eine derartige Sensibilität von Maßverhältnissen belebt, wie sie

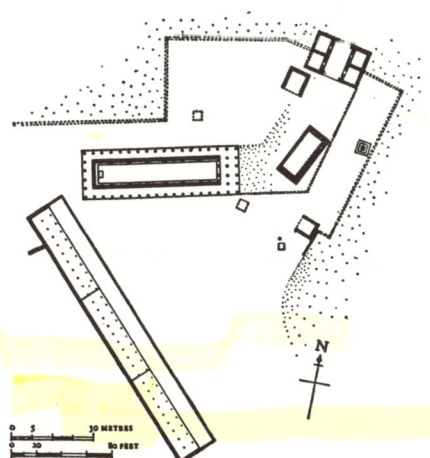

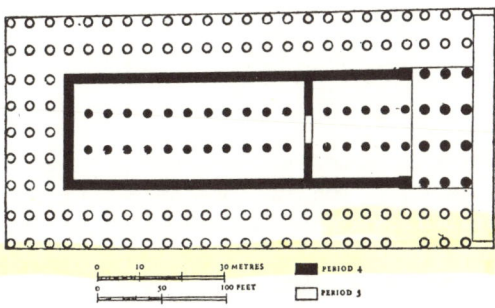

16   Samos, Kultbezirk und Heratempel IV

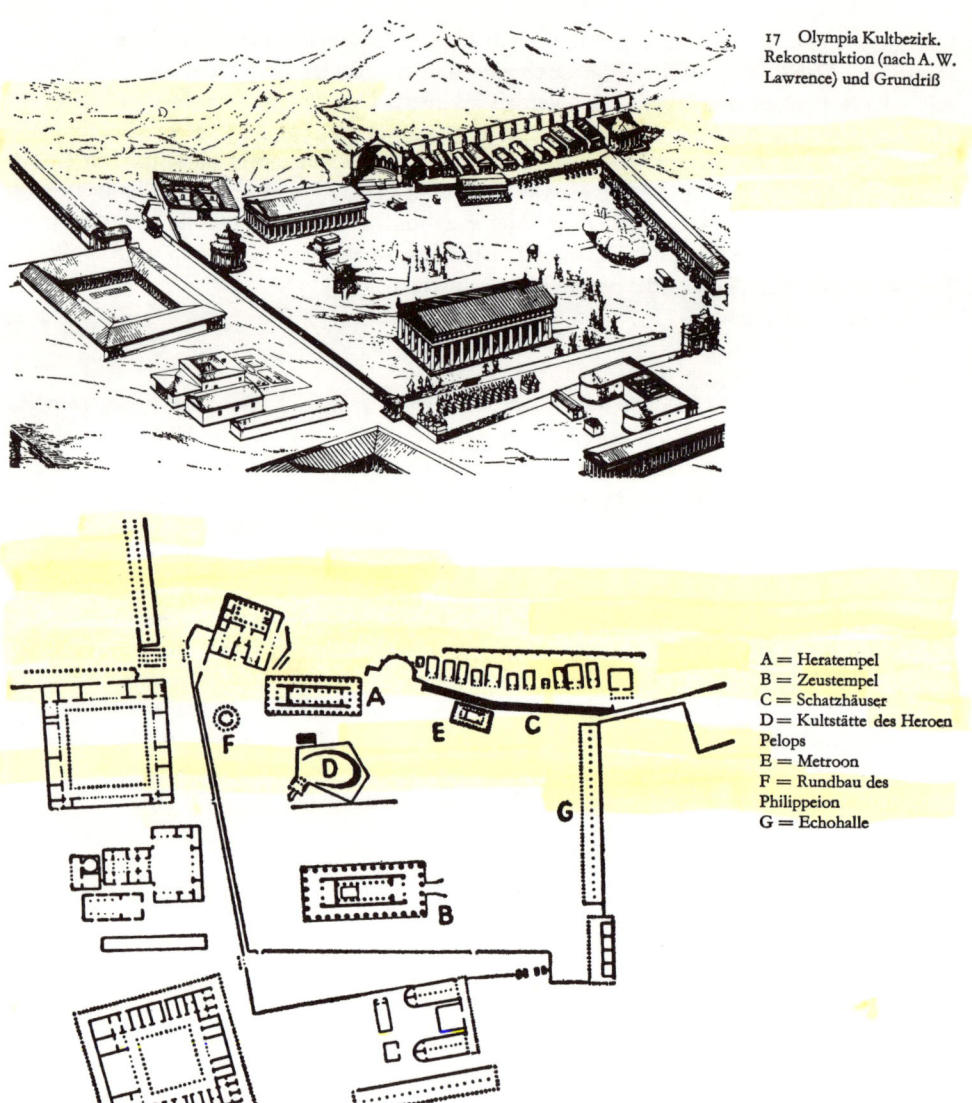

17 Olympia Kultbezirk. Rekonstruktion (nach A. W. Lawrence) und Grundriß

A = Heratempel
B = Zeustempel
C = Schatzhäuser
D = Kultstätte des Heroen Pelops
E = Metroon
F = Rundbau des Philippeion
G = Echohalle

weder vorher noch nachher bis heute aufgetreten ist. Der griechische Geist hat in wenigen Generationen von etwa 600–400 etwas Einmaliges geschaffen, dessen Höhepunkt zwischen 450 und 400 liegt. Was auf dem Gebiet des Tempelbaus in den drei folgenden Jahrhunderten bis zur Ablösung durch die römische Baukunst geschah, war oft äußerlich großartiger und dekorativ aufwendiger, erreichte aber in keinem Beispiel die klassische Größe des 5. Jh.

Kultbezirke

Systematik und Bezeichnungen der dorischen und ionischen Ordnung im einzelnen können aus den beiden Diagrammen entnommen werden *(s. S. 21)*. Besonderheiten werden jeweils bei den Beispielen erwähnt. Schon das erste gibt dazu Gelegenheit: der Kultbezirk des *Heraeum auf Samos (Fig. 16)*. Der erste Heratempel wurde wahrscheinlich um 800 in ungewöhnlich unglücklichen Proportionen errichtet und durch ständige Veränderungen oder Neubauten allmählich auf die typische Form der ionischen Ordnung gebracht. Der letzte, nach einem Brand um 530 begonnene Bau, ein Dipteros, wurde niemals vollendet; er war mit 55,2:112,2 m die größte aller griechischen Tempelplanungen. Was am Heraeum besonders interessiert, ist die Ausbildung des Kultbezirkes, der von einer Mauer umgeben wurde und ein monumentales Eingangstor (Propylon) erhielt, das nicht axial zum Tempel angelegt, sondern in einem Winkel von 45° nach Nordosten verschoben wurde. Der Tempel präsentierte sich dem Besucher also übereck, fraglos die günstigste Ansicht, um den Bau als plastisches Monument zu erfassen. Ebenso unregelmäßig zum Tempel stehen der große Altar und die langgestreckte Stoa aus der Mitte des 6. Jh. mit einer inneren Säulenreihe hinter den offenen Kolonnaden. Diese Anlage bot den Besuchern geschützten Raum zum Aufenthalt und Schlafen und ist wahrscheinlich an derartigen vielbesuchten Kultstätten entstanden, um dann auf die Marktplätze (Agora) der Städte übertragen zu werden. Die willkürlich wirkende Verteilung der Gebäude ist typisch für griechische Kultbezirke und steht im Gegensatz zu ägyptischen Tempelanlagen.

Das gilt auch für *Olympia*, das zwei bedeutende Heiligtümer enthielt, die Tempel der Hera und des Zeus *(Fig. 17)*. Der *Heratempel* wurde um 600 als Peripteros mit 6:16 Säulen neu gebaut (18,7:50 m). Die Cellawände wurden über einer Kalksteinbasis mit luftgetrockneten Ziegeln errichtet; Säulen, Gebälk und Dach waren aus Holz. Im Innern der Cella standen zwei Säulenreihen. Die Holzsäulen wurden seit der Mitte des 6. Jh. bis in die christliche Zeit hinein nach und nach durch steinerne ersetzt.

18 Korfu, Artemistempel,
Rekonstruktion der Westfassade
(nach Rodenwaldt)

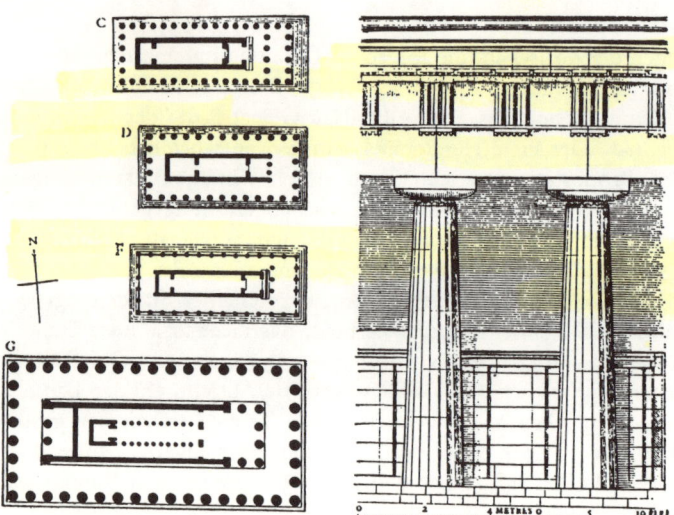

19   Selinunt, Sizilien,
Grundriß verschiedener Tempel
(nach A.W. Lawrence)

Dorische Tempel des 6. Jahrhunderts. Korfu und Korinth

Der älteste ganz aus Stein errichtete dorische Peripteros war wahrscheinlich der *Artemistempel auf Korfu* um 580. Ein Giebel enthielt das große Gorgonenrelief und andere Figuren, die Gesimse waren mit farbiger Terrakotta verkleidet, die Steinteile mit Ornamenten bemalt und farbig getönt. Die Rekonstruktion versucht, einen Eindruck der Anlage zu vermitteln *(Fig. 18)*. – Ein einziger dorischer Peripteros aus dem 6. Jh. ist auf dem Festland in Resten erhalten, der *Apollotempel in Korinth* von etwa 540 *(Abb. 12)*. Die 7,2 m hohen Säulen sind monolith und stark verjüngt, die Kapitelle aus einem gesonderten Block gehauen. Der Stein war mit weißem Marmorstuck verkleidet. Zum ersten Mal ist hier die konvexe Kurvatur des Unterbaus festzustellen (21,5 : 53,8 m).

Sizilien

Der früheste Peripteros auf Sizilien war wahrscheinlich der Apollotempel in Syrakus, dessen [6 : 17] Säulen Monolithe von 7,98 m Höhe sind und im Bauverlauf aus Sorge um die Tragfähigkeit immer dicker und enger gestellt wurden, so daß der Eindruck von ungewöhnlich plumper und schwerfälliger Massigkeit gewesen sein muß. Ähnlich diesem Bau haben die *Tempel C* und *F* in *Selinunt* aus dem 6. Jh. eine zweite Säulenreihe vor dem Eingang *(Fig. 19)*. Beim Tempel F sind zwischen die Säulen steinerne Schranken gestellt, eine wohl aus der ägyptischen Baukunst übernommene Besonderheit. Einer der größten Bauten war der *Tempel G*, vor dem Ende des 6. Jh. begonnen und bei der Zerstörung Selinunts durch die Karthager 409 noch nicht vollendet. Der Peripteros mit [8 : 17] 16,2 m hohen Säulen maß 50,07 : 110,12 m. Auch hier wurden die Säulen im Bauverlauf dicker; bei den stärksten ist der untere Durchmesser 3,4 m, das Gewicht einer einzigen Säulentrommel beträgt 100 Tonnen.

26

Paestum

Der älteste Tempel in *Paestum*, die sogen. *Basilika (Abb. 14)*, stammt aus der Mitte des 6. Jh., ein Peripteros (24,51 : 54,27 m) mit dem ungewöhnlichen Verhältnis von 9 : 18 Säulen, wodurch die Interkolumnien an den Ecken außerordentlich eng wurden. Die Säulen verjüngen sich um ein Drittel ihres unteren Durchmessers und haben eine besonders ausgeprägte Entasis. Etwas später, um 530–520, wurde der Cerestempel in Paestum begonnen, ebenfalls ein dorischer Peripteros von 6 : 13 Säulen (14,5 : 32,9 m). Er enthielt einen eigenwillig ausgebildeten Pronaos. Der süditalienische Tempelbau des 6. Jh. unterscheidet sich von dem sizilianischen und dem griechischen durch größere Originalität und Freizügigkeit, die mit einer gewissen Rohheit verbunden sind. Der Perfektionismus der Proportionsstudien des 5. Jh. in Griechenland bereitete derartigen Sonderentwicklungen ein Ende.

Dorische Tempel des 5. Jahrhunderts

Aus dem Anfang des 5. Jh. stammt der dritte Bau des *Aphaiatempels auf Ägina*, von dem so viel erhalten ist, daß mit Ausnahme der hölzernen Decke und Dachkonstruktion eine ziemlich genaue Rekonstruktion möglich ist *(Abb. 13* u. *Fig. 20)*. Der Peripteros von 6 : 12 Säulen, fast alle monolith und 5,27 m hoch, mißt 13,77 : 28,82 m. Farbreste an Skulpturen und Bauteilen lassen erkennen, daß Schwarz und Rot vorherrschten, die sich scharf von dem cremefarbigen Grund abhoben und die Gliederungselemente deutlich betont haben müssen. – Ebenfalls um 500 begonnen wurde in Agrigent auf Sizilien der größte dorische Tempel, das *Olympieum*, der nach der Plünderung der Stadt 406 unvollendet gelassen wurde (52,74 : 110,09 m). Die Anlage ist bemerkenswert, insofern als sie statt auf drei auf fünf Stufen über einer mehrere Meter hohen Plattform errichtet wurde, und zwar als Pseudoperipteros mit 7 : 14 Halbsäulen an den stuckierten Außenwänden, denen im Innern rechteckige Pilaster entsprachen. Vollends erstaunlich sind die 7,75 m hohen männlichen Aktfiguren (Atlanten), die mit Köpfen und erhobenen Armen das Gebälk tragen. Der Bau ist aus relativ kleinen Steinblöcken errichtet, was durch die Stuckierung verdeckt wurde. Die Transportkosten mußten dadurch erheblich gesenkt worden sein.

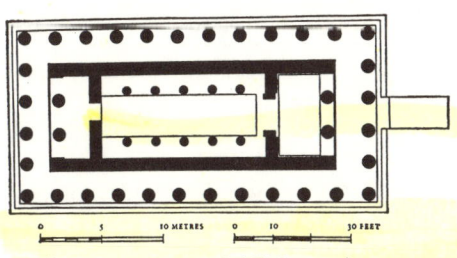
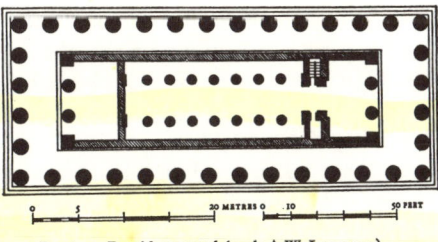
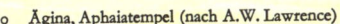

20 Ägina, Aphaiatempel (nach A.W. Lawrence)   21 Paestum, Poseidontempel (nach A.W. Lawrence)

Paestum und Olympia

Kurz nach 480 wurde der besterhaltene aller griechischen Tempel begonnen, der *Poseidontempel in Paestum (Abb. 14* u. *Fig. 21)*, ein Peripteros mit 6 : 14 Säulen von 8,88 m Höhe (24,26 : 59,98 m). Die Cella ist durch zwei doppelgeschossige Säulenreihen in ein breiteres

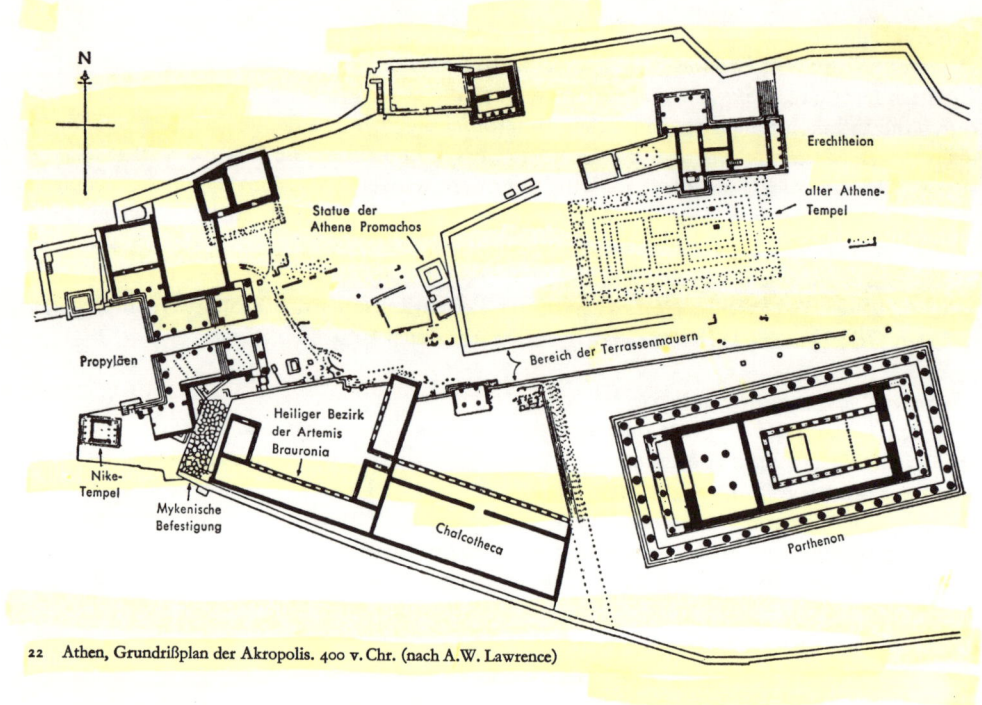

22 Athen, Grundrißplan der Akropolis. 400 v. Chr. (nach A. W. Lawrence)

Mittelschiff und zwei schmalere Seitenschiffe unterteilt. Die Außensäulen sind für das 5. Jh. ungewöhnlich stämmig. – Gleichzeitig, etwa 470–450, entstand in Griechenland der *Zeustempel von Olympia* von Libon von Elis (vgl. *Fig. 17*), ein Peripteros aus stuckiertem Kalkstein mit 6 : 13 Säulen von 10,4 m Höhe (27,68 : 64,12 m). Die dorische Ordnung hat hier ihre akademische Vollendung erreicht. Das vom Architekten gebrauchte Fußmaß betrug 32,6 cm. Die Länge machte demnach 200 Fuß aus, die Säulenhöhe 32, die Interkolumnien 16, der Abakus 8, die Entfernung zwischen den Triglyphenmitten 8, zwischen den mutuli unter dem Geison und den wasserspeienden Löwenköpfen darüber 4.

Die Akropolis von Athen
Der Höhepunkt aller Verfeinerungen der Formen und Maßverhältnisse wurde mit dem Ausbau der *Akropolis von Athen* seit 447 unter Perikles erreicht und durch die Verwendung von Marmor ermöglicht *(Fig. 22)*. Der erste reine Marmorbau war schon zwischen 500 und 485 errichtet worden, betraf aber ein relativ kleines Gebäude, das Schatzhaus der Athener im Kultbezirk von Delphi, das die Form eines einfachen Antentempels von 6,68 : 9,75 m hatte.

Parthenon
447 wurde der Athenatempel der Akropolis, der *Parthenon*, von Ictinus, vielleicht in Zusammenarbeit mit Callicrates, begonnen und 438 geweiht; 432 waren die Skulpturen des Phidias

28

fertig *(Abb. 15)*. Der Peripteros mit 8 : 17 Säulen von 10,4 m Höhe mißt 30,9 : 69,5 m. Alle Maße lassen sich etwa auf das Verhältnis 4 : 9 zurückführen. Die vom Osten zugängliche Cella wurde von doppelgeschossigen Säulenreihen unterteilt, der vom Opisthodomus zu erreichende Raum von vier wahrscheinlich ionischen Säulen abgestützt. Ein weiteres Element ionischer Ordnung ist der 159,4 m lange Relieffries der Panathenäenprozession, der um die Cella herumlief. Beim Parthenon wurden alle Mittel belebender Verfeinerung so unaufdringlich meisterhaft angewandt, daß sie kaum zu merken sind. Man kann mit leichter Übertreibung sagen, daß es keine genauen horizontalen und vertikalen Linien gibt. Die Plattform ist zur Mitte hin konvex gewölbt, die niedrigsten Punkte befinden sich an den Ecken. Das Gebälk folgt dieser Kurvatur, die Säulen sind nach innen geneigt. Entasis und Verjüngung der Schäfte tragen ferner dazu bei, die Gefahr geometrischer Starrheit zu vermeiden.

Propyläen

Aus dem gleichen Grunde ist die Lage des Tempels in bezug auf das Eingangstor der Akropolis, die *Propyläen*, anscheinend willkürlich gewählt. Es gilt dasselbe wie beim Kultbezirk auf Samos (vgl. *Fig. 16*): der Besucher gewahrte beim Durchschreiten des Tores das Heiligtum in der günstigsten Ansicht der Übereckstellung. Die Propyläen wurden 437–432 von Mnesikles errichtet, jedoch unvollendet gelassen *(Abb. 16)*. Der Architekt hatte bei der Anlage mit der Unebenheit des Geländes und der Unregelmäßigkeit der alten Mauern zu rechnen, so daß sie nicht genau symmetrisch erfolgen konnte. Neben dorischen Säulen, die die Außenansichten bestimmen, wurden im Durchgang sechs schlanke ionische Säulen verwendet. Der Nordflügel gab Zugang zur Pinakothek, die vielleicht das erste Beispiel eines Raumes für Bilderausstellungen war, es sei denn, daß ein etwas früherer Bau in Delphi, die Lesche der Knidier, schon für einen ähnlichen Zweck bestimmt war. Der Südflügel konnte weder in Breite noch in Tiefe gleich gestaltet werden. Die Säulenstellung zum Aufgang hin aber täuscht Identität vor. Die Geschlossenheit wurde dann durch den zierlichen ionischen *Niketempel* von Callicrates auf der vorspringenden Seitenbastion erreicht, der um 425 errichtet wurde.

23 Athen, Erechtheion. A = Hauptraum; B = Ostvorhalle; C-D = Westliche Kult-räume; E = Nordvorhalle; F = Tür zum freien Bezirk; G = Südhalle (Korenhalle)

Erechtheion

Unmittelbar danach, 421–406, entstand der ionische Tempel des *Erechtheion*, wohl von Mnesikles *(Abb. 17* u. *Fig. 23)*. Die Unregelmäßigkeit ist durch die Unebenheit des Geländes

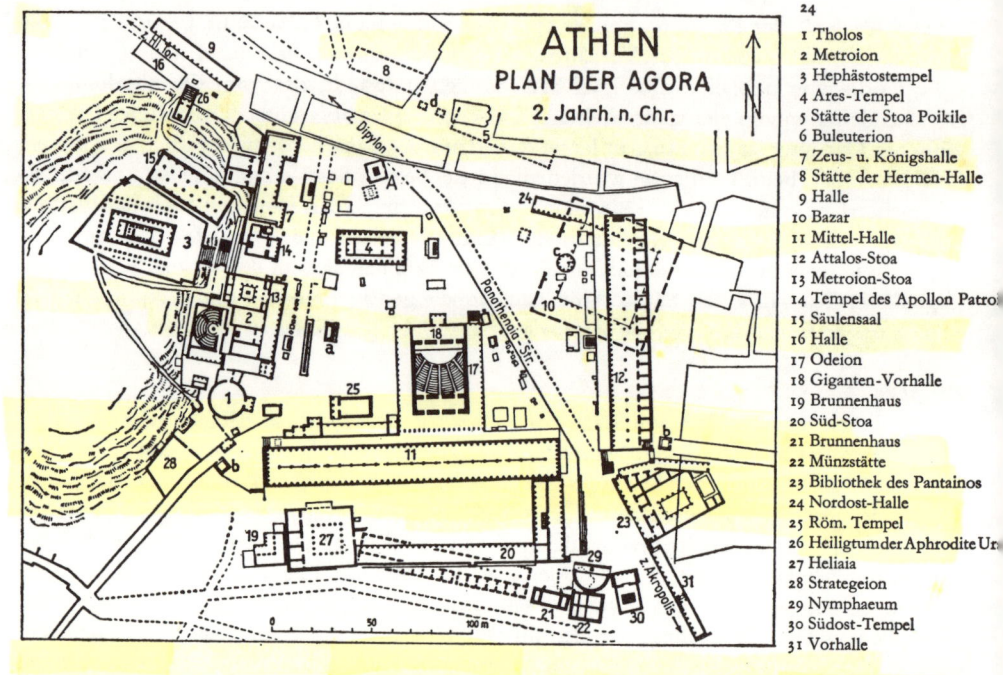

24

1 Tholos
2 Metroion
3 Hephästostempel
4 Ares-Tempel
5 Stätte der Stoa Poikile
6 Buleuterion
7 Zeus- u. Königshalle
8 Stätte der Hermen-Halle
9 Halle
10 Bazar
11 Mittel-Halle
12 Attalos-Stoa
13 Metroion-Stoa
14 Tempel des Apollon Patro[
15 Säulensaal
16 Halle
17 Odeion
18 Giganten-Vorhalle
19 Brunnenhaus
20 Süd-Stoa
21 Brunnenhaus
22 Münzstätte
23 Bibliothek des Pantainos
24 Nordost-Halle
25 Röm. Tempel
26 Heiligtum der Aphrodite Ur[
27 Heliaia
28 Strategeion
29 Nymphaeum
30 Südost-Tempel
31 Vorhalle

und die Notwendigkeit der Bewahrung älterer Kultstätten bedingt. An der Südseite befindet sich die Korenhalle, die eine kleine Treppenanlage schützt und an Stelle von Säulen sechs das Gebälk tragende Jungfrauen (Koren, Karyatiden) enthält. Ein Vorläufer war das um ein Jahrhundert ältere *Schatzhaus der Siphnier* im Kultbezirk von *Delphi* in Form eines Anten-tempels *(Abb. 18)*.

Theseion

Kurz vor Beginn des Parthenon, wohl 449, wurde der *Hephästostempel* ('Theseion') dicht über der Agora von *Athen* begonnen, wohl der älteste ganz aus Marmor erbaute Tempel *(Abb. 19 u. Fig. 24)*. Er ist das besterhaltene der in Griechenland befindlichen Werke, ein Peripteros mit 6:13 Säulen von 5,8 m Höhe (13,708:31,77 m). Verschiedenheiten in der Ausbildung von Pronaos und Opisthodomus und reicher Schmuck der Ostseite weisen darauf hin, daß der Anblick von der tiefer gelegenen Agora aus in Rechnung gestellt worden ist. – Der gleichen Zeit wie Hephaisteion und Parthenon gehört der von Ictinus errichtete Apollo-tempel in Bassae (Phigalia) an, ein Peripteros aus Kalkstein mit 6:15 Säulen (14,48:38,24 m). Er enthält das älteste bekannte korinthische Kapitell, dessen Erfindung keine neue dritte Ordnung bedingte. Korinthische Kapitelle verbanden sich mit der ionischen Ordnung.

Sunion

Nur wenig später, um 440, wurde der marmorne *Poseidontempel in Sunion* begonnen, ein Peripteros mit 6:13 Säulen von 6,1 m Höhe (13,1:30,2 m; *Abb. 21*). Die ungewöhnliche

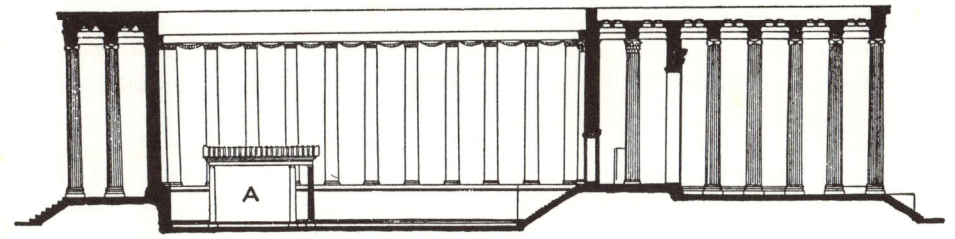

25   Didyma, Apollotempel. A = Tempelchen mit dem Kultbild Apolls (nach H. Koepf)

Größe und Schlankheit der Säulen wird durch Rücksicht auf den Anblick vom Meer aus bedingt gewesen sein; denn an dieser Stelle führte einer der befahrensten Schiffahrtswege vorbei. – Dem Ende des 5. Jh. gehört der unvollendete dorische Tempel von Segesta auf Sizilien an, ein Peripteros von 6 : 14 Säulen (23,1 : 58 m). Die Cella ist nie begonnen worden, die Säulenschäfte sind noch unkanneliert. Die Kannelierungen fanden immer erst am Bau statt, da eine Werkstattbearbeitung der einzelnen Trommeln nicht das Zusammenpassen garantiert hätte.

Hellenistische Tempel
Von Tempelbauten des 4. Jh. seien nur erwähnt: der dorische Apollotempel in Delphi nach 373; der Tempel der Athena Polias von Pythius in Priene, um 350–334, der klassischste ionische Tempel; der 5. Bau des Artemistempels in Ephesus nach der Zerstörung des 4. Baus aus dem 5. Jh. durch Herostrat im Jahre 356. – Aus der hellenistischen Zeit nach der Ausbreitung der griechischen Herrschaft über Persien, Mesopotamien, Syrien und Ägypten durch Alexander stammt der gewaltige *Apollotempel in Didyma* bei Milet, der Ende des 4. Jh. begonnen wurde und eine Bauzeit von über 300 Jahren erforderte *(Fig. 25)*. Der Dipteros (51,13 : 109,34 m) ruht auf einem siebenstufigen Unterbau. Seine 122 ionischen Säulen sind die größten und schlanksten der griechischen Baukunst, ihre Höhe beträgt 19,70 m. – Tempelgründungen des 3. Jh. sind außerordentlich gering. Im 2. Jh. wurde der Zeustempel in Athen von Antiochus IV. von Syrien gestiftet, 174 auf einer Plattform von 500

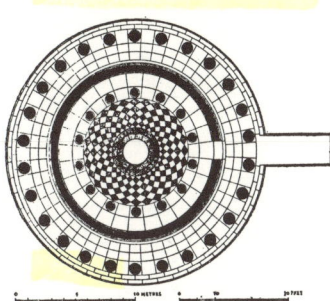

26   Epidaurus,
Tholos,
Aufriß und Grundriß

begonnen, aber erst von Kaiser Hadrian vollendet, ein Dipteros mit 8 : 20 korinthischen Säulen von 17,2 m Höhe (41,10 : 107, 89 m). Der letzte große Tempelbau der vorchristlichen Zeit war der um 130 begonnene ionische Artemistempel in Magnesia von Hermogenes.

Rundbauten

Neben dem normalen rechteckigen Tempel spielen andere Bauformen eine geringe Rolle. Der erste echte Rundbau (Tholos) scheint um 550 im Kultbezirk von Delphi entstanden zu sein (nicht erhalten). Ein Tholos mit konischem Dach wurde um 470 als Eßraum auf der Agora von Athen errichtet. Der in Resten erhaltene Marmortholos in Delphi von etwa 390 hatte einen Durchmesser von 13,5 m, 20 dorische Säulen als Umgang und 20 korinthische in der Cella. Nach dessem Vorbild wurde um 360-320 von Polyclet d. J. der *Tholos* im Kultbezirk von *Epidaurus* aus Kalkstein und Marmor errichtet *(Fig. 26)*. Bei einem Durchmesser von 21,82 m umgaben ihn 26 dorische Säulen, 14 korinthische standen in der Cella. – Diesen Rundbauten sei noch das 334 geweihte *Lysikratesdenkmal in Athen* angefügt, das zur Erinnerung an einen Sieg im Chorgesang der Dionysosfestspiele entstand *(Abb. 20)*. Auf einer quadratischen Kalksteinbasis von 4 m Höhe erhebt sich der mit 6 korinthischen Säulen geschmückte Marmorzylinder von 6,5 m Höhe, der den gewonnenen Dreifuß trug.

Theater

Stets mit Kultbezirken in Verbindung standen Hippodrom, Stadion und Theater, von denen die ersten beiden keine architektonische Gestaltung fanden. Die Ausbildung des Theaters erfolgte erst ab Mitte des 5. Jh., als Szenenhintergrund und kreisförmige Orchestra davor

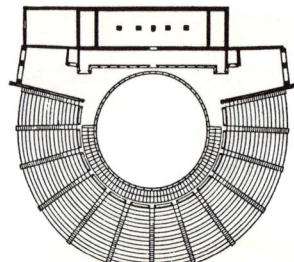

27 Epidaurus, Theater

erforderlich wurden, wobei der Szenenbau zunächst noch aus Holz bestand. Regelmäßige Sitzreihen gab es vorerst nicht. Erst Ende des 5. Jh. wurden beim Dionysostheater in Athen eine Neuanlage der Szene in Stein erstellt und gleichzeitig die überhalbkreisförmigen Sitzreihen angelegt. Diese für viele Zuschauer an den Seiten recht unglückliche Form wurde von den konservativen Griechen beibehalten, bis die Römer ihre praktischere Form ausbildeten. Zu den vollkommensten Theateranlagen gehört das um 350 von Polyclet d. J. eingerichtete *Theater* im Kultbezirk von *Epidaurus (Abb. 22 u. Fig. 27)*. Erwähnt seien die hellenistischen Theater von Priene und Ephesus.

4 Frühchristliche und byzantinische Architektur

Vorbemerkung: Die Prinzipien der römischen Raumarchitektur werden übernommen. Der Charakter des Massenbaus verschwindet aber durch Erleichterung der Wand- und Gewölbekonstruktionen, so daß die oft sehr großen Anlagen den Eindruck von Schwerelosigkeit erwecken.

Die Säulen mit geradem Gebälk oder Bogenstellungen bewahren bei wechselnder Veränderung der Kapitellformen im allgemeinen die Masse der griechischen und römischen Architektur.

Material: Backstein (vorwiegend), Werkstein, Marmor, Holz.

Ravenna, San Vitale

Kiew, Sophienkathedrale

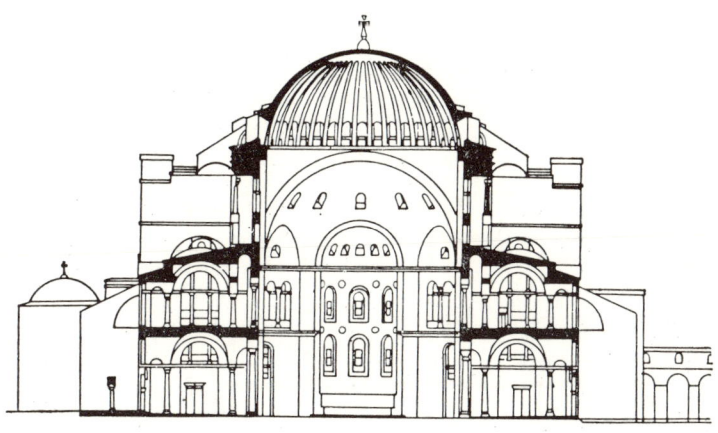

Konstantinopel, Hagia Sophia

Nur ungern wird dieses Kapitel vom vorigen abgetrennt, da die frühchristliche Architektur des 4.–6. Jh. im Westen und Osten des Römischen Reiches keinen eigenen Baustil darstellt, sondern zur Antike gehört. Allein die Zweckbestimmung als christliche Gotteshäuser berechtigt zu einer gesonderten Behandlung. Gemeinhin wird die oströmische Baukunst des 6. Jh. bereits als byzantinisch bezeichnet, sie ist es im Grunde nicht; die wirkliche byzantinische Baukunst beginnt erst danach, sie wird aus praktischen Gründen hier angeschlossen.

Als durch die Anerkennung des Christentums mit dem Mailänder Edikt von 313 kirchliche Bauten erforderlich wurden, konnten sie nur, dem Geiste Konstantins und der spätrömischen Baugesinnung um 300 entsprechend, große monumentale Anlagen werden. Vorbilder und technische Mittel standen zur Verfügung, von einem Verfall baumeisterlichen Könnens konnte keine Rede sein. Für den Kult boten sich zahlreiche Vorbilder von Lang- und Zentralbauten an. Da der antike Tempel für die Übernahme durch die Christen ausgeschlossen war, weil er als Stätte der Götzenverehrung gehaßt wurde und außerdem keinen genügenden Innenraum für die Gläubigen enthielt, mußte die Basilika mit ihren verschiedenen Typen geradezu selbstverständlich der Ausgangspunkt für die Versammlungshäuser der Gemeinde werden.

I. West- und oströmische Basiliken des 4.–6. Jh.

Konstantinische Basiliken in Rom

Überaus vielfältig ist, was allerorten auf dem Boden des römischen Imperiums im 4. Jh. entstand. Zuerst und am meisten denkt man an die großen stadtrömischen Basiliken wie S. Giovanni in Laterano, schon 313 von Konstantin gestiftet, Alt-St. Peter, 324–330 geplant und 333 begonnen, und S. Paolo fuori le mura von 385–400 (nach einem Brand im 19. Jh. neu aufgebaut). Sie waren fünfschiffig und ungewölbt wie alle heidnischen Marktbasiliken mit Ausnahme der Konstantinsbasilika. *Alt-St. Peter (Fig. 46)* hatte wie S. Giovanni, die eigentliche Bischofskirche von Rom, die Apsis im Westen. Orientierung war also zunächst nicht bindend, konnte auch später gelegentlich unbeachtet bleiben. Sie enthielt zwischen Apsis und Langhaus

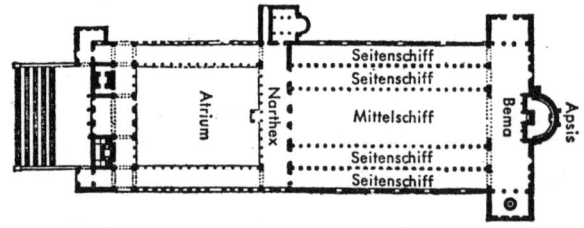

46 Rom, Alt-St. Peter

ein großes Querschiff, was ungewöhnlich war und erst in karolingischer Zeit allgemein aufgenommen wurde. Nur S. Paolo ahmte St. Peter nach, das Querschiff von S. Giovanni wurde im Mittelalter hinzugefügt. Im Westen lag das Grab Petri, so daß Querschiff und Apsis als Martyrium zu verstehen sind, während das Langhaus als überdachter Friedhof diente. Das Mittelschiff hatte gerades Gebälk, andere Kirchen dagegen Bogenstellungen. Der Obergaden war mit großen Fenstern versehen, so daß dem Innern reichliche Beleuchtung zukam. Aller Schmuck (Vergoldung der Dachbalken, Mosaiken, Wandmalereien, farbiger Marmor der Säulen, Kirchengeräte usw.) war dem Innern vorbehalten, während das Äußere entsprechend der spätantiken Entwicklung größte Einfachheit zeigte. Der Kirche war ein Atrium mit Kolonnaden und Eingangsbau über breiter Freitreppe vorgelagert, so daß eine monumentale Wegfolge in der Tradition kaiserlicher Anlagen entstand.

Geburtskirche in Bethlehem
Diese axial-symmetrische Abfolge ist auch bei der *Geburtskirche in Bethlehem* festzustellen, die etwa gleichzeitig mit St. Peter begonnen wurde *(Fig. 47)*. Sie bestand aus Atrium mit Kolonnaden und fünfschiffiger querschiffloser Basilika, der sich im Osten ein Oktogon als memoria über dem Geburtsstall anschloß. Man muß an die Verbindung von Oktogon und Tempel beim Jupiterheiligtum in Baalbek denken (vgl. *Fig. 37*).

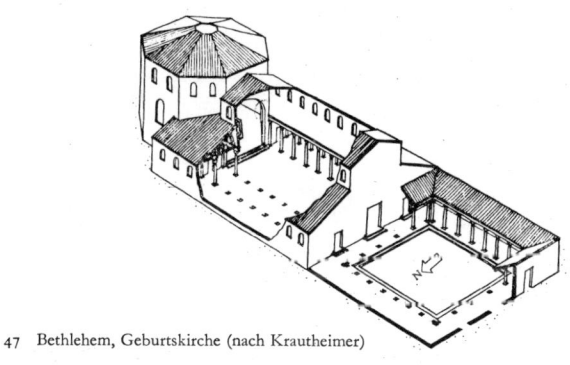

47 Bethlehem, Geburtskirche (nach Krautheimer)

Bischofskirche in Trier
Die Vielfalt christlicher Kirchenformen des 4. Jh. kann an einem weiteren Beispiel deutlich werden. In *Trier* wurde um 326–348 die erste *Bischofskirche* errichtet *(Fig. 48)*. Der dreischiffigen Basilika von der Breite des späteren romanischen Domes war ein quadratisches Atrium vorgelegt. Östlich schloß sich das saalartige Sanktuarium an, vermutlich mit geradem Schluß. Unter Kaiser Gratian (375–383) wurde der Ostteil durch einen Neubau ersetzt, der noch im heutigen Dom erhalten ist und dessen von allen mittelalterlichen Kirchen abweichende Form bewirkt hat. Vier große Säulen trugen einen turmartigen Aufbau, unter dem ein kleinerer polygonaler Säulenbau stand. Das Ganze war auf Stufen erhöht und dadurch dem Gemeinderaum gegenüber hervorgehoben. Gleichzeitig erhielten die Seitenschiffe der Basilika Emporen. Man vermutet in der einzigartigen Ostanlage einen Memorienbau wie bei

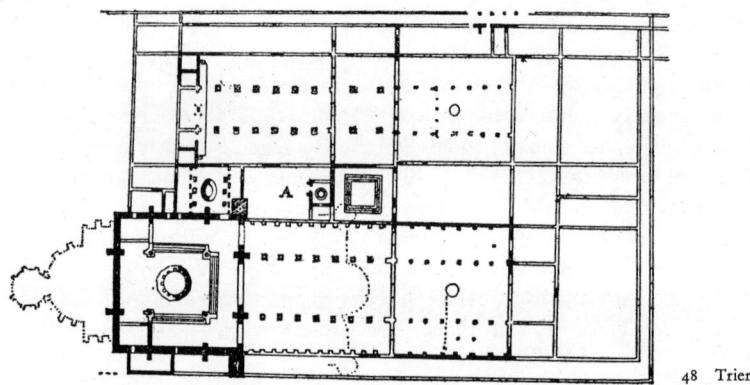

48 Trier, Bischofskirche

der Geburtskirche in Bethlehem und der ebenfalls konstantinischen, mit Emporen versehenen Grabeskirche in Jerusalem, aber auch eine Art Thronsaal, ein königliches Mausoleum oder ein Martyrium. Auf jeden Fall ist der zu vermutende Aufriß mit turmartiger Bekrönung der Mitte und vielleicht vier Ecktürmen durchaus palastähnlich, wobei die Übertragung weltlicher Formen auf das christliche Heiligtum keine Profanierung bedeutet, sondern eine imperiale Erhöhung. – Im Süden dieser Hauptkirche wurde parallel zu ihr gleichzeitig eine zweite Kirche mit Atrium, dreijochiger Vorhalle und anschließender dreischiffiger Halle von 32 : 48 m mit geradem Chorschluß errichtet. Reste dieser Anlage dienten bis zum Bau der gotischen Liebfrauenkirche im 13. Jh. dem Gottesdienst. Die Vorhalle gehörte gleichzeitig zum quadratischen Baptisterium, das zwischen den beiden Kirchen stand. Derartige Doppelkirchen mit Baptisterium finden sich im 4. Jh. besonders in Oberitalien und Dalmatien häufiger.

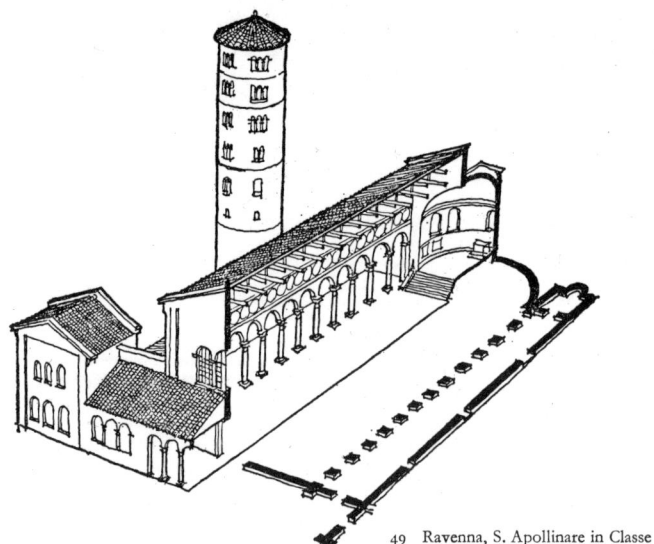

49 Ravenna, S. Apollinare in Classe

Römische Basiliken des 5. Jh.

Ein gut erhaltenes und vorzüglich wiederhergestelltes Beispiel der 'normalen' querschifflosen dreischiffigen Basilika ist *S. Sabina in Rom* von 422–432 *(Abb. 39)*. Die Ausmaße sind beträchtlich (L. 54,50, Br. 24,80 m). Über den Säulenarkaden erhebt sich die glatte Wand, deren verhältnismäßig geringe Stärke an den Bogenlaibungen abgelesen werden kann. Über den Arkaden ist die Wand mit bunten Marmorornamenten verkleidet, darüber folgte bis zu den Fenstern ein breiter, mit Mosaikdarstellungen versehener Streifen. Die großen Fenster stehen in derselben dichten Folge wie die Arkaden, den Raum mit hellem, gleichmäßigem Licht erfüllend, während die niedrigen flachgedeckten Seitenschiffe ursprünglich fensterlos waren. Das Mittelschiff hatte einen offenen Dachstuhl. Der eindeutig auf die Apsis ausgerichtete Raum ist von wohltuender Klarheit. – Unmittelbar anschließend, 432–440, entstand in *Rom S. Maria Maggiore*, ebenfalls dreischiffig und ohne Querhaus *(Abb. 40)*. Der Eindruck ist anders als der von S. Sabina. Sieht man von der Kassettendecke ab, die aus der Renaissance stammt, besteht der wesentliche Unterschied in dem geraden Gebälk, so daß der Raum lagernder, fester, saalartiger wirkt und stärker antik-römischen Geist bewahrt.

Ravennatische Basiliken des 6. Jh.

Dem Römischen entrückter erscheint die querschifflose dreischiffige Basilika *S. Apollinare Nuovo in Ravenna*, die Anfang des 6. Jh. vom Ostgotenkönig Theoderich neben seinem Palast erbaut wurde *(Abb. 41)*. Im Prinzip S. Sabina völlig gleich, ist alles dünner, leichter, transparenter geworden. Etwas vom Charakter kaiserlicher Hallen ist aber auch hier noch enthalten; allein die farbigen Marmorsäulen vermitteln die feierliche Würde einer langen sakralen und imperialen Tradition. – Die um 530–49 errichtete Basilika *S. Apollinare in Classe (Fig. 49)* bei Ravenna folgt der Form von S. Apollinare Nuovo. Der neben der Kirche stehende Campanile stammt erst aus dem 10. Jh.

Oströmische Basiliken des 5. Jh.

Bei der Bischofskirche von Trier wurde der Einbau von Emporen gegen Ende des 4. Jh. erwähnt. Ihr Gebrauch stammt aus den oströmischen Gebieten, wahrscheinlich von der konstantinischen Grabeskirche in Jerusalem. Eine überaus reiche Emporenbasilika entstand im 5. Jh. mit *H. Demetrios in Saloniki (Fig. 50)*. Fünfschiffig und mit niedrigen Querarmen versehen, über 55 m lang, ist das Innere im Rhythmus 4 : 5 : 4 durch einen Stützenwechsel mit starken Pfeilern gegliedert. – Im 6. Jh. tauchten Emporen auch in Rom auf. Zwischen 579 und 590 wurden in S. Lorenzo fuori le mura um das Grab des Heiligen im Osten der Kirche drei Flügel mit Emporen errichtet, die sich an die konstantinische Basilika anschlossen, deren Chor ursprünglich im Westen lag. Ebenso erhielt eine andere römische Grab- und Friedhofskirche des 4. Jh., S. Agnese fuori le mura, 625–38 Emporen.

Die Vielfalt frühchristlicher Typenschöpfungen, vor allem auf oströmischem Boden, zeigt sich an der mächtigen *Johanneskirche in Ephesus* aus dem Anfang des 5. Jh. *(Fig. 51)*. Vom zentralen Mittelraum um das Grab (Martyrium!) strahlen kreuzförmig vier basilikale Arme aus, der westliche etwas länger als die andern, der östliche, wohl für die Geistlichkeit bestimmte, auf fünf Schiffe erweitert. Vorbild war wahrscheinlich die von Konstantin gestiftete Apostelkirche in Konstantinopel, die 536 durch einen Neubau Justinians ersetzt wurde, der 1469 der Fatih-Moschee weichen mußte.

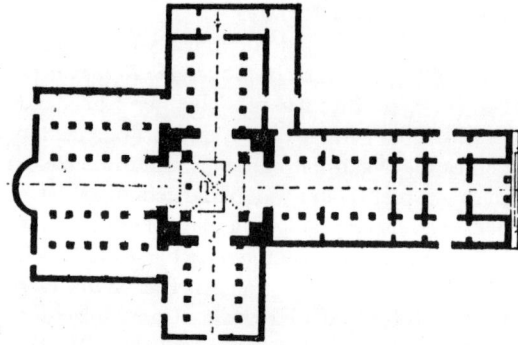

50 Saloniki, Demetriosbasilika (nach Krautheimer)   51 Ephesus, Johanneskirche (nach Krautheimer)

Syrische Basiliken des 5. Jh.

Ebenfalls im 5. Jh. (um 470) entstand in Nordsyrien mit dem *Martyrium von Kalat Siman* eine aus vier dreischiffigen Basiliken um einen zentralen Mittelraum gebildete kreuzförmige Anlage, die zu den großartigsten Beispielen frühchristlicher Architektur gehört *(Fig. 52)*. Die ursprünglich holzgedeckte Mitte umschloß die Säule des hl. Simeon Stylites. Die im übrigen ausschließliche Verwendung von großen Kalksteinquadern bedingte gegenüber den west- und oströmischen Ziegelbauten eine völlig verschiedene Durchbildung der Außengestalt, die an die hellenistisch-römische Baukunst des 1.–3. Jh. erinnert, andererseits in eigentümlicher Weise auf die romanische Architektur des 11.–12. Jh. vorausweist. Ein Bau wie *Turmanin (Dêr Termanîn)* im Hinterland von Antiochia (Syrien) aus der zweiten Hälfte des 5. Jh. ist grundrißmäßig sehr einfach: dreischiffige querschifflose Basilika, die Apsis von zwei Seitenräumen begleitet, denen an der Eingangsseite Räume entsprechen, die eine Vorhalle zwischen sich nehmen *(Abb. 42 u. Fig. 53)*. Dem Grundriß ist nicht abzulesen, wie sich der Aufriß entwickelt. Der Basilika ist eine Zweiturmfassade vorgelegt und mit der Mittelschiffsfront zu einer reichgegliederten Massenkomposition verbunden. Eine Freitreppe führt zur Höhe des Sockels, der das ganze Monument trägt, und zu dem weiten Eingangsbogen, der von schön profilierten Bogenfenstern begleitet wird. Fensterreihen mit gleichen Profilierungen ziehen sich an den Seitenschiffsfronten und am Obergaden hin. Alle Einzelheiten sind auf das Ganze bezogen und ergeben eine ausgesprochene Komposition, die sich machtvoll nach außen präsentiert, in völligem Gegensatz zum Äußern der sonstigen frühchristlichen Basiliken stehend. Ähnlich angelegt sind die etwas späteren Basiliken von Qualb Louzeh, Ruwêha und R'safah.

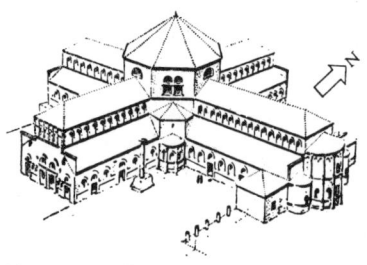

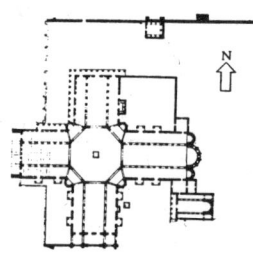

52 Kalat Siman (Syrien), Martyrium
Rekonstruktion und Grundriß
(nach Krautheimer)

II. Zentralbauten

Die ungebrochene Fortsetzung römischer Baugesinnung zeigt sich auch an den Zentralbauten. Ein Rundbau wie *S. Costanza in Rom*, um 350 als Mausoleum für eine Tochter Konstantins errichtet, ist von einem heidnischen Bau kaum zu unterscheiden *(Abb. 43* u. *Fig. 54)*. Radial gestellte Doppelsäulen mit Architravfragmenten tragen die Bögen und den Mauerzylinder, der von dichtgestellten großen Fenstern durchbrochen wird, über denen die Kuppelwölbung einsetzt. Der mit einer Ringtonne überwölbte Umgang ist in der starken Umfassungswand durch wechselnd rechteckige und halbrunde Nischen gegliedert. Die breitgelagerte Vorhalle enthält zwei Rechtecknischen neben dem Eingang und schließt an den Enden halbkreisförmig. Ein äußerer Säulenkranz ist abgebrochen. Das Innere war mit Marmorin-

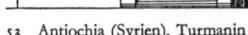

53 Antiochia (Syrien), Turmanin   54 Rom, S. Costanza, Querschnitt

krustationen und Mosaiken vollständig bedeckt. – Über ein Jahrhundert später, 468–83, wurde der bedeutend größere Rundbau von *S. Stefano Rotondo in Rom* errichtet *(Abb. 44;* Gesamtdurchmesser 64 m). Ein Säulenkranz mit Architrav trägt den Mauerzylinder; zwei ringförmige Umgänge schlossen sich an, von denen der äußere aus vier kreuzförmig angeordneten Kapellen mit offenen Höfen dazwischen bestand. Die weitgehend erhaltene Anlage wird ursprünglich ein Martyrium gewesen sein.

Auch bei den Zentralbauten ist eine Vielfalt von Gestaltungen möglich. Der Urbau von *St. Gereon in Köln*, der im Kern des 1219–27 neu aufgebauten Zentralraumes der Kirche erhalten ist, hatte die Form eines Ovals von 23,53 : 18,65 m *(Fig. 55)*. Er wird im letzten Viertel des 4. Jh. errichtet worden sein. Die Langseiten sind durch je vier mit Fenstern versehene Nischen ausgehöhlt, den Mauerstützen dazwischen je zwei gekoppelte Säulen vorgestellt. Die Apsis im Osten ist breiter und tiefer. Das Innere war reich geschmückt mit Mosaikfußboden, marmornen Wandinkrustationen und über den Fenstern wahrscheinlich Mosaiken. Dem Eingang war eine Vorhalle mit Apsiden an den Seiten wie bei S. Costanza vorgelagert (L. c. 7,50, Br. 11,80 m).

Baptisterien

Daß für Baptisterien der Zentralbau maßgebend wurde, ergab sich aus dem inhaltlichen Zusammenhang mit dem Grabbau. Denn die Taufe, die zunächst nur an Erwachsenen durch Immersion in einem Wasserbecken vorgenommen wurde, bedeutete den Tod des alten Adam und die Vorbedingung für die Auferstehung nach dem Tode. Die Immersion bedingte Anlehnung an die zahlreichen Badeanlagen, bei denen Zentralräume die größte Rolle spielten. So ist das älteste *Baptisterium*, das von *S. Giovanni in Laterano in Rom*, wahrscheinlich sogar durch Benutzung einer solchen Badeanlage entstanden. Der ursprüngliche Bau (um 315) ist unter Sixtus III. (432–40) in reicherer Form umgestaltet worden, die noch im heutigen Zustand erkennbar ist. Das innere hohe, baldachinartige Oktogon über dem Taufbecken erhebt sich über einem tonnengewölbten oktogonalen Umgang mit Vorhalle *(Fig. 56)*. – Vollständig erhalten ist das *Baptisterium der Orthodoxen in Ravenna* aus der ersten Hälfte des 5. Jh., ein kuppelüberwölbtes Oktogon, reich mit Marmorinkrustationen, Mosaiken und Stuckaturen geschmückt *(Abb. 45)*. Im Erdgeschoß wechseln flache glatte Nischen unter Blendbögen mit tiefen halbrunden Nischen, die nach außen als Apsiden hervortreten. Auch das Fenstergeschoß ist durch Blendarkaturen gegliedert. Das Äußere dagegen ist völlig schmucklos. Die Ziegelwände blieben unverputzt und erhielten als einzige Gliederung Blendbögen, wie sie schon bei der Kaiserbasilika in Trier auftraten. Sie werden ein Kennzeichen der ravennatischen Architektur und haben wohl von hier aus Jahrhunderte später auf die romanische Baukunst gewirkt.

55   Köln, St. Gereon, Rekonstruktion   56   Rom, S. Giovanni in Laterano

Grabbauten

Um 425 ist das kreuzförmige *Mausoleum der Galla Placidia in Ravenna* entstanden *(Abb. 46)*. Ein erhöhtes, kuppelüberwölbtes Quadrat steht in der Mitte von vier tonnenüberwölbten Kreuzarmen. Wieder bilden auch hier der glänzende Schmuck des Innern und die asketische Einfachheit des Äußern einen betonten Gegensatz. – Nach 500 ließ sich der 526 verstorbene Ostgotenkönig *Theoderich* in *Ravenna* sein *Grabmal* errichten *(Fig. 57)*. Auf einem zehneckigen Unterbau mit Außennischen und einem kreuzförmigen Gang im Innern erhebt sich ein ebenfalls mit Nischen versehener Rundbau, der ursprünglich von einem Säulenkranz umgeben war. Ein mächtiger Monolith, der wie eine Flachkuppel gestaltet wurde, deckt das Obergeschoß ab. Das Quaderwerk ist in technisch meisterhaftem Steinfugenschnitt gearbeitet. Daß sich der Germanenkönig sein Grabmal im Gegensatz zum üblichen Backsteinbau seiner Residenz in Stein errichten ließ, verrät den Anspruch auf volle Bewahrung der kaiserlich-römischen Tradition.

S. Lorenzo Maggiore in Mailand

Daß der Zentralbau indes nicht nur den meist kleineren Tauf-, Grab- und Märtyrerkirchen vorbehalten war, beweist die großartige Anlage von *S. Lorenzo Maggiore in Mailand (Abb. 47 u. Fig. 58)*. Vieles spricht dafür, daß der Bau als Kirche der arianischen Christen zwischen 355 und 372 errichtet worden ist. Seine Grundform ist trotz vieler Restaurierungen und Veränderungen vom 11.–17. Jh. im heutigen Zustand noch nahezu unverfälscht erhalten. Zusammen mit den drei angefügten Kapellen des 4. und 5. Jh. ist hier geradezu eine Mustersammlung von Zentralbauformen des 4.–5. Jh. angelegt. Die Grundform des Hauptbaus ist ein Quadrat mit vier Ecktürmen, zwischen denen sich zweigeschossige Exedren herauswölben, die nach innen eine Art von Umgang mit Emporen bilden. Über den quadratischen Mittelraum war ursprünglich ein Kreuzgewölbe mit vier segelartig aufgeblähten Kappen gespannt. Im Westen war ein wahrhaft imperiales Atrium vorgelagert, von dem die große Säulenkolonnade der Eingangsseite erhalten ist, die man lange für den Rest einer kaiserlichen Thermenanlage des 3. Jh. gehalten hat. Die Kirche war für die Zentralbauideen Bramantes und Leonardos von großer Bedeutung.

57 Ravenna, Grabmal des Theoderich

58 Mailand, S. Lorenzo Maggiore (nach Calverini)

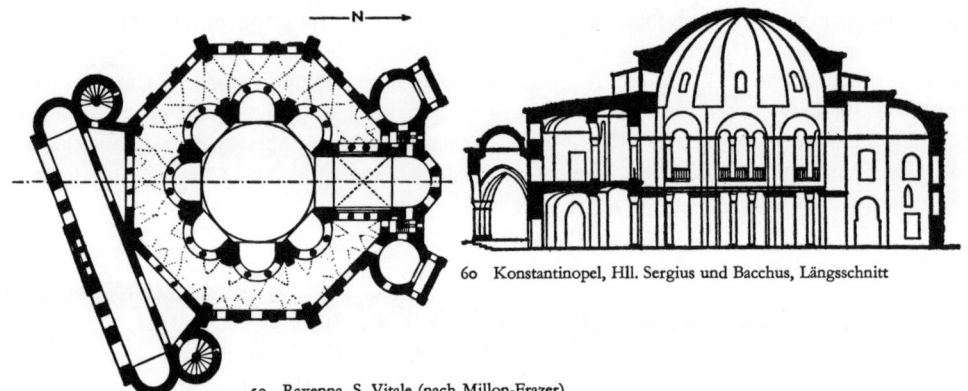

60 Konstantinopel, Hll. Sergius und Bacchus, Längsschnitt

59 Ravenna, S. Vitale (nach Millon-Frazer)

S. Vitale in Ravenna

Was im Bereich des oströmischen Reiches im 6. Jh. folgte, stellt keinen Bruch mit der antiken Tradition dar, sondern eine Nachfolge und Weiterentwicklung, die allerdings eine Verwandlung in sich beschloß. Nichts kann Zusammenhang und Veränderung deutlicher bezeichnen als der Vergleich zwischen S. Lorenzo Maggiore in Mailand und *S. Vitale in Ravenna* aus der ersten Hälfte des 6. Jh. *(Abb. 48* u. *Fig. 59)*. Aus dem Quadrat ist ein Oktogon geworden. Mit Ausnahme der Chornische, die sich in ganzer Höhe öffnet, schwingen an allen anderen Seiten zweigeschossige Exedren in einen Umgangsraum hinein und bilden zugleich eine bis zur Chornische umlaufende Empore. Auf durchfenstertem oktogonalen Tambour erhebt sich die halbkugelige Kuppel, deren Gewicht durch die Einmauerung von Amphoren erleichtert wird *(Fig. S. 49)*. Alle Formen sind schlanker und vertikaler als in Mailand, in höfischere Eleganz verwandelt, deren Verfeinerung zugleich Vergeistigung bedeutet. Der Palast Gottes bekommt, so weit das einem Bauwerk möglich ist, etwas Körperloses. Das Äußere erscheint in einfachen schmuck- und farblosen Flächen, die nur an Narthex und Chor eine reichere Gruppierung erfahren. – Man hat ein Vorbild für S. Vitale in *Konstantinopel* gesucht und es in *Hll. Sergius und Bacchus* zu finden geglaubt *(Abb. 49* u. *Fig. 60)*. Auch bei dieser Kirche handelt es sich um einen Zentralbau, dessen Äußeres indes ein Quadrat darstellt, in das das Oktogon eingesetzt ist. Dieses Oktogon hat ausschwingende Exedren nur in den Diagonalen und außerdem im Erdgeschoß ein gerades Gebälk, so daß bei aller Verwandtschaft mit S. Vitale doch ein sehr anderer Eindruck entsteht. Beide Bauten sind etwa gleichzeitig um 525 begonnen worden.

Hagia Sophia

Wenige Jahre später, 532–37, ließ Kaiser Justinian in *Konstantinopel* in enger Verbindung mit dem kaiserlichen Palast und dem Hippodrom an Stelle einer im Januar 532 verbrannten Vorgängerkirche, die wahrscheinlich eine fünfschiffige holzgedeckte Basilika war, die *Hagia Sophia* errichten *(Abb. 50, Fig. 61* u. *Fig. S. 49)*. Baumeister waren Anthemios von Tralles und Isidoros von Milet; Anthemios war als Ingenieur und Mathematiker berühmt. Ein Einsturz von 558 führte zu einer Überhöhung der Kuppel um etwa 7 m. Sicherungen durch Strebemauern erfolgten ab Ende des 13. Jh. und noch später in türkischer Zeit. Die Verwandlung in eine Moschee nach 1453 ließ den Bau als solchen unangetastet. Den Mittelpunkt der Kirche bildet ein quadratischer Raum, auf dessen 24,3 m hohen Eckpfeilern sich vier Bögen von 31,3 m Breite und 15,65 m Höhe erheben. Die Wölbungen der Pendentifs leiten das Quadrat in das Kreisrund der Kuppel über, deren Durchmesser 33 m und Höhe 13,8 m beträgt. Die Gesamthöhe des Mittelraums ist 55,6 m. Auf dem Kuppelring ruht ein Kranz von 40 Fenstern, das Gewölbe einer festen Basis beraubend und es als schwerelos schwebend erscheinen lassend. Der Gewölbeschub wird im Osten und Westen durch Halbkuppeln aufgefangen, deren Schub wiederum in die noch kleineren Halbkuppeln von Exedren übergeleitet wird, die in ihrer Zweigeschossigkeit und der Zahl der Säulenstellungen an S. Vitale erinnern. An den Langseiten wirken dem Schub der Mittelkuppel mächtige innere Strebemauern entgegen, die mit breiten Öffnungen versehen sind, so daß sich durchgehende Seitenschiffe ergeben, die sich in Erdgeschoß und Emporen zum Mittelschiff hin mit Säulenstellungen öffnen. Auf diese Weise ist eine Verschmelzung von basilikalem Langbau mit zentralem Kuppelbau erreicht worden (L. 80,9, Br. 69,7 m). Mit Ausnahme der Vierungspfeiler, die aus Kalksteinquadern bestehen, ist der Bau in Ziegelwerk errichtet. Die Wände sind mit vielfarbigen Marmorplatten verkleidet, die Gewölbe mit Mosaiken. Trotz der gewaltigen Ausmaße ist der Architektur jegliche Schwere genommen. Die Verwandlung des römischen Massenbaus in eine vergeistigte Architektur ist vollkommen.

Die Hagia Sophia hatte keine Nachfolge. Von größerer Bedeutung für die Zukunft wurde die gleichzeitig von der Kaiserin Theodora errichtete Apostelkirche in Konstantinopel, ein reiner Zentralbau in der Form des griechischen Kreuzes mit einer großen Mittelkuppel und vier kleineren Kuppeln auf den Kreuzarmen. Der Bau ist nicht erhalten. Seine Nachwirkung ist in der späteren byzantinischen und in der russischen Baukunst zu spüren. Im Abendland folgten dem Plan die Markuskirche in Venedig und Saint-Front in Périgueux. – Die justinianische Baukunst Konstantinopels und die ravennatische wurden lange unbestritten als Beginn der byzantinischen Architektur angesehen. Man hegt heute vielfach Zweifel daran. Es entspricht den Tatsachen wohl mehr, diese großen Schöpfungen aus der ersten Hälfte des 6. Jh. im Gesamtrahmen der römischen Reichskunst zu sehen, deren letzte Blüte sie darstellen, hervorgegangen aus den vielfältigen Formen, die sich im Laufe der spätrömischen Jahrhunderte im Westen und Osten entwickelt hatten, und sie gleichsam zusammenfassend.

 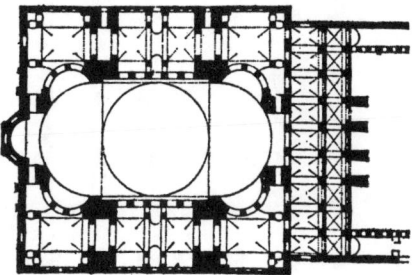

61 Konstantinopel, Hagia Sophia, Längsschnitt (nach Gurlitt) und Grundriß (nach v. Sybel)

Byzantinische Kirchen

Die echte byzantinische Architektur der folgenden Jahrhunderte geht zwar von der oströmischen des 6. Jh. aus, unterscheidet sich von ihr aber wesentlich durch den Mangel an Bauphantasie, durch die meist winzigen Größenverhältnisse und die außerordentlich schwache Belichtung. Der fast ausschließlich bevorzugte Typus wurde die Kreuzkuppelkirche. Eine der größten Anlagen, aber auch sie von geringen Ausmaßen im Vergleich zu frühchristlichen Bauten, ist die Kirchengruppe im *Kloster von Hosios Lukas* in Griechenland aus der ersten Hälfte des 11. Jh. *(Abb. 53)*. Die größere Kirche des hl. Lukas von Stiris enthält eine flache Tambourkuppel über dem Hauptraum und eine kleinere über dem östlichen Kreuzarm, die Marienkirche nur einen überwölbten hohen Tambour. Das Innere ist durch hochstrebende rechteckige Pfeiler und fast unübersichtliche Durchblicke in winzige Eckräume gekennzeichnet. Das Äußere mit seinen Mauern aus Werkstein, den Rahmungen und Gliederungen aus Backstein und den vielen säulenunterteilten schmalen Bogenfenstern bietet einen unruhigen malerischen Anblick. Der hohe Wert dieser Bauten beruht auf dem reichen Mosaik- und Freskenschmuck des Innern.

Russisch-byzantinische Kirchen

Wenn man mit diesem einen Beispiel der byzantinischen Architektur selbstverständlich nicht gerecht wird, so kann man es auch mit mehreren der russischen Baukunst gegenüber nicht, die sich wesentlich auf den Grundlagen der byzantinischen entwickelt und im 11. Jh. in den ersten großen Zentren von Kiew und Nowgorod einsetzt. Ausgangspunkt wurde die 1018–37 erbaute *Sophienkathedrale von Kiew (Abb. 51, Fig. S. 49 u. 62)*. Ihr folgte 1056–62 auf vereinfachterem Plan die *Sophienkathedrale von Nowgorod (Fig. 63)*. Griechisches Kreuz und Fünfschiffigkeit sind miteinander verbunden. Entscheidend sind die kleinen steilen Raumzellen; die größte Einheit, die mittlere Kreuzvierung, mißt kaum 6 m im Quadrat. Diese unüber-

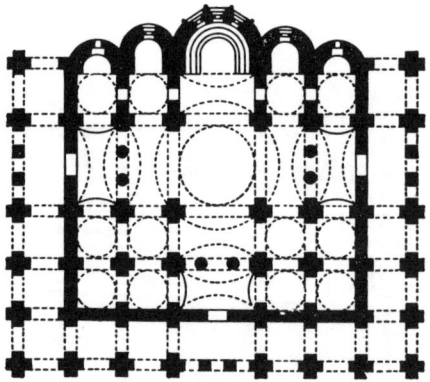

62 Kiew, Sophienkathedrale

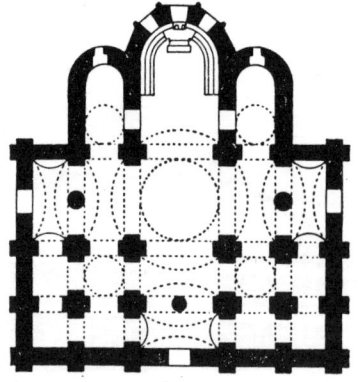

63 Nowgorod, Sophienkathedrale

sichtliche Raumzerteilung entspricht genau der der byzantinischen Baukunst und steht im größten Gegensatz zur frühchristlichen Weiträumigkeit bis zum 6. Jh. und zur Großräumigkeit der inzwischen entstandenen abendländischen romanischen Architektur; sie bleibt bis zum Ende der russischen Entwicklung im 18. Jh. bestimmend. Im Unterschied zum Byzantinischen werden die drei zusammengedrängten Ostapsiden über den ganzen Baukörper hochgezogen; vor allem aber erhalten die Kuppeln hohe turmartige Zylinder und, seit dem 12. Jh., die typischen zwiebelförmigen Bedachungen. – Diese Grundform, ins Phantastische abgewandelt, bestimmt noch die 1555–60 von Postnik und Barma errichtete *Pokrovkathedrale in Moskau (Fig. 64)*.

Türkische Moscheen
Die erstaunlichste Nachfolge fand die justinianische Hagia Sophia weder in der byzantinischen und russischen noch in der abendländischen Architektur, sondern in der türkischen seit dem 15. Jh., die wenigstens durch das Beispiel der *Suleiman-Moschee in Istanbul* von 1550–57 vertreten sei *(Fig. 65)*.

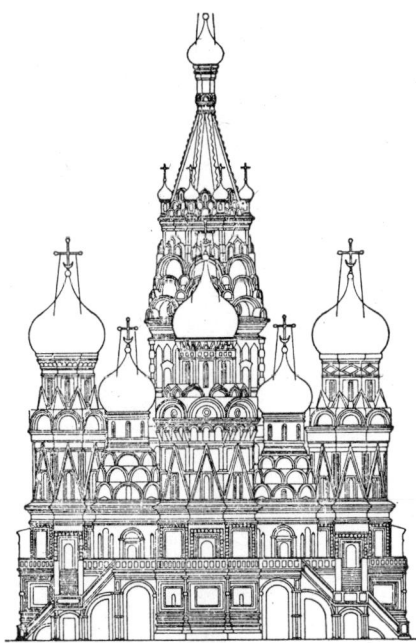

64 Moskau, Pokrovkathedrale   65 Istanbul, Suleiman-Moschee

5 Karolingische und ottonische Baukunst

Vorbemerkung: Herkömmliche Stilbezeichnungen sind vor- und frühromanisch. Merkmale sind mehr oder weniger schwere einfache glatte Wände, ganz selten Wölbungen, aber Verwendung von Bögen. Die rechteckigen oder runden Stützen (Pfeiler und Säulen) verlieren die antiken Proportionen und werden häufig entweder schwer gedrungen oder überlängt.

Die mit der Zeit zunehmenden Raumteile ergeben keine übersichtliche Raumeinheit, sondern bleiben je für sich gesondert. Allmählich entsteht beim Kirchenlangbau die ausgeschiedene Vierung, deren Quadrat das Grundmaß für die Raumverhältnisse abgeben kann. Wesentlicher Eindruck: Zusammenstellung von Bau- und Raumkuben, bereichert durch Türme.

Material: Werkstein, Backstein (selten), Holz.

Corvey, Klosterkirche

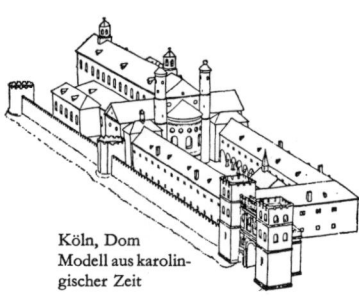

Köln, Dom
Modell aus karolin-
gischer Zeit

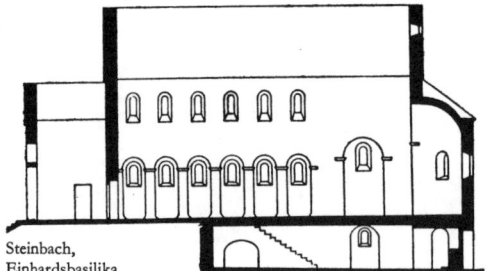

Steinbach,
Einhardsbasilika

Essen, Münster, Westwerk aus ottonischer Zeit

Die Vorbereitung der abendländischen Architektur auf dem Boden des weströmischen Reiches bedurfte langer Zeit. Was sich in den Jahrhunderten nach den Germanenstürmen bildete, war höchst unterschiedlich. Die neuen Herren Germaniens, Galliens, Iberiens und schließlich auch Italiens brachten keine Tradition von Monumentalarchitektur in Stein oder Ziegel mit. Was ihnen vom Holzbau her vertraut war, beschränkte sich auf bescheidene Aufgaben der Hütte und Halle. Palast und Kirche blieben zunächst etwas Fremdes, dessen Aneignung mit der Übernahme der politischen und geistigen Erbschaft des römischen Imperiums zwar notwendig war, aber größte Mühe machte. Der Anschluß an das Vorgefundene mußte daher willkürlich sein und vorerst durch keinen bestimmten Ausdruckswillen gekennzeichnet bleiben. So wurde das Vorhandene wahllos übernommen und aufs Einfachste zurückgeführt, 'primitivisiert'. Ob Kirchentypen aus Rom stammten oder aus Nordafrika, Syrien oder Kleinasien, war gleichgültig. Ob Basilikal- oder Zentralbauten, einfache Säle oder reichere Anlagen, alles wurde aufgegriffen und reduziert. Die immer zahlreicheren Ergebnisse der Ausgrabungstätigkeit zeigen eine verwirrende Vielfalt von Typen, die es unmöglich macht, klar sich abzeichnende Linien bestimmter Entwicklungen zu erkennen. Auch werden mehr und mehr die Quellenangaben des 6.–8. Jh. berichtigt, die von Kirchenbauten zu erzählen wissen, die an Größe mit den frühchristlichen wetteifern konnten. Was wirklich gebaut wurde, war klein und bescheiden. Prächtiger war vielleicht die Ausschmückung, da Liebe zu kostbarem Schmuck Germanen und Kelten von jeher ausgezeichnet hatte.

I. Karolingische Baukunst

Kaiserliche Repräsentation (Lorsch und Aachen)
Erst in karolingischer Zeit entstanden Bauten, die an Größe und Bedeutung die spätrömisch-frühchristliche Architektur zu erreichen versuchten. Karl trat bewußt das Erbe Roms an, um sein fränkisches 'Weltreich' ebenbürtig dem oströmischen Kaiserreich zur Seite zu stellen. Wie dies geschah, zeigt die *Torhalle* des Klosters *Lorsch* von 767–74 *(Abb. 52)*. Drei tonnengewölbte Durchgänge sind von korinthischen Halbsäulen begleitet; über dem Friesband befinden sich ionische Pilaster, die kleine Dreiecksgiebel tragen. Die Wandflächen sind mit verschiedenfarbigen Platten verkleidet. Das Motiv des römischen Triumphbogens, wahrscheinlicher aber des Eingangsbaus von Alt-St. Peter, ist mit der römischen Applikationsordnung versehen. Dieser Bau stand inmitten des Klostervorhofes und war sicher eine für den Kaiser bestimmte Anlage. Die Klosterkirche selbst bestand aus Vorkirche, Westwerk und dreischiffiger Pfeilerbasilika.

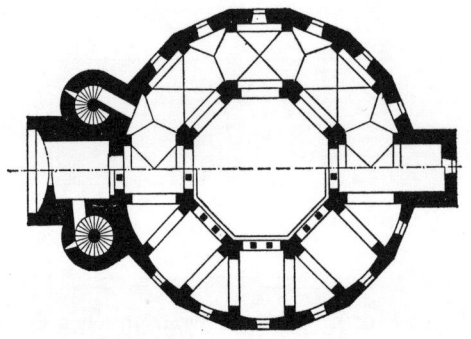

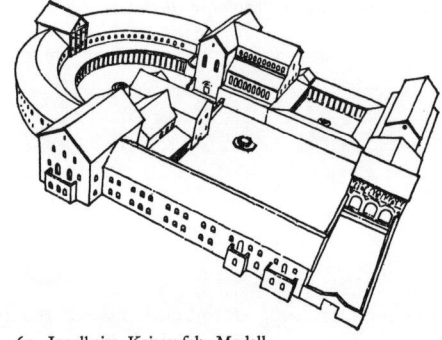

66 Aachen, Hofkapelle   67 Ingelheim, Kaiserpfalz, Modell

Als Karl Ende des 8. Jh. in *Aachen* seinen Palast baute, fügte er ihm die *Hofkapelle* zu, die 798 im Rohbau fertig war und 805 von Leo III. geweiht wurde *(Abb. 54 u. Fig. 66)*. 814 erhielt der Kaiser in ihr seine Grabstätte. Der von Odo von Metz erstellte Bau richtete sich nach dem Vorbild von S. Vitale in Ravenna, von dem er sich aber erheblich unterscheidet. Das innere Achteck von 14,4 m Durchmesser ist einem Sechzehneck von 29,5 m Durchmesser einbeschrieben. Das Oktogon enthält im Erdgeschoß keine Säulenstellung, die sich erst in der Empore befindet, hier aber zweistöckig. Pfeiler und Bögen sind aus genau behauenen Quadern errichtet, während die 1,60 m dicken Mauern aus Bruchsteinen in reicher Mörtel-bettung bestehen. Der Baumeister hat die römische Technik sorgfältig studiert. Der Umgang ist mit Gratgewölben über wechselnd recht- und dreieckigen Feldern versehen, die Empore mit steigendem Tonnengewölbe. Darüber folgt ein freistehendes achtseitiges Fenstergeschoß von 5,80 m Höhe und die achtseitige Walmkuppel, deren Scheitel 31,6 m über dem Fußboden liegt. Der Eindruck des Innern ist fester und schwerer als der von S. Vitale. Die Pfeiler und Bögen des Erdgeschosses umstehen den Mittelraum mit unvergleichlicher Wucht und Ge-schlossenheit, deren Feierlichkeit durch den Gegensatz zum 1355–1414 angefügten spätgoti-schen Chor noch hervorgehoben wird. – Der Kapelle ist im Westen ein Portalbau vorgelegt, der aus einer zweigeschossigen gewölbten Halle zwischen seitlichen Treppentürmen besteht und sich zum Atrium in einer großen Nische öffnet. Dieses Architekturmotiv der Riesen-nische entstammt alten Traditionen der Palast- und Stadtarchitektur in Verbindung mit dem Herrscher. Auch hier diente es dem Kaiser, der in dieser monumentalen 'Apsis' auf der Höhe der inneren Kaiserempore mit seinem Thron dem im Atrium versammelten Volke erscheinen konnte.

Ein andersartiger gleichzeitiger Zentralbau ist in der 806 geweihten Kirche von Germigny-des-Prés erhalten. Der Grundriß mit einem dem Quadrat eingeschriebenen griechischen Kreuz ist byzantinisch, die hufeisenförmigen Apsiden weisen auf Herkunft aus der westgotischen Baukunst Spaniens.

Kaiserpfalzen
Wie der Kaiser mit der Pfalzkapelle auf frühchristliche Traditionen zurückgriff, stützte er sich bei seinen Pfalzen auf antike Überlieferungen. Keine ist erhalten, einige aber sind zu

64

rekonstruieren, mag auch, wie bei *Ingelheim* (nach 788–819), das Modell nicht in allen Teilen richtig sein *(Fig. 67)*. Immerhin zeigt es die großzügige Ordnung der Gesamtanlage, die mit römischen Palästen und dem Kaiserpalast in Konstantinopel wetteifern sollte. Das fast genaue Quadrat wird im Osten durch ein zweigeschossiges Halbrund mit Säulenumgang und Torhaus abgeschlossen. An der Westseite führt ein Vorhof zu dem langgestreckten Kaisersaal, der dreischiffig-basilikal ausgebildet ist und eine monumentale Nische für den Thron enthält. Obwohl entgegen der germanischen Gewohnheit breitgelagerter Hallen durch die Thronapsis längsgerichtet, legt er sich doch quer vor das säulenumstandene Atrium, das zur Pfalzkapelle führt, die hier als mehrschiffige Säulenbasilika mit Querschiff und Rundapsis ausgebildet ist. Fraglich bleibt, ob das Querschiff durchgehend oder in drei Zellen unterteilt war.

Germanische Königshalle
Eine germanische Königshalle hat sich erhalten, vielleicht das erste Beispiel für die Übertragung aus Holz in Stein: *Santa María de Naranco* in Asturien *(Abb. 57)*. Nach der Eroberung Iberiens durch die Araber seit 711 hielt sich allein in Asturien ein Rest des westgotischen Reiches. Der Bau wird verschiedenen Königen ab 750 zugeschrieben. Die Badeanlagen im Untergeschoß und die Querlagerung weisen auf einen Profanbau als Teil des königlichen Palastes hin. Allerdings wurde die Halle schon 848 unter Ramiro I. zur Kirche geweiht. Der Eingang lag in der Mitte der nördlichen Breitseite auf einer Altane, zu der Freitreppen führten. Der tonnenüberwölbte Raum öffnete sich an den Schmalseiten in drei Arkaden auf Loggien. Der Sitz des Königs befand sich vermutlich dem Eingang gegenüber vor einer zweiten Altane, die nur von der Halle aus zugänglich war. Dieselbe Form tauchte im 11. Jh. wieder in den deutschen Kaiserpfalzen auf.

Klosterplan von St. Gallen
An Stelle von Pfalzen konnten dem herumziehenden Kaiser auch Klöster dienen, in denen er bestimmte Rechte hatte. Neben den Bischöfen und ihren Diözesen, in denen sich die verwaltungsmäßige Einteilung des römischen Imperiums fortsetzte, und die damit Keimzellen neuer staatlicher Verwaltung werden konnten, stellte das Mönchstum des Benediktinerordens die einzige feste Organisation dar, die 529 begründet – viele Traditionen der Antike bewahrte. Da das römische Städtewesen zunächst verfiel und keine Bauaufgaben stellen konnte, waren es neben den Pfalzen und Bischofssitzen vorzüglich Klöster, die architektonische Ordnung einer Gemeinschaft verlangten, wobei sich das Bauen über das Errichten einfacher Behausungen erhob und künstlerischen Ausdruck erhielt. Frühzeitig entwickelte sich eine durchdachte Planung, wie sie für die karolingische Zeit in dem *Pergamentplan von St. Gallen* erhalten ist *(Fig. 68)*. Dieser Plan ist wohl um 820 nach St. Gallen geschickt worden. Die Einteilung ist von übersichtlicher Klarheit. Im Westen liegt der weltliche Bezirk mit Werkstätten usw. Nach Osten zu folgen Kirche und Kloster. Der Kreuzgang, ein von Arkadengängen umstandener Hof, liegt im Süden der Kirche. Sein Südflügel enthält das Refektorium (Speisesaal), in der Südwestecke liegt die Küche, im Westflügel sind die Vorratsräume untergebracht. Der Ostflügel, dem Sanktuarium und Mönchschor am nächsten, war dem Dormitorium (Schlafsaal) vorbehalten, unter dem sich das Calefactorium (Heizraum) befand. Östlich der Kirche im stillsten Bezirk waren der Friedhof, die Novizenschule, das Krankenhaus und eine kleine, zugleich für Kranke und Novizen bestimmte Doppelkirche geplant.

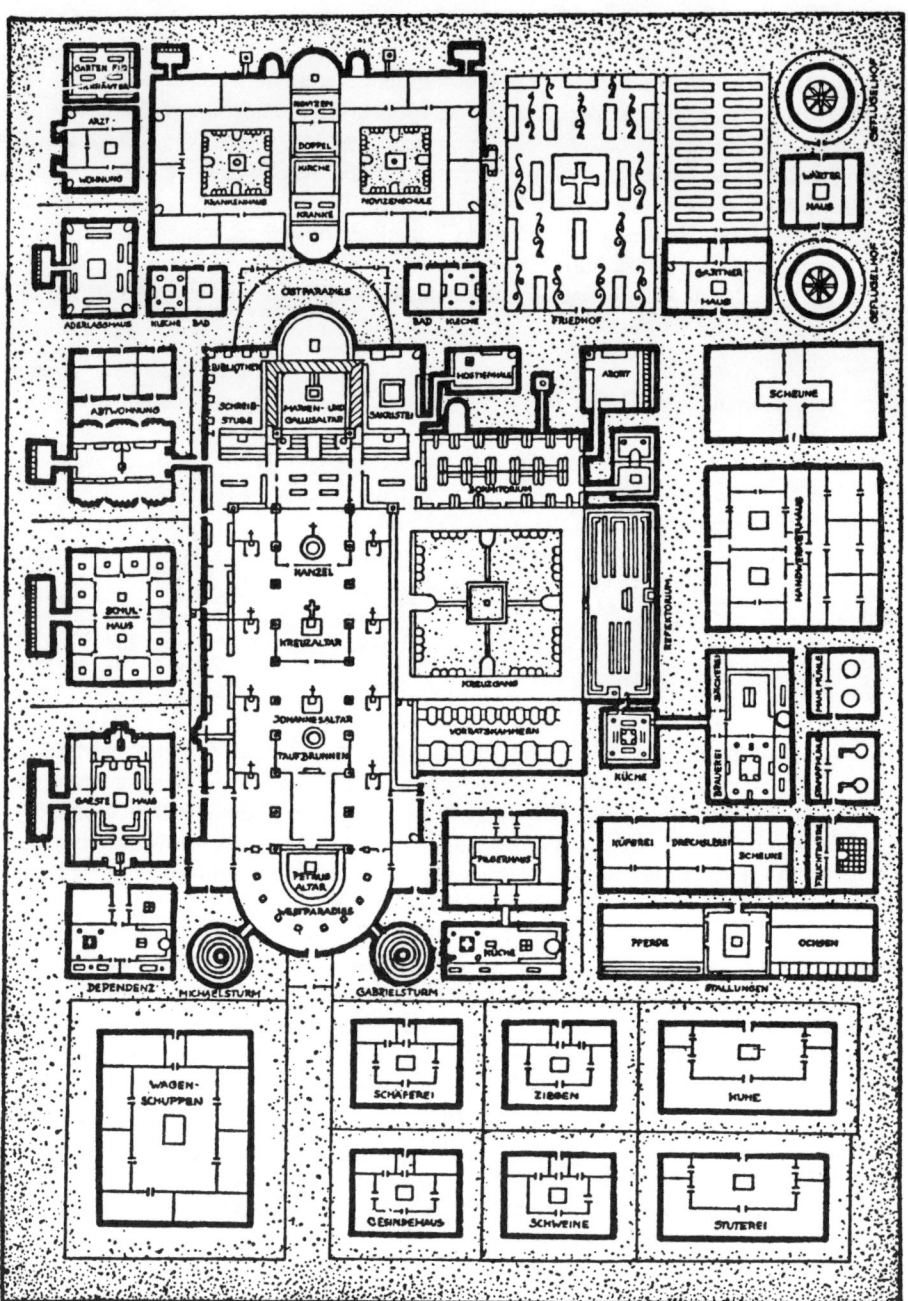

68   St. Gallen, Kloster, Plan (←N)

Doppelchörige Kirchen

Aus dem Kirchengrundriß lassen sich mehrere Eigentümlichkeiten ablesen, die auffälligste ist die Doppelchörigkeit. Ferner gibt es einen Vierungsturm, der sich über dem Durchdringungsraum von Lang- und Querhaus erhebt und ein Chorjoch vor der Apsis zur Voraussetzung hat. Die Entstehung der Doppelchörigkeit, die für die deutsche Architektur bis zum 13. Jh. von großer Bedeutung blieb, ist nicht einwandfrei geklärt. In Nordafrika war sie schon im 4. Jh. bekannt, wird aber kaum von dort her auf den karolingischen Plan gewirkt haben. Eher ist anzunehmen, daß das Bedürfnis nach zwei Kirchenpatronen und damit zwei Hauptaltären zu dieser Entwicklung beigetragen hat. In St. Gallen wurde in der Ostapsis Paulus, im Westen Petrus verehrt, wobei zu bedenken ist, daß die römische Peterskirche die Apsis im Westen hat. Ferner fallen die beiden Rundtürme im Westen auf, die den Erzengeln Michael und Gabriel geweiht waren. Die Erzengelverehrung ist von den Benediktinern besonders gepflegt worden und gewann im Norden hohe Bedeutung. Vorzüglich galt sie Michael, dem Anführer der Engelheere, die das Himmlische Jerusalem gegen die bösen Mächte zu verteidigen hatten, die stets aus dem Westen kamen. So stehen hier die Türme als Erzengelburgen im Westen. Die Ausführung der Kirche folgte nicht den angegebenen, sondern kleineren Maßen, die ebenfalls eingetragen waren. – Dagegen erhielt ein anderer karolingischer Bau zumindest in der ersten Anlage annähernd die Ausmaße der St. Gallener Zeichnung: der Kölner Dom (817–870, *Fig. S. 62*). Bei einer Länge von 40 m war er doppelchörig mit östlichem Querhaus und einem quadratischen Vorjoch vor der Apsis. Das Querschiff war dreizellig, also ohne echte ausgeschiedene Vierung. Dem Westchor wurde dann ein Westquerhaus zugefügt, außerdem kamen Westtürme hinzu. Der Ostchor war Maria, der Westchor Petrus geweiht. Der Kölner Dom wurde damals zu den schönsten Kirchen der Christenheit gerechnet.

Die Westrichtung von Alt-St. Peter wurde auch sonst gelegentlich Vorbild, was aber nie zur Aufgabe der Ostapsis führte. Ein Beispiel bietet *Fulda*, das das Zusammenwirken verschiedener Gedanken bei der Entstehung neuer Bauformen zeigt. Der Dom Johann Dientzenhofers von 1704–12 mit seiner Länge von etwa 100 m und der Mittelschiffsbreite von 14,5 m entspricht der Größe der karolingischen *Klosterkirche St. Salvator* von 791–819 *(Fig. 69)*,

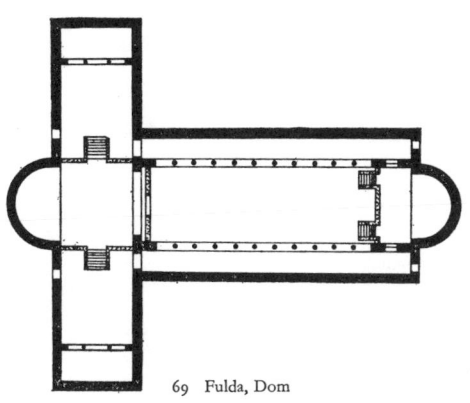

69 Fulda, Dom

die an Stelle einer kleineren querschifflosen Basilika mit Ostapsis von 744 errichtet wurde. Der Neubau behielt im Osten das alte Schema bei, fügte im Westen aber ein weit ausladendes Querhaus mit halbrunder Apsis hinzu. Der Westaltar war dem hl. Bonifatius geweiht, der hier begraben lag. Seine Gleichsetzung als Apostel Germaniens mit Petrus brachte das westliche Querschiff mit sich. Noch etwas Neues tauchte auf: Nachträglich wurden unter beiden Chören geräumige dreischiffige Krypten für den Reliquienkult angelegt, die eine Höherlegung der Chöre bedingten.

 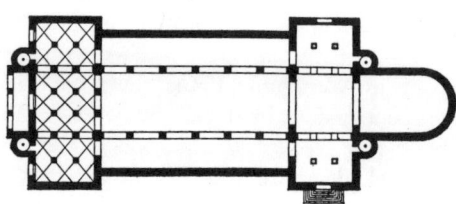

70 Saint-Riquier (Centula), Klosterkirche, Zeichnung und Grundriß

Kirchen mit Westwerk

Eine der eigenartigsten Erfindungen der karolingischen Zeit stellte die *Klosterkirche von Saint-Riquier (Centula)* bei Amiens dar *(Fig. 70)*. Unter Abt Angilbert III. (790–814), einem Vertrauten Karls, wurde ein Neubau des im 7. Jh. gegründeten Klosters unternommen, dem reiche Unterstützung durch den Kaiser zuteil wurde. Reste in der heutigen Kirche und alte Darstellungen lassen den Bau ziemlich sicher rekonstruieren. Es erscheint hier voll ausgebildet das sogenannte 'Westwerk', das der dreischiffigen Basilika mit östlichem Querschiff, Chorjoch und Apsis vorgelagert ist. Äußerlich entsprechen West- und Ostteile einander fast genau; im Innern aber stellt das Westwerk einen eigenen Zentralbau dar, der sich über einem säulengeteilten Erdgeschoß um ein mittleres Quadrat von 10 m Seitenlänge erhebt und auf drei Seiten von Emporen umgeben war, während sich die vierte Seite zum Mittelschiff hin wohl in Arkaden öffnete. Diese Anlage diente mit großer Wahrscheinlichkeit dem Kaiser als eine Art von Pfalzkapelle. Sie war vermutlich schon in Lorsch vorhanden, vielleicht auch in der 775 geweihten Abteikirche von Saint-Denis, die seit merowingischer Zeit eng mit dem Königshaus verbunden war. – Das früheste erhaltene Westwerk (873–85) befindet sich in *Corvey* an der Weser, einer Gründung des westfränkischen Klosters Corbie *(Abb. 55, Fig. 71 u. Fig. S. 62)*. Über einer gewölbten quadratischen Halle im Erdgeschoß erhebt sich der emporenumgebene und von Treppentürmen begleitete Zentralbau.

II. Ottonische Baukunst

Karolingisches Erbe

Was in karolingischer Zeit zwischen 750 und 850 entstand, wurde nach einem dunklen Jahrhundert voller Unruhe die Grundlage für die volle Entfaltung der abendländischen Baukunst

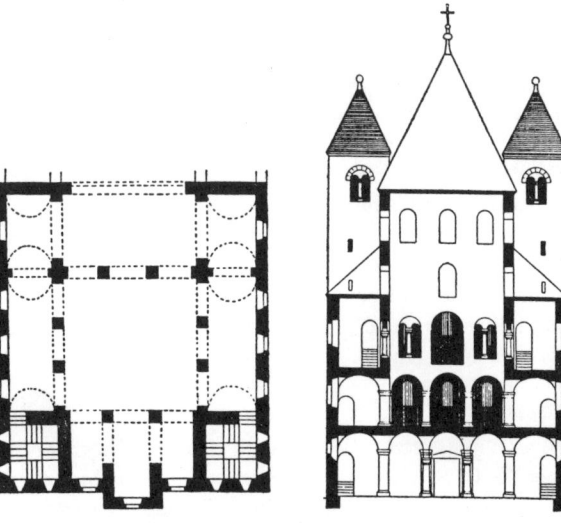

71   Corvey, Kloster Michael, Grundriß und Aufriß (Westwerk)

seit der zweiten Hälfte des 10. Jh. Der Rhythmus der Entwicklung war auf deutschem, französischem, englischem, spanischem und italienischem Boden verschieden, Gemeinsamkeiten stehen Sonderungen gegenüber. Neue Auseinandersetzungen mit frühchristlicher und byzantinischer Kunst, Einflüsse auch des Islamischen brachten Bereicherungen, die zu weit auseinander liegenden Lösungen führten, die schwer auf einen Nenner zu bringen sind. Hier setzen die Schwierigkeiten der Stilbegriffe ein. Ist das Neue schon 'Romanik' oder noch nicht? Wo soll die Trennung vorgenommen werden? Da es zunächst die ostfränkischen Gebiete unter der Führung des sächsischen Kaiserhauses der Ottonen (919–1024) waren, die in besonders starker Anknüpfung an das Karolingische zu reichster Entfaltung architektonischen Schaffens gelangten, hat sich die Bezeichnung 'Ottonische Kunst' eingebürgert. Erst nach dem ersten Viertel des 11. Jh. greifen auch Frankreich und Italien entscheidend in die Entwicklung ein, es beginnt die Periode der gewölbten Großbauten, für die der Begriff 'Romanik' beibehalten werden kann.

Klassische Doppelchoranlage in Hildesheim
Obwohl sich das Bewußtsein der Menschen in ottonischer Zeit fraglos verändert hatte, blieben die Aufgaben zunächst dieselben wie früher. Weitaus im Vordergrund stand noch immer der Kirchen- und Klosterbau, dem in großem Abstand der Palastbau folgte. Eine nennenswerte Entwicklung des fürstlichen und ritterlichen Wohnbaus fand vorerst nicht statt, noch weniger städtisch-bürgerlicher Bauaufgaben. Die Zahl ottonischer Neubauten und Neugründungen ist groß. Wenn an erster Stelle *St. Michael in Hildesheim* behandelt wird, so deswegen, weil es sich um die einheitlichste und wohl vollendetste Anlage um die Jahrtausendwende handelt, die außerdem das Erbe karolingischer Traditionen besonders deutlich erkennen läßt *(Abb. 56 u. Fig. 72)*. Die Grundsteinlegung fand durch Bischof Bernward 1010 mit der

69

Westkrypta statt, die 1015 geweiht wurde; 1033 erfolgte die Weihe des Ganzen (L. 69, Br. Mittelschiff 8,6, H. 16 m). Außer Krypta und Apsiden ist alles flachgedeckt. Der aus den Vierungsquadraten (echte 'ausgeschiedene Vierung') entwickelte Grundriß ist klar durchdacht und prägt sich ebenso in der Außenansicht aus. Wie in Centula nehmen zwei gleichgebildete Baugruppen mit Türmen das basilikale Langhaus in die Mitte, nur daß hier statt des Westwerks ein über der Krypta erhöhter Chor vorhanden ist. Die Krypta mit Umgang, dessen Idee von Saint-Martin in Tours kam, war Grabstätte des Bischofs. Vor die Querschiffenden wurden zweigeschossige Emporen gestellt, so daß sich eine reiche Unterteilung der einfachen Raumkuben ergab, die auch in der Kennzeichnung der drei Mittelschiffsquadrate durch Pfeiler statt Säulen ('Stützenwechsel') zum Ausdruck kam. Wie ein Symbol der Baugesinnung wirken die Würfelkapitelle: in ihnen verdichten sich Stützen und Mauern zum beispielhaften Kubus.

Westwerke

Wie der Westwerkgedanke auch dem Westchor zugute kam, zeigt das *Münster in Essen* um 1000 *(Abb. 58 u. Fig. S. 62)*. Hier ist durch Halbierung der Aachener Pfalzkapelle mit Umgang und Emporen eine der originellsten Lösungen entstanden, die auch nach außen mit Mittelturm und Treppentürmen die beliebte reiche Gruppierung erhält. – Ein echtes Westwerk, ähnlich dem von Corvey, ist in St. Pantaleon in Köln (966–80) erhalten; eines der mächtigsten noch aus dem Ende des 10. Jh. hat die *Liebfrauenkirche in Maastricht (Abb. 59)*. Ein Zentralbau in der Nachfolge der Aachener Pfalzkapelle war die Ritterstiftskirche in Wimpfen im Tal von 979–98, von der nur der Westbau bewahrt blieb.

Basiliken mit und ohne Emporen

Die früheste noch erhaltene ottonische Basilika ist die *Nonnenstiftskirche St. Cyriakus in Gernrode*, die 961 begonnen wurde *(Abb. 61 u. Fig. 73)*. Die dreischiffige Basilika mit Stützenwechsel hat Emporen, die auch einen ursprünglich westwerkähnlichen Westbau umgaben, der später in einen Chor verwandelt wurde. Die ausgeschiedene Vierung des östlichen Querhauses wurde ebenfalls nachträglich angelegt. Der Ostchor ist über einer Krypta erhoben, begleitet von zwei kleinen Apsiden an den Querarmen. Eine der größten Pfeilerbasiliken entstand 1000–46 mit *Sainte-Gertrude in Nivelles (Abb. 60 u. Fig. 74)*. Die doppelchörige und

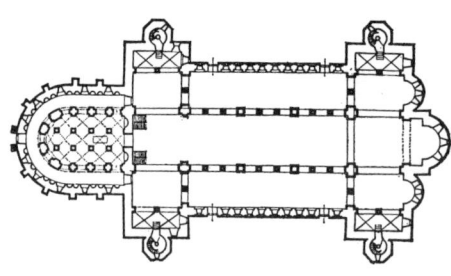

72 Hildesheim, St. Michael, Modell und Grundriß

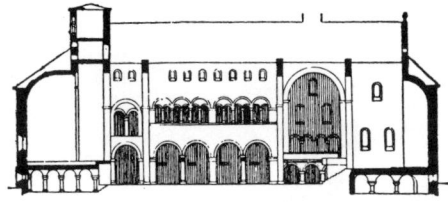

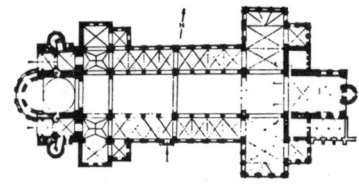

73 Gernrode, Nonnenstiftskirche St. Cyriakus

74 Nivelles, Sainte-Gertrude (nach Millon-Frazer)

mit zwei Querhäusern versehene Anlage entwickelt im Westen eine reiche Baugruppierung. Gleichzeitig, 1005–49, wurde in Reims mit Saint-Rémy eine Emporenbasilika auf Bündelpfeilern errichtet, die, ursprünglich fünfschiffig geplant, der größte Kirchenbau Frankreichs werden sollte, in der Klarheit des Weggedankens, der Ablehnung reicher Außengruppierungen, vor allem im Westen, sich eindeutig für den Typus der frühchristlichen Basilika entscheidend und nicht dem deutschen Wege folgend.

Sonderfälle

Am Ende unseres Zeitraumes steht der *Dom zu Trier* (1017–47), der insofern eine Sonderstellung einnimmt, als er den frühchristlichen Bau beibehält und infolgedessen vom normalen basilikalen Schema abweicht *(Abb. 63 u. Fig. 48)*. Aber auch er ist doppelchörig. Seine Westfassade zeigt mit Lisenen, Blendbögen und offenen Arkaden die beginnende Durchgestaltung der Außenwände. – Eine ebenfalls ungewöhnliche Anlage ist die Wipertikrypta in Quedlinburg aus der Mitte des 10. Jh., eine kleine Halle von drei Schiffen, die mit Längstonnen überwölbt sind. Die Seitenschiffe wurden ringförmig um die Apsis herumgeführt. Ob irgendein Zusammenhang mit dem etwa gleichzeitig in Frankreich auftauchenden Chorumgang besteht, ist unklar. Der Bau stand ursprünglich frei und wurde erst durch spätere Überbauung zur Krypta. Eine bedeutend vollkommenere Säulenhalle entstand 1017 mit der *Bartholomäuskapelle in Paderborn*, die von griechischen Werkleuten errichtet wurde. Sie ist dreischiffig mit vier Jochen und von Hängekuppeln überwölbt. An den Wänden wechseln Pfeiler mit Nischen ab. Wie in der frühchristlichen Architektur läßt das einfache Äußere nichts von der Eleganz des Innern erkennen *(Abb. 62)*.

III. Französische Baukunst um 1000

Chorumgang mit Radialkapellen

Wenn Frankreich in dieser Periode keinen mit Deutschland vergleichbaren Reichtum an Bauten aufzuweisen hat, so doch einzelne Leistungen und Erfindungen, die in die Zukunft weisen. Die bedeutsamste ist der Chorumgang mit Radialkapellen, wie er an der komplizierten Kirche *Saint-Philibert in Tournus* (um 950–1120) auftaucht *(Abb. 64 u. Fig. 75)*. Der zuerst an der 979 geweihten Krypta angelegte Umgang mit drei rechteckigen Kapellen wurde anschließend im darüberliegenden Chor wiederholt (Weihe 1019). Auch sonst ist die Kirche wegen ihrer verschiedenen Wölbungslösungen des 11. Jh. aufschlußreich für die Probleme, die jetzt in besonderem Maße die französische Architektur beschäftigen.

71

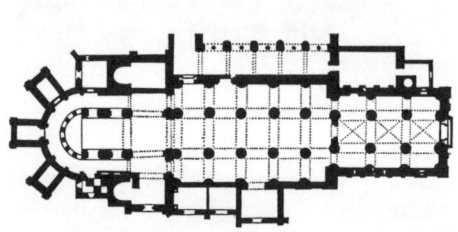

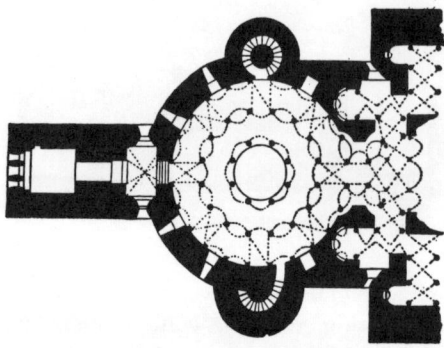

75   Tournus, Saint-Philibert   76   Dijon, Saint-Bénigne (nach Dehio und Bezold)

Tonnengewölbe

Eine der erstaunlichsten Anlagen war *Saint-Bénigne in Dijon* (1001–18) von Wilhelm von Volpiano *(Fig. 76)*. Der sich in etwa 100 m Länge erstreckende Bau bestand aus einer tonnengewölbten fünfschiffigen Pfeilerbasilika mit Emporen, östlichem Querhaus, reicher Chorbildung und einem sich daran anschließenden Zentralbau (nur Reste erhalten). Vorbild war die frühchristliche Grabeskirche in Jerusalem.

Cluniazensische Reform

In anderer Weise wichtig wurde Cluny, das bedeutendste Benediktinerkloster nördlich der Alpen, dessen Reformbestrebungen eine Vertiefung des christlichen Gedankens, die Stärkung des Papsttums und damit den Kampf gegen die Ansprüche des deutschen Kaisertums zum Ziel hatten. Der zweite Bau der Klosterkirche von Cluny (981 geweiht) führte mit der Ausbildung des Staffelchores das Prinzip der Sammlung von Altären im Osten der Kirche und das der eindeutigen Ausrichtung von West nach Ost durch und erzielte damit weite Wirkung. Diese Betonung des Weggedankens schließt bewußt an die frühchristliche römische Basilika an und wendet sich gegen Westwerke und Westchöre. Frühe Nachfolgebauten haben die Form bewahrt. So wurde bei der Reform der normannischen Klöster unter Herzog Richard II. für den ersten neuen Großbau, die *Abteikirche von Bernay* (1017–40), der Plan von Cluny zugrunde gelegt *(Abb. 65 u. Fig. 77)*. Die ursprünglich flachgedeckte Basilika, in den Ausmaßen größer als Cluny, mit breitem Querhaus zeigt in besonders klarer Ausbildung die neue Form des Staffelchores.

Spanien und Italien

In anderer Weise erfolgte gleichzeitig in Spanien mit *Santa María von Ripoll* (um 1020–32) die Konzentrierung der Altäre im Osten *(Abb. 66 u. Fig. 78)*. Die fünfschiffige Basilika mit großem Querhaus erhielt sieben unmittelbar anschließende Apsiden. Der Rückgriff auf Alt-St. Peter, mit Ausnahme der Vielzahl der Apsiden und der Tonnenwölbung, ist offensichtlich. – Auch in Italien, das bis zur Jahrtausendwende kaum an den nördlich der Alpen vor sich gehenden Entwicklungen teilgenommen hatte, entstehen jetzt Großbauten, die auf

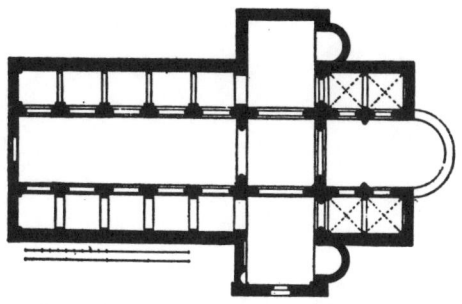

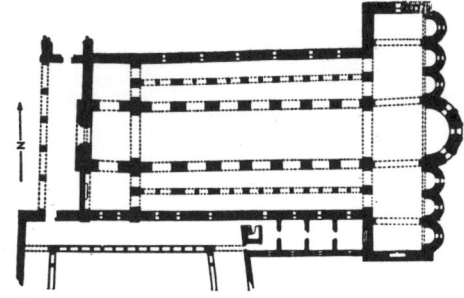

77 Bernay, Abteikirche (nach Dehio und Bezold)   78 Ripoll (Spanien), Santa María (nach Millon-Frazer)

eigene Weise die neue monumentale Gesinnung der abendländischen Baukunst zu verwirklichen trachten. Die selten beachtete Anlage von S. Maria di Portonovo bei Ancona (vollendet 1034) kann diese Reihe abschließen, die bereits zur eigentlichen Romanik überführt.

England
Das Wenige, was von der englischen Architektur der vornormannischen Zeit erhalten ist,
läßt kaum eine Teilnahme an dem erkennen, was im 10. und im beginnenden 11. Jh. auf dem
Festland vor sich geht. Der *Westturm in Earl's Barton* (Northamptonshire) um 1000 ist mit
dünnem Stabwerk verziert, das kleine Bögen und Dreiecksgiebelchen bildet, die an die
karolingische Torhalle von Lorsch erinnern *(Abb. 67)*.

6 Romanische Baukunst

Vorbemerkung: Kennzeichen der Romanik sind mächtige Mauern und Gewölbe. Die Innen-
und Außenwände erfahren eine immer reichere Gliederung durch Wandvorlagen, Blendbögen, Nischen usw. Die Gewölbe experimentieren mit Kuppelwölbungen, Rund- und Spitztonnen, quadratischen und rechteckigen Kreuzgratgewölben.
Das normale Schema der Raumentwicklung beruht auf dem »gebundenen« (quadratischen)
System, ausgehend von dem Vierungsquadrat. Die Stützen, häufig Verbindung von Pfeiler
und Halbsäulen, geben die Proportionen der antiken Säulen weitgehend auf. Mit Ausnahme von Burgund werden nur Rundbögen verwendet.
Zu der plastischen Bearbeitung und Aufgliederung der Wände tritt die Verbindung mit
Skulpturen.

Material: Werkstein (vorwiegend), Marmor (Italien), Backstein, Holz.

Caen, Saint-Etienne, Wandgliederung

Maria Laach, Benediktinerabtei
Dreischiffige kreuzgratgewölbte Basilika

Die seit dem zweiten Viertel des 11. Jh. überall sich steigernde Bautätigkeit, immer noch wesentlich auf Kirchen und Klöster beschränkt, ermöglicht weder eine rein chronologische oder länderweise geordnete noch eine ausschließlich typensystematische Übersicht. Es werden daher zunächst zehn bedeutende Großbauten betrachtet, die die Vielfalt der Bauideen erkennen lassen.

I. Zehn Großbauten des 11. – 12. Jh.

Speyer (Kreuzgratgewölbe)
Der früheste ist der von Kaiser Konrad II. zwischen 1024 und 1033 begonnene Neubau des *Doms zu Speyer (Abb. 68 u. Fig. 79)*. Der Plan sah eine flachgedeckte Pfeilerbasilika mit westlicher Eingangshalle und östlichem Querschiff mit Apsis vor, die Ostteile wegen der darunter befindlichen großen kreuzgratgewölbten Hallenkrypta um 3,40 m gegenüber dem Langhaus erhöht. Während des Baus fand eine Planänderung statt, die auch die Seitenschiffe mit Kreuzgratgewölben versah, was Halbsäulen als Pfeilervorlagen erforderte, denen ebensolche Vorlagen im Mittelschiff entsprachen, die sich über den Obergadenfenstern zu Bögen schlossen. So ergab sich eine neuartige, in schnellem Rhythmus fortschreitende plastische Wandgliederung. Dieser Bau wurde 1061 geweiht (L. 133, Br. 31,70 m). Obwohl weder Westwerk noch Westchor vorhanden sind, wird nach außen die gewohnte reiche Gruppierung von je drei Türmen an beiden Enden beibehalten. Unter Heinrich IV. (1056–1106) fand die Einwölbung auch von Mittelschiff und Querhaus mit Kreuzgratgewölben statt, wofür eine

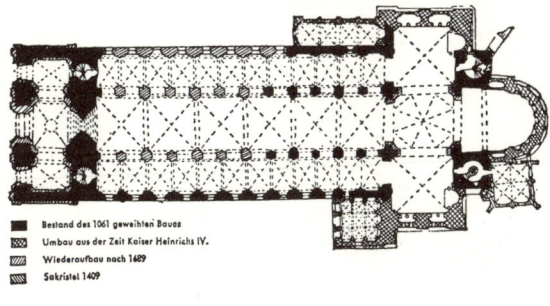

■ Bestand des 1061 geweihten Baues
▨ Umbau aus der Zeit Kaiser Heinrichs IV.
▨ Wiederaufbau nach 1689
▨ Sakristei 1409

79 Speyer, Dom, Ansicht (nach H. Koepf) und Grundriß

Veränderung der Mittelschiffswände nötig wurde. Jeder zweite Pfeiler erhielt für die Gurt- und Schildbögen eine neue Vorlage, so daß die plastische Wandgliederung eine erhebliche Verstärkung erfuhr. Auch die Außenwände wurden plastisch belebt, indem nach ravenna- tisch-lombardischem Vorbild zunächst die Apsis Blendarkaden und eine Zwerggalerie erhielt, die dann um die ganze Kirche herumgeführt wurde. – Die karolingisch-ottonische Tradition hat hier eine monumentale Vollendung gefunden, deren technisch-konstruktive und ästhetische Klarheit klassisch genannt werden kann.

Como

In der Lombardei und angrenzenden Gebieten entfalten sich gestalterische Kräfte, die weniger auf das Ganze als auf Einzelheiten gerichtet sind. Gleichzeitig mit Speyer entstand mit *S. Abbondio in Como* (1027–95) eine fünfschiffige ungewölbte und querschifflose Säulenbasilika, deren Proportionen von Höhe und Breite der Schiffe ungewöhnlich steile schlanke Räume ergaben, durch mächtige Rundpfeilerarkaden voneinander getrennt, die an Saint-Philibert in Tournus erinnern. Eine reichere Gliederung findet sich außen an den Ostteilen, denen zwei quadratische Türme über den Apsiden der inneren Seitenschiffe zugefügt wurden *(Abb. 69)*. Die Wandflächen erhalten durch Lisenen mit Runddiensten, durch Rundbogenfriese und Fensterumrahmungen eine künstlerische Belebung, die sich in der Lombardei seit dem 8.– 9. Jh. im Anschluß an Ravenna vorbereitet hatte.

Köln

Die zunächst noch vielfältigere Bauphantasie des Nordens wird deutlich, wenn man einen dritten gleichzeitigen Bau anschließt, *St. Maria im Kapitol zu Köln* von etwa 1030–65 *(Abb. 70 u. Fig. 80)*. Hier taucht zum ersten Mal in großer Ausführung die Dreikonchenanlage auf, die aus einem reinen Zentralbau entwickelt ist und mit dem basilikalen Langhaus ver- bunden wird. Mittelquadrat und Kreuzarme sind von einem durchlaufenden Umgang umge- ben, der die Seitenschiffe fortsetzt. Seitenschiffe und Umgang wurden kreuzgratgewölbt, alles andere war flachgedeckt. Die Hängekuppel der Vierung und die Tonnengewölbe der Kreuzarme wurden um 1200 eingezogen, das Mittelschiff erhielt seine Wölbung erst um 1240. Die große Ostkrypta konnte so angelegt werden, daß der Fußboden in Vierung und Chor nicht erhöht zu werden brauchte. Dadurch bekam der Raum jene sich dehnende Weite, die an frühchristliche Bauten wie S. Lorenzo in Mailand und S. Vitale in Ravenna erinnert, inner- halb des 11. Jh. aber einzigartig ist.

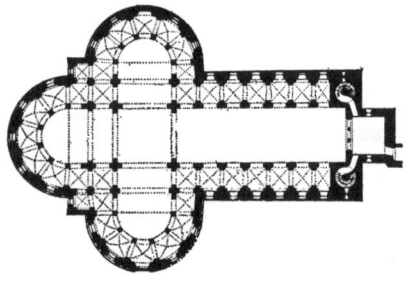

80 Köln, St. Maria im Kapitol, Ansicht (nach H. Koepf) und Grundriß

Venedig (Kuppelwölbung)

Kurz nach der Mitte des 11. Jh. setzten an mehreren Stellen Großbauten mit oder ohne Gesamtwölbung ein, denselben Drang nach repräsentativer Monumentalität verratend, der Speyer beseelte. Vielleicht um die Mitte des Jahrhunderts wurde der Neubau von *S. Marco in Venedig* begonnen, der nach einer alten Inschrift 1071 vollendet gewesen sein soll (übliche Daten 1063–85/94). Im 12. Jh. wurde die Fassade vorgeschoben und die heutige Ausdehnung erreicht *(Abb. 71* u. *Fig. 81)*. Die Ausstattung mit Marmorverkleidung, Mosaiken und Skulpturen fand in der Hauptsache bis zum 15. Jh. statt. Die Kirche des 11. Jh. muß man sich klarer vorstellen: ein Ziegelbau mit reicher Verwendung von Nischen, Blendfenstern und Lisenen. Als Kreuzkuppelbau geht sie auf die justinianische Apostelkirche in Konstantinopel zurück. Die Seitenschiffe haben keine Emporen, sondern öffnen sich über den Arkaden zum Mittelschiff und sind von Tonnengewölben überspannt, die den Tonnengewölben zwischen den Kuppeln entsprechen. Die Massigkeit dieser Bögen und der tragenden Pfeiler verleiht S. Marco einen Charakter des Festen und Kräftigen, der den Bau trotz frühchristlicher Grundform als zur abendländischen Romanik des 11. Jh. gehörig erscheinen läßt.

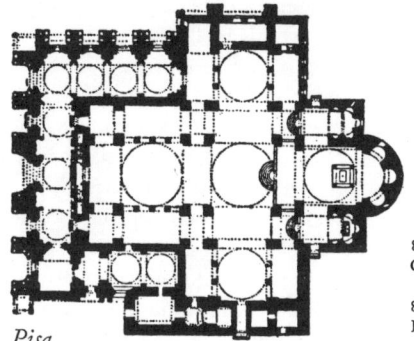

81   Venedig, San Marco, Grundriß

82   Pisa, Dom (nach H. Koepf)

Pisa

Die zweite See- und Handelsstadt *Pisa* erlebte im 11. Jh. den Höhepunkt ihrer Macht und gab ihm Ausdruck durch Bauten, die ihren Platz nicht im Mittelpunkt des städtischen Lebens wie in Venedig, sondern isoliert am Rande der Stadt fanden, wodurch ihr Charakter als 'Monumente' erhöht wurde. Jahrhunderte hindurch ist an Dom, Campanile, Baptisterium und Camposanto gebaut und doch eine Einheitlichkeit erzielt worden, die auf der Verwendung des gleichen Baumaterials von weißem und farbigem Marmor und auf der Wiederholung der Bauelemente beruht *(Abb. 72)*. – Der *Dom* wurde 1063 gegründet *(Fig. 82)*. Sein Architekt Busketos plante ihn von vornherein in der heutigen Form; nur die drei westlichen Joche des Langhauses sind später hinzugefügt worden. Im 13. Jh. war die Westfassade fertig, Ende des 14. Jh. der ganze Bau. Die Anlage verbindet eine fünfschiffige Emporenbasilika mit zwei dreischiffigen Emporenquerarmen, die in Apsiden endigen. Eine elliptische Kuppel betont die Verbindungsstelle von Längs- und Querbasiliken. Alle Seitenschiffe sind kreuzgratgewölbt; Mittelschiffe und Emporen hatten offene Dachstühle. Da Langhaus und Querarme nicht dieselbe Höhe haben, stoßen die Querflügel tiefer an den Kuppelbau als Langhaus und Chor, was als ungeschickt empfunden werden kann, wenn man von der Durchdachtheit deutscher Baukompositionen oder der Logik französischer Systematik her urteilt. Dem italienischen Bauempfinden fiel dies nicht als Unstimmigkeit auf, da es der Tatsache entspricht, daß zwei imgrunde selbständige Basiliken an den Kuppelraum herangestellt sind, deren Verzahnung mit der Hauptkirche nur durch Seitenschiffe und Emporen erfolgt. Diese Bauphantasie ist von der frühchristlichen Architektur des Ostens angeregt worden; man hat auf Kalat Siman, auf die Demetrioskirche in Saloniki und die Irenekirche in Konstantinopel hingewiesen. Abendländisch aber sind die Straffheit der Baukörper, die Präzision der Glieder, der strenge Rhythmus der Gliederfolgen und vor allem die plastische Belebung und Aufgliederung des Außenbaus durch Blendarkaden und offene Galerien.

Santiago de Compostela (Tonnengewölbe)

Die Logik französischer Systematik kommt in der Wallfahrtskirche *Santiago de Compostela* in Spanien zum Ausdruck, die einen in Frankreich ausgebildeten Typus von Pilgerkirchen vertritt *(Abb. 73 u. Fig. 83)*. Die Grabstätte des Apostels Jakobus war eines der besuchtesten Pilgerziele. Der Neubau der 997 zerstörten ersten Kirche wurde wahrscheinlich 1075 von einem auvergnatischen Baumeister begonnen und 1128 abgeschlossen. Das dreischiffige Langhaus wird von einem dreischiffigen Querhaus durchdrungen; alle Seitenschiffe tragen Emporen, die um Querenden und Chor herumgeführt werden. Die Kapellen an Querarmen und Chorumgang versammeln entsprechend der cluniazensischen Forderung alle Altäre im Osten, so daß die Wegrichtung zum Allerheiligsten eindeutig zur Wirkung kommt. Die zweitürmige Westfassade war triumphaler Eingang, im Osten gab es nur den Vierungsturm. Daß eine Gesamtwölbung erfolgen mußte, war jetzt bei Großbauten außerhalb Italiens eine Forderung, die nicht allein aus Zweckmäßigkeitsgründen einer verringerten Brandgefahr zu erklären ist. Maßgebender waren repräsentative Gründe, da erst die Einwölbung die monumentale Vollendung des Heiligtums ergab. Damit erhoben sich schwierige technische Probleme, die Erfahrung war noch gering. In Santiago wählte man im Anschluß an französische Bauerfahrungen das Tonnengewölbe, während Seitenschiffe und Umgangsräume kreuzgratgewölbt sind. Das mächtige, von Quergurten unterstützte Tonnengewölbe machte die Emporen nötig, die weder aus Raumbedürfnissen noch aus liturgischen Gründen zu erklären sind. Die mit Vierteltonnen gewölbten Emporen dienten als Widerlager für die Mitteltonne, deren gewaltiger Schub und Druck anders kaum hätten aufgefangen werden können. Der Mißstand mangelnder Beleuchtung durch Fehlen der Obergadenfenster mußte in Kauf genommen werden. Die Gliederung der Wände folgt den jetzt allgemein üblichen Prinzipien der Aufspaltung und plastischen Durcharbeitung der Mauermassen. Der kaum bemerkbare Stützenwechsel zeigt das von der quadratischen Vierung ausgehende Maßsystem.

Saint-Savin-sur-Gartempe (Hallenkirche)

Zu einer anderen Lösung der Einwölbung gelangte man in der Schule des Poitou. An den um 1060–75 errichteten Chor mit Umgang und Radialkapellen von *Saint-Savin-sur-Gartempe* fügte man um 1095–1115 ein dreischiffiges Langhaus an, dessen Mittelschiff auf steilen hohen Säulenarkaden von einer durchgehenden Tonne gedeckt ist *(Abb. 74)*. Ihr Druck wird dadurch aufgefangen, daß die kreuzgratgewölbten Seitenschiffe bis zum Ansatz des Tonnengewölbes hochgezogen wurden. Diese Form der Basilika mit gleich hohen Schiffen sollte später in der deutschen Gotik als 'Hallenkirche' größte Bedeutung erhalten.

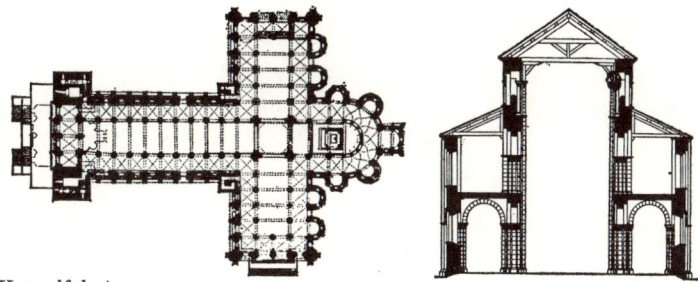

83 Santiago de Compostela,
Wallfahrtskirche

84 Caen, Saint-Etienne (Rekonstruktion vor der Wölbung nach
H. Koepf)

Fontevrault (aquitanische Kuppelfolge)

In wiederum verschiedener Weise wurde im südwestlichen Frankreich, hauptsächlich in
Aquitanien, das Wölbungsproblem in Angriff genommen. Die Abteikirche von *Fontevrault*,
um 1100–1119, erhielt ein mit einer Folge von vier Kuppeln überwölbtes Langhaus *(Abb.
75)*. Konsequenz dieser Konstruktion war der Fortfall der Seitenschiffe. Die Kuppeln
erheben sich über starken rechteckigen Wandstützen, deren drei Seiten verdoppelte Halbsäulen zum Tragen der Gurtbögen vorgelegt sind. Der untere Teil der Wände ist durch
kräftige Blendarkaden gegliedert, im oberen sitzen die Fenster. Die Wirkung ist von überaus
feierlicher Schwere. Hier ist unter frühchristlich-östlichen Anregungen ein Sonderweg ein-
geschlagen worden, der keine Fortsetzung fand.

Caen (normannische Rippengewölbe)

Weit folgenreicher für die Zukunft wurde die normannische Bauschule. *Saint-Etienne in Caen*
ist zwischen 1063–66 begonnen und nach 1077 geweiht worden *(Abb. 76)*. Der Chor wurde
um 1200 durch einen gotischen Neubau ersetzt. Die dreischiffige Emporenbasilika hatte in
den Seitenschiffen Kreuzgratgewölbe, in Emporen und Mittelschiff Flachdecken oder offene
Dachstühle *(Fig. 84)*. Die Emporen weisen indessen darauf hin, daß man an Einwölbung dachte,
sie jedoch zunächst nicht auszuführen wagte, zumal man den durchfensterten Obergaden beibe-
hielt, der in zwei Schichten aufgespalten wurde, eine äußere der Mauer mit Fenstern und eine
innere mit offener Arkadenfolge. Diese Aufspaltung ist die künstlerische Folge der im Erdgeschoß beginnenden Auflösung der Wand in durchgeformte Glieder. Die Stützteile der
weitgespannten Arkaden werden durch rechteckige Abstufungen und Halbsäulen so model-
liert, daß keine geschlossene glatte Fläche bleibt. Die Hochführung von Wandvorlage und
Runddienst bindet das Emporengeschoß in das vertikale Gliedersystem ein. Eine Tonne wäre
aus künstlerischen und technischen Gründen hier undenkbar gewesen. Nur Kreuzgratgewölbe
kamen in Frage, da sie durch Fortsetzung der Wanddienste als Gurtbögen und durch Beset-
zung der Grate mit gleichen Diensten die Angleichung von Wand- und Gewölbegliederung
gewährleisteten. Die sechsteiligen Rippengewölbe, die wahrscheinlich um 1100 oder kurz
danach eingezogen wurden, erfüllten diese Aufgabe. Sie fassen je zwei Joche im Quadrat
zusammen. Die Emporen wurden zum Abfangen des Schubes mit Vierteltonnen eingewölbt.
– Die Entstehung der 'falschen' Rippengewölbe ist an der gleichzeitigen Sainte-Trinité in
Caen noch klarer zu fassen. Hier ist es eindeutig, daß zunächst normale Kreuzgratgewölbe
errichtet und dann die Rippen den Graten unterlegt wurden, zugleich mit den Schwibbögen
mit gleicher Profilierung. Daß dieser Form die Zukunft vorbehalten war, ergab sich aus ihrer

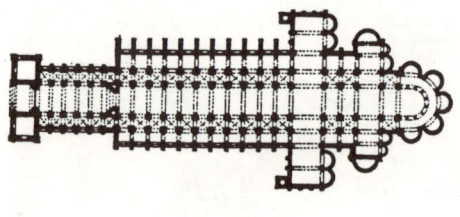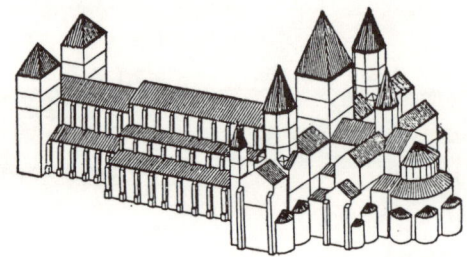

85 Cluny, Basilika, Grundriß und Rekonstruktion

ästhetischen Vollkommenheit, zu der die technisch-konstruktiven Möglichkeiten traten, die wenige Jahrzehnte später mit der 'Frühgotik' entdeckt wurden. – Auch mit der klaren Zwei-turmfassade, die lange vorbereitet war und letztlich auf karolingische Grundlagen zurück-geht, wurde Saint-Etienne maßgebend für die Zukunft.

Burgund (Spitztonnen)

Ebenfalls zukunftsweisend war der 1807 fast vollständig zerstörte Hauptbau der burgundi-schen Schule, *Cluny III (Fig. 85)*. Der Neubau, den Abt Hugo 1088 begann, bereichert das Prinzip der im Osten versammelten Altäre, indem die fünfschiffige Hauptkirche mit elf Jochen und einem weitausladenden Querschiff mit vier Kapellen ein zweites Querhaus mit vier Kapellen vor dem Chor mit Umgang und fünf Radialkapellen erhielt. Dieser Konzen-trierung entsprach der Außenbau mit sechs Türmen im Osten. Die Einwölbung erfolgte in den Haupträumen mit Spitztonnen auf Gurtbögen. Diese neue Wölbeart hatte durch leichtere Konstruktion und bessere Druckableitung den Vorteil, daß auf Emporen als Widerlager verzichtet und der durchfensterte Obergaden beibehalten werden konnte. Außerdem glich die Höherführung der inneren Seitenschiffe den Fortfall der Emporen aus. Trotz dieser Sicherungen stürzten die Gewölbe 1125 ein und mußten neu errichtet werden. Von dem Aus-sehen des Innern kann man sich mit Hilfe der 1116–32 entstandenen Kathedrale *Saint-Lazare in Autun* eine Vorstellung machen *(Abb. 77)*. Sie ist zwar kleiner, folgt im Aufriß aber dem Vorbild. Der Spitztonne entsprechen die spitzbogigen Arkaden. Die Wandgliederung erfolgt durch kannelierte Pilaster, die durch ein römisches Stadttor in Autun angeregt wurden, und durch ein Triforium zwischen Arkaden und Fensterzone, dessen Entstehung man sich durch Projektion einer Empore auf die Wandfläche vorstellen kann. In Cluny war hinter dem Tri-forium noch ein Laufgang stehengeblieben.

II. Deutscher Traditionalismus

Diese zehn Beispiele können nur einen ersten Eindruck von der monumentalen Entfaltung der Hochromanik und der Vielfalt ihrer Lösungen am Ende des 11. Jh. vermitteln. Eine weitere kleine Auswahl aus dem Reichtum der erhaltenen Kirchen soll das Bild etwas vervoll-ständigen. Wenn dabei wieder mit Deutschland begonnen wird, so nicht deshalb, weil es etwa auch weiterhin die führende Rolle in der Entwicklung der Baukunst spielte, sondern im Gegenteil wegen seines Konservatismus, der bis zum 13. Jh. noch vielfach die karolingisch-ottonische Tradition fortsetzt.

Cluniazensische Reform (Verzicht auf Wölbung)

Am Anfang kann die 1025–42 errichtete Klosterkirche zu *Limburg a. d. Hardt* stehen, deren Ruine noch heute von einfacher Großartigkeit zeugt. Die dreischiffige flachgedeckte Säulenbasilika mit Querhaus und halbrunden Apsiden hatte einen rechteckigen Chor und eine Westvorhalle mit Paradies *(Fig. 86)*. Einfachheit und Turmlosigkeit entsprechen den Reformforderungen von Cluny II, Größe und Mächtigkeit aber verraten den Geist der kaiserlichen Baugesinnung von Speyer. Dasselbe gilt für die *Klosterruine von Hersfeld* von 1037 *(Abb. 78)*. – Unter den nichtdeutschen Bauten der Jahrhundertmitte zeigt verwandten Geist die normannische Abteikirche *Notre Dame in Jumièges* (1037–66), eine dreischiffige ungewölbte Emporenbasilika mit Chorumgang, in der Auflösung und Durchgliederung der Wände aber weit über die deutschen Bauten hinausgehend und auf Saint-Etienne in Caen vorausweisend *(Abb. 79)*.

Die cluniazensische Reform wirkt sich in Deutschland erst spät in voller Stärke aus. Den entscheidenden Anstoß gab der (zerstörte) Bau von St. Peter und Paul in Hirsau (1082–91). Im Gegensatz zur gleichzeitigen reichen Anlage von Cluny III wurde an der älteren einfachen Form und vor allem an der Flachdecke festgehalten. Die asketische Strenge dieser Architektur zeigt sich an der Ruine der Klosterkirche von *Paulinzella* in Thüringen von etwa 1112–1132 *(Abb. 80)*. Alle Teile der dreischiffigen Basilika waren flachgedeckt, die Bauelemente sind von größter Einfachheit. Plastik und Malerei durften nicht verwendet werden. Statt reicher antikisierender Kapitelle, wie kurz zuvor in Speyer, werden altertümliche Würfelkapitelle benutzt. Die Sorgfalt der Steinbearbeitung aber erweckt den Eindruck gepflegter Würde, ja hoher Monumentalität. Verwandt sind Alpirsbach im Schwarzwald vom Anfang des 12. Jh. und Talbürgel in Thüringen aus der zweiten Hälfte des 12. Jh.

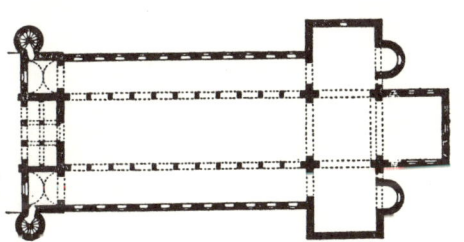 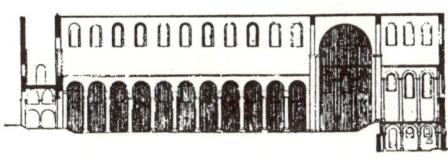

86 Limburg a. d. Hardt, Klosterkirche, Grundriß und Aufriß (nach H. Koepf)

Backsteinbau

Nach Mitte des 12. Jh. wurde mit der Kirche des Prämonstratenserklosters in Jerichow der erste reine Backsteinbau östlich der Elbe errichtet, eine dreischiffige flachgedeckte Säulenbasilika mit Querschiff, deren Haupt- und Nebenchöre mit Spitztonnen überwölbt sind.

Zisterzienser

Diese Form führt nach Burgund zurück, nicht aber nach Cluny, sondern zu den Zisterziensern. Als Protest gegen die Aufwendigkeit von Cluny III entstand eine neue Reformbewegung, die 1098 zur Gründung von Cîteaux führte, das namengebend für den Orden wurde. Ab 1112–14 setzte unter Bernhard von Clairvaux die Reform voll ein. Er gründete 1115 als

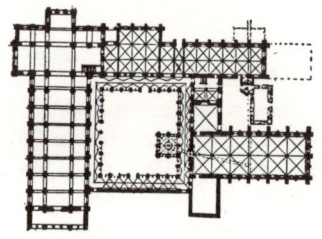
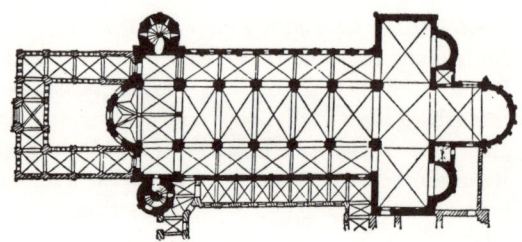

87 Fontenay, Zisterzienserkirche   88 Maria Laach, Benediktinerabtei

Musterbeispiel für ein strenges mönchisches Leben die Abtei Clairvaux und bald darauf nach demselben Plan *Fontenay*. Die heute noch bestehende Anlage wurde 1139–47 errichtet *(Abb. 81 u. Fig. 87)*. Das Mittelschiff wird von einer Spitztonne auf Quergurten überwölbt, die bis zum Choransatz reicht. Der rechteckige Chor hat eine niedrigere Spitztonne. Quergestellte Spitztonnen überwölben jochweise die Seitenschiffe und die Querhausarme. Eine Fensterzone fehlt, die Beleuchtung erfolgt durch die Seitenschiffe und dichte Fenstergruppen an Eingangswand, Chorwänden und Querschiffenden. Das Innere wurde verputzt und mit weißen Fugen bemalt, der einzigen zugelassenen Farbe. Sonst erhielt der Bau weder plastischen noch malerischen Schmuck. Diese strenge Einfachheit fand außerordentlichen Zuspruch. In kürzester Zeit verbreiteten sich Zisterziensergründungen über ganz Europa. Ihre Bedeutung liegt außer im religiösen Bereich auch in der Verbreitung gotischer Bauformen, wie sie in Fontenay schon vorbereitet waren.

Maria Laach und Vézelay (Kreuzgratgewölbe ohne gebundenes System)

Den äußersten Gegensatz zu diesen Reformbestrebungen stellt die Benediktinerabtei von *Maria Laach* von 1093–um 1177 dar *(Abb. 82 u. Fig. 88)*. Sie führt zur Form der Doppelchörigkeit mit reicher Turmgruppierung im Osten und Westen zurück. Die Einwölbung um 1150 mit Kreuzgratgewölben nach dem Vorbild von Speyer erfolgte über nichtquadratischen Feldern. Dieser Versuch einer Befreiung vom gebundenen System hatte in Deutschland zunächst keine Folgen. – Das einzige entsprechende Beispiel einer Einwölbung des Mittelschiffs mit breitrechteckigen Kreuzgratgewölben ist die Abteikirche *Sainte-Madeleine in Vézelay* ab 1120 *(Abb. 83)*. Das Ergebnis der alle drei Schiffe zusammenfassenden Jocheinteilung ist dasselbe. Die Schwierigkeiten bei dieser Lösung lagen in der Bogenführung. Entweder mußten die Scheidbögen übermäßig gestelzt oder die Gurtbögen stark gedrückt werden, was in jedem Fall zu Formverzerrungen führte. Der Unterschied der beiden Bauten ist, abgesehen von der gänzlich verschiedenen Außenerscheinung, bei grundsätzlich gleicher Struktur erheblich. Zur überaus strengen, fast düsteren Feierlichkeit der Räume in Maria Laach steht der Farb- und Schmuckreichtum in Vézelay in größtem Gegensatz.

Lombardische Wölbungsbauten

Eine weitere kreuzgratgewölbte Basilika entstand gleichzeitig mit *S. Ambrogio in Mailand (Abb. 84)*. Die dreischiffige querschifflose Emporenbasilika ohne Obergaden folgt dem gebundenen System, indem je zwei Joche zu einem kupplig überwölbten Großjoch zusammengefaßt werden *(Fig. 89)*. Den Graten sind schwere rechteckige Rippen unterlegt, die wie diagonale

Gurtbögen wirken. Mit echten gotischen Rippengewölben hat diese Form nichts zu tun. Immerhin hat sie zu einem langen Streit über die Priorität der Erfindung geführt. Wahrscheinlich ist das Langhaus aber erst um 1110–28 errichtet worden, so daß die Rippengewölbe der Normandie und Englands um 1100 und die folgende Entwicklung in der Ile-de-France auf keinen Fall von S. Ambrogio abgeleitet werden können. Die Kirche hatte jedoch in benachbarten Gebieten, nördlich bis Zürich und Basel hin, beträchtliche Auswirkungen. Ein verwandter Bau erhob sich nach 1117 bis 1155 mit *S. Michele in Pavia.* Der Baukörper erfährt keinerlei Gruppierung durch Türme und Querhäuser, ihm wird allein eine gewaltige Fassadenwand vorgestellt *(Abb. 85).* Vier Bündel aus Pfeilern und Diensten teilen sie in drei Abschnitte, die den Schiffen entsprechen. Der Abschluß erfolgt durch eine Zwerggalerie, die den Dachschrägen folgt. Skulpturenstreifen ziehen sich wie Mauergewächse über die Fläche hin. In den gleichen Jahrzehnten entwickelt sich in Frankreich von Aquitanien und Burgund bis zur Ile-de-France das klarste und sinnvollste System monumentaler Architekturplastik! – Verwandte oberitalienische Bauten sind die Dome von Modena, Parma und Piacenza.

Rheinische Dreikonchenanlagen
Das Festhalten Deutschlands an Sonderformen zeigt sich an den rheinischen Dreikonchenanlagen. Um 1200 erhielt *St. Aposteln in Köln* den Dreikonchenchor, der zu den schönsten Baukompositionen der Romanik gehört *(Abb. 86).* Gleichzeitig entsteht der Dreikonchenchor von *Groß St. Martin in Köln* mit mächtigem Zentralturm *(Fig. 90),* wenig später die Liebfrauenkirche in Roermond (Holland) und noch nach 1209 St. Quirin in Neuss. – Erwähnt sei wegen ihrer künstlerischen Vollkommenheit die Doppelkapelle von Schwarzrheindorf bei Bonn von 1151–73, die als Burg- und Grabkapelle in der Tradition der Aachener Pfalzkapelle zweigeschossig ist.

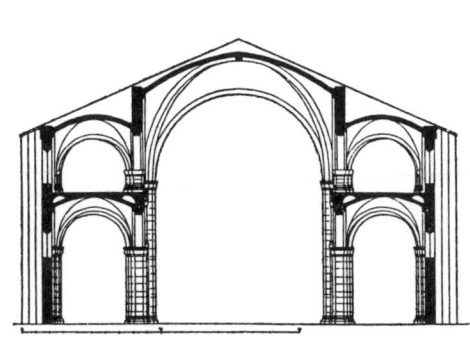

89 Mailand, S. Ambrogio
(nach H. Koepf)

90 Köln, Groß St. Martin
(nach H. Koepf)

Westwerke

Auch das karolingische Westwerk findet noch im 12. Jh. reiche Nachfolge. Unter den großartigen Anlagen des Patroklusdomes in Soest, der Stiftskirche in Freckenhorst, der Klosterkirche von Münstereifel und der Klosterkirche von *Maursmünster* (Unterelsaß) sei letztere
wegen der Ausgewogenheit des Aufbaus besonders hervorgehoben *(Abb. 87)*.

Doppelchöre

Schließlich müssen die Kaiserdome Mainz und Worms erwähnt werden. Sie gehen auf ottonische Gründungen zurück, entstammen im heutigen Zustand aber vorwiegend dem 12. und
13. Jh. Beide sind doppelchörig mit reichen Turmgruppierungen im Osten und Westen und
nach dem gebundenen System eingewölbt. Die Hauptbauzeit des Langhauses vom *Dom zu
Mainz* fällt in die Jahre 1118–37, die der Westteile um 1200–39 *(Abb. 88 u. Fig. 91)*. Der
Westchor zeigt die Form einer Dreikonchenanlage, die möglicherweise schon der Urbau von
975–1009 hatte. Der Ostbau des *Doms zu Worms* stammt von 1181, das Langhaus von 1200,
der Westbau vom Anfang des 13. Jh. *(Fig. 92)*. Das Polygon des Westchores ist aufs stärkste
plastisch durchgliedert und stellt einen Höhepunkt der spätstaufischen Romanik dar.

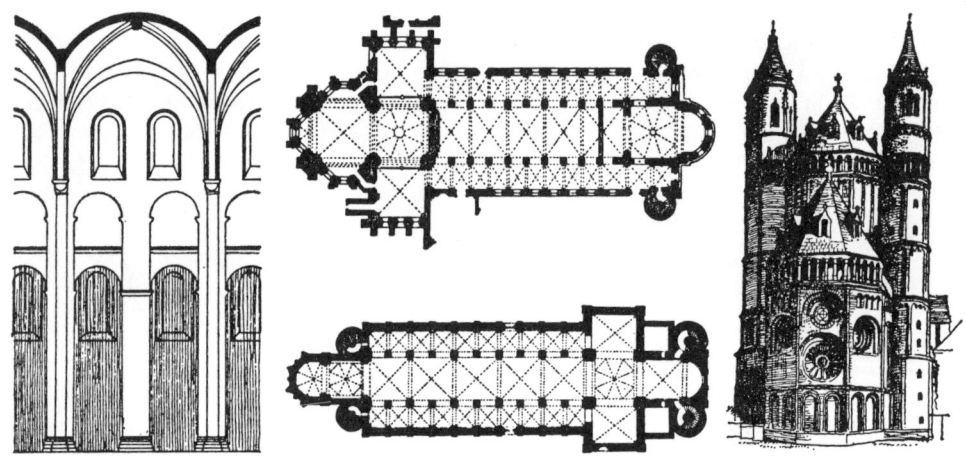

91 Mainz, Dom, Aufriß (l.) und Grundriß (o.)   92 Worms, Dom, Grundriß (u.) und Ansicht (r.)

III. Italien

Ebenso wie Deutschland gelangte auch Italien im 12. und 13. Jh. zu keiner einheitlichen und
systematischen Entwicklung. S. Zeno in Verona (Hauptbauzeit 1125–78) ist eine dreischiffige
flachgedeckte Basilika mit erhöhtem Chor, unter dem sich die Krypta zum Mittelschiff hin
weit öffnet. Der Stützenwechsel weist auf Zusammenhänge mit Deutschland. Bezeichnend
für italienische Neigungen ist die dreigeteilte Schaufassade. Der spätesten Romanik um 1239
gehört die Westfassade von *S. Michele in Lucca* mit vier Geschossen von Säulengalerien an

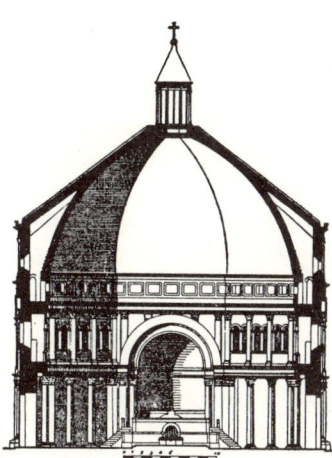

93 Florenz,
S. Miniato al Monte

94 Florenz, Baptisterium
S. Giovanni (nach H. Koepf)

(Abb. 89). An den Langseiten erfolgt die Gliederung durch Blendbögen und Säulengalerien. Ähnliche Anordnungen finden sich an weiteren Bauten in Lucca, Pisa, Arezzo, Massa Marittima, wobei die Verwendung von verschiedenfarbigem Marmor den Reichtum der Erscheinungsweise erhöht.

Florentinische 'Protorenaissance'

Eine andere Form der Marmordekoration im Innern und an der Fassade entwickelt sich in Florenz: farbige Inkrustationen, die auf Vorbilder der frühchristlichen Spätantike zurückgehen. Das schönste Beispiel ist die kleine dreischiffige, querschifflose und mit offenem Dachstuhl gedeckte Basilika *S. Miniato al Monte in Florenz* von 1060/70–1207 *(Abb. 90 u. Fig. 93)*. Der Chor ist über der offenen Krypta stark erhöht, Stützenwechsel und Schwibbögen gliedern den einfachen Innenraum, der mehr an frühchristliche als an romanische Basiliken erinnert. Man hat diese Florentiner Baukunst des 11. und 12. Jh. 'Protorenaissance' genannt, damit den Zusammenhang mit der Antike und mit der Frührenaissance des 15. Jh. kennzeichnend. Der gleichen Zeit wie S. Miniato gehört das *Baptisterium S. Giovanni in Florenz* an, ein achtseitiger, zweigeschossiger Zentralbau, von einem mit Mosaiken geschmückten Klostergewölbe überdeckt *(Abb. 91 u. Fig. 94)*. Diese in anderen Ländern bereits aufgegebene Übung der Errichtung selbständiger Baptisterien weist ebenfalls auf die Tradition der spätantik-frühchristlichen Architektur hin. Es sei auf die noch späteren Baptisterien von Pisa, Cremona und Parma hingewiesen.

Normannen in Sizilien

Eine Sonderstellung nimmt die sizilianische Baukunst des 12. Jh. durch ihre Mischung normannischer, byzantinischer und arabischer Elemente ein. Bezeichnend dafür ist die Choransicht des *Domes von Monreale* (1174 beg.) bei Palermo, einer dreischiffigen, flachgedeckten Basilika *(Abb. 92)*. Im Gegensatz dazu wirkt die Außenansicht der Ostteile des Domes von Cefalù (1131 beg.) ausgesprochen nordisch-romanisch. Den Höhepunkt dieser Mischkunst stellt die Cappella Palatina (1132–40) des normannischen Königspalastes in Palermo dar.

85

Tonnengewölbte Emporenkirchen

Zu der reichen Bautätigkeit der französischen Schulen können ebenfalls nur wenige Ergänzungen gegeben werden. Als Schwesterbau von Santiago de Compostela ist die 1095–1135 errichtete fünfschiffige Emporenbasilika *Saint-Sernin in Toulouse* zu erwähnen *(Abb. 93 u. Fig. 95)*. Das System entspricht den zumeist in der Auvergne beheimateten Emporenkirchen, die durch *Saint-Etienne in Nevers* vertreten werden können *(Abb. 95)*. Die Kirche, 1063 begonnen, gehört zu den frühen, ganz gewölbten Großbauten des Abendlandes. Eine der schönsten Kirchen Mittelfrankreichs und des Poitou ist Saint-Benoit-sur-Loire von 1071–1131, eine dreischiffige Basilika mit mächtigem quadratischen Eingangsbau, der an deutsche Westwerke erinnert, und tonnengewölbtem Chor mit Umgang und Kapellenkranz.

Hallenkirche

Typisch poitevinisch ist *Notre Dame la Grande in Poitiers* aus der ersten Hälfte des 12. Jh.: eine Hallenkirche mit tonnengewölbtem Mittelschiff und schmalen kreuzgratgewölbten Seitenschiffen. Bemerkenswerter ist die Fassade *(Abb. 96)*, deren Mittelportal zusammen mit zwei tiefen Blendbögen eine dreiportalige Anlage vortäuscht, wie sie gleichzeitig in Saint-Denis als Musterbeispiel der Früh- und Hochgotik entwickelt wird. Die Anlage insgesamt wirkt wie eine aus römischen Triumphbögen und römischen Stadttoren gemischte triumphale Schau- und Eingangswand. Verwandt ist die etwa gleichzeitige Fassade der Kathedrale von Angoulême, deren Inneres aber den aquitanischen Kuppelbauten zugehört.

Kuppelkirchen

Die bedeutendste dieser Kuppelkirchen ist *Saint-Front in Périgueux*, eine um 1120 wohl nach dem Vorbild von S. Marco in Venedig begonnene Kreuzkuppelkirche *(Abb. 94 u. Fig. 96)*. Die mächtigen Stützen mit ihren breiten Tonnenbögen haben in beiden Bauten dieselbe Form und erwecken vor allem denselben Eindruck schwerer Massigkeit der Baukörper. Diese so gewaltig stehenden, steigenden und sich wölbenden Mauermassen sind abendländischen und nicht frühchristlichen oder byzantinischen Geistes.

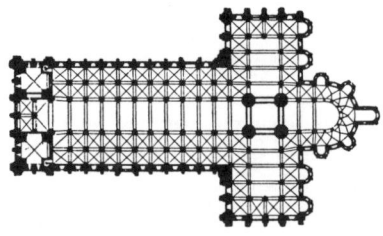

95   Toulouse, Saint-Sernin

96   Périgueux, Saint-Front (nach H. Koepf)

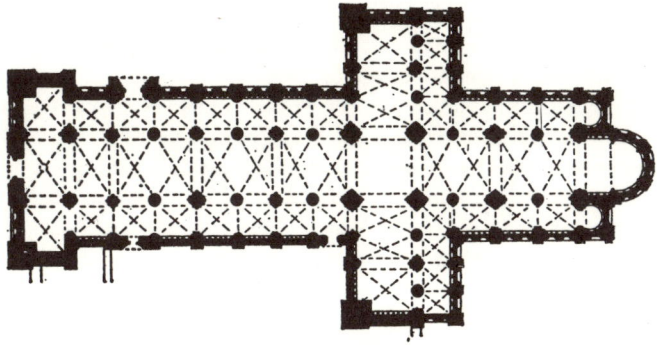

97 Durham, Kathedrale

V. England

Durham (normannische Rippengewölbe)

Die zukunftsträchtigste der französischen romanischen Bauschulen, die normannische, fand in England nach der Eroberung durch Herzog Wilhelm im Jahre 1066 die großartigste Nachfolge. Unter den vielen, bald danach begonnenen Großbauten ragt die *Kathedrale von Durham* als eine der eindrucksvollsten hervor *(Abb. 97 u. Fig. 97)*. 1091 wurde der Grundstein zum Neubau der Benediktinerabtei gelegt. Eine englische Besonderheit zeichnet sich ab: die Verbindung von Kloster und Kathedrale, die es auf dem Festland nicht gab. Die dreischiffige Emporenbasilika mit Doppelturmfassade hat acht Joche im Langhaus, ein Querhaus mit östlichem Seitenschiff und einen um drei bzw. vier Joche herausgezogenen dreischiffigen Chor mit drei halbrunden Apsiden (1242–89 durch ein gerade schließendes Ostquerhaus ersetzt, die 'Chapel of the Nine Altars'). Um 1096 waren die Chorseitenschiffe eingewölbt, um 1130 der ganze Bau. Sämtliche Gewölbe waren von Beginn an Kreuzrippengewölbe, die damit das erste sicher datierbare Beispiel dieser Gewölbeform darstellen. Die Entstehung aus den bei Saint-Etienne in Caen geschilderten Gründen ist eindeutig. Die Rippen sind plastische Gliederungen, die den Aufbau der Wände fortsetzen, und mit den aus Steinbrocken in reicher Mörtelbettung gebildeten schweren Gewölben zusammen errichtet und nicht zuerst konstruiert, um die Einziehung der Kappen zu erleichtern *(Abb. 98)*. Es handelt sich um ausgesprochen romanische Gewölbe. Ihre Last wird außer durch die Mauern von Strebebögen aufgefangen, die unter dem Emporendach angebracht sind. Der Aufriß erfolgt nach dem Schema von Saint-Etienne. Die Dicke von Mauern, Stützen und allen Gliederungselementen ist außerordentlich stark. Da die Breite des Mittelschiffs nur 9,96 m beträgt, ergibt sich bei einer Gesamtlänge von etwa 145 m ein völlig ungewöhnliches Verhältnis von Breite und Länge, das typisch für englische Kirchen werden sollte und wahrscheinlich auf eine Erbschaft der angelsächsischen Zeit zurückzuführen ist.

Ely (ungewölbte Emporenbasilika)

Etwa gleichzeitig wurden die Kathedralen von Winchester, Gloucester, Ely u.a. errichtet, von denen nur *Ely* noch kurz betrachtet sei *(Abb. 99)*. Um 1087 begonnen, wurde der Bau in den Ostteilen bis 1117 schnell vorangetrieben, dann während des ganzen 12. Jh. langsam vollendet. Der Grundriß entspricht ungefähr dem von Durham, nur daß die Längenerstrekkung noch größer ist. Das dreischiffige Langhaus zählt bis zum dreischiffigen Querhaus dreizehn Joche, denen noch vier Chorjoche folgten. Um 1240 wurden weitere fünf mit geradem Chorschluß hinzugefügt. Der normannische Bau war ungewölbt. Der Aufriß erfolgt in drei fast gleich hohen Geschossen der Arkaden, Emporen und Fensterzone, die die übliche normannische Aufspaltung der Wand zeigt. Der Rhythmus des Mittelschiffs ist schneller und gespannter als in Durham, die Straffheit der Gliederung größer und aufgerichteter, die Auflösung der Wände in ein System klar geordneter und stark plastischer Gliederteile weitergetrieben als in Caen. Die Westfassade, querschiffartig ausgebildet und mit Mittelturm und Ecktürmen versehen, stammt aus der karolingischen Tradition des Westwerks.

VI. Die Spannweite des 12. Jh.

Tournai

In Durham sind es die Kreuzrippengewölbe, in Ely ist es die konsequente Auflösung der Wände in ein Gliedersystem, die alle Elemente zur Ausbildung der Gotik in sich enthalten. Doch wurde weder in England noch in der Normandie dieser Schritt getan. Auch andere nahe gelegene Gebiete vollzogen ihn noch nicht, obwohl er in der Ile-de-France bereits zu ersten Ergebnissen geführt hatte. Welche verschiedenartigen Lösungen die romanische Baugesinnung zeitigte, mag noch aus einem bedeutenden Werk des 12. Jh. hervorgehen, das in die Nähe Frankreichs und zugleich Deutschlands zurückführt, der *Kathedrale von Tournai* *(Abb. 100)*. Kurz vor 1116 begonnen, war der Bau Ende des 12. Jh. wohl im wesentlichen beendet. Er ist eine dreischiffige Emporenbasilika mit dreischiffigem Emporenquerhaus, dessen Arme in halbrunden Apsiden enden. Der Chor ist ein gotischer Neubau von 1242–1325. Das Langhaus erhielt seine Wölbung erst 1777, während das Querhaus gleich eingewölbt wurde. Der Aufriß erfolgt in vier Zonen ohne jede vertikale Bindung; man hat von einem horizontalen 'Viaduktsystem' gesprochen. Das Fehlen der Vertikalgliederung, die bei fast allen Großbauten des 11. und 12. Jh. eine entscheidende Rolle spielt, ist erstaunlich. Sie wird außen gleichsam nachgeholt, indem die Gruppe der fünf Türme im Osten eine außerordentlich machtvolle Steigerung erfährt, dem Himmlischen Jerusalem des Gotteshauses das Aussehen einer gewaltigen Gottesburg verleihend, was gelegentlich unter der Nachwirkung der karolingisch-ottonischen Tradition auch noch in der gleichzeitigen Frühgotik geschieht.

Rom

Ehe zu deren Betrachtung übergegangen wird, sei noch eines Bauwerkes gedacht, das die ungeheure Spannweite der Kunst des 12. Jh. deutlich macht, der Kirche *S. Maria in Trastevere in Rom*, die wahrscheinlich unter Innocenz II. ab 1138 ihre Gestalt erhielt *(Abb. 102)*. Mitten im 12. Jh. wird man in frühchristliche Zeit zurückversetzt. Die dreischiffige Architravbasilika mit schwerem Konsolgesims hat ein Querhaus mit unmittelbar anschließender halbrunder Apsis. Sämtliche abendländischen Bauideen, die in der Mitte des 12. Jh. längst überall vollendete Gestalt gefunden hatten, bleiben unberücksichtigt.

7 Früh- und Hochgotik

Vorbemerkung: Die Erfindung des Rippengewölbes ermöglicht die Abwendung vom quadratischen System und erzwingt die einheitliche Verwendung von Spitzbögen. Gleichzeitig werden die Wände zugunsten eines Stützen- und Gliederbaus weitgehend aufgelöst; an ihre Stelle treten große Fensterflächen. Die verdrängten Wandmassen erscheinen als Strebepfeiler und Bögen am Außenbau.

Das Konstruktionssystem bedingt eine Vereinheitlichung der Raumteile.

Gegenüber der Romanik erhält die Architektur den Charakter von Schwerelosigkeit und Immaterialität, ähnlich wie die frühchristliche und byzantinische gegenüber der römischen Baukunst, nur daß jetzt durch Höhensteigerung auch die letzten Reste antiker Maßverhältnisse verschwunden sind.

Material: Werkstein, Backstein, Marmor (Italien), Holz.

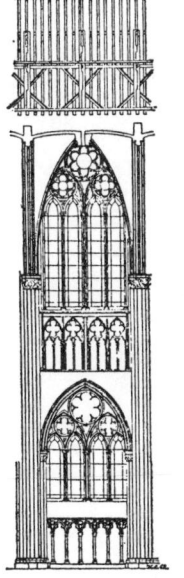

Straßburg, Münster, System

Reims, Kathedrale, Aufriß und Querschnitt

I. Französische Frühgotik des 12. Jh.

Als die gotische Formenwelt sich seit etwa 1130 in der Ile-de-France zu entwickeln beginnt, tut sie dies inmitten zahlreicher romanischer Bauschulen, deren Lebenskraft ungebrochen bis an das Ende des Jahrhunderts, oft auch noch bis zur Mitte des nächsten reicht. Die gotische Bauschule löst also die romanischen nicht ab, sondern ist zunächst eine unter ihnen. Erst als sich gegen 1200 die in ihr liegenden Möglichkeiten so herauskristallisieren, daß wirklich etwas Neues vorliegt, dürfte man von einem echten Stil der Gotik sprechen. Trotzdem soll die Entwicklung von den Anfängen bis zur vollendeten Ausbildung im 13. Jh. im Zusammenhang geschildert werden.

Saint-Denis (Statuenportale und Rippengewölbe)
Einer der Gründungsbauten der Frühgotik ist die *Abteikirche von Saint-Denis* bei Paris *(Abb. 101* u. *Fig. 98)*. Abt Suger errichtete 1137–40 die Westfront (ohne die oberen Turmteile). Im Anschluß an Saint-Etienne in Caen entstand eine Doppelturmfassade, die die Türme organischer als bei dem Vorbild mit dem Mittelbau verbindet. Als neues Motiv taucht die Fensterrose auf. Besonders wichtig sind die drei Portale, auf die – systematischer als bisher in Frankreich – der plastische Schmuck konzentriert wird. Diese Statuenportale wurden vorbildlich. Sie fanden unmittelbare Fortsetzung an der *Westfassade von Chartres*, die um 1140 begonnen wurde und mit dem 1164 fertiggestellten Südturm ihren vorläufigen Abschluß fand *(Abb. 103)*. Die Fortsetzung des Neubaus von Saint-Denis fand mit der Errichtung des Chores 1140–44 statt. Bis zum Bau von Lang- und Querhaus im 13. Jh., wobei der Oberbau des Suger-Chores verändert wurde, stand wahrscheinlich die karolingische Kirche. Nur das Erdgeschoß des Chores ist hier zu betrachten. Es ist neuartig und zeigt nicht mehr den einfachen glatten Umgang, von dem die Radialkapellen ausstrahlen, sondern die weitaus kompliziertere Anlage eines doppelten Umganges, durch die Fünfschiffigkeit des Chores bedingt, an den sich

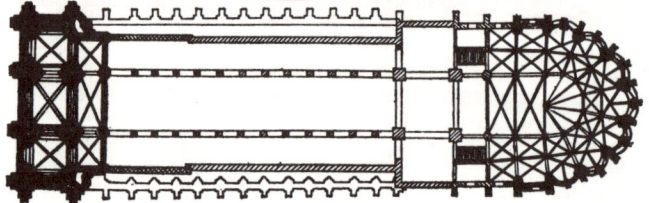

98   Paris, Abteikirche von Saint-Denis

in ununterbrochener Folge wellenförmig Ausbuchtungen anschließen. So bildet sich eine bewegt geschlossene Außenwand, die ganz durchfenstert werden konnte, während innen viele Teilräume auf unregelmäßigen Grundrissen entstehen, die mit Kreuzgratgewölben nicht mehr einzudecken waren. Indem man die normannischen Rippengewölbe verwendete, jetzt aber zuerst die Rippen errichtete und dann auf ihnen wie auf einem Gerüst die Kappen einzog, erleichterte man nicht nur Konstruktion und Gewicht, sondern befreite sich auch vom Zwang des Halbkreises und damit des quadratischen Grundrisses. Die aus Burgund bekannten Spitzbögen konnten nunmehr auf Rippen, Scheid- und Gurtbögen übertragen werden. Aus diesen Möglichkeiten ergab sich eine bisher unerreichte freie und bewegte Raumverschleifung zugleich mit noch stärkerer Verdrängung der Wand. An ihre Stelle konnten große Fenster treten, die allerdings nicht das ungebrochene Tageslicht einließen, sondern durch bunte Verglasung ein farbiges Dämmern erzeugten. Die Raumbegrenzung wurde von innen gesehen zu einer leuchtenden Folie von feierlicher Pracht.

Sens

Etwa gleichzeitig mit Saint-Denis, kurz nach 1130, begann der Neubau der *Kathedrale von Sens*, der 1168 abgeschlossen war *(Abb. 104)*. Sens war das wichtigste Erzbistum Frankreichs, dem Paris und Chartres als Suffraganbistümer unterstellt waren. Die Maße der dreischiffigen querschifflosen Basilika mit halbrundem Chorschluß, Chorumgang und drei unregelmäßigen Kapellen sind beachtlich (L. 113,50, Br. M. 15,25, H. 24,40 m). Die Mittelschiffsbreite verhält sich zur Höhe wie 1 : etwa 1,6. Der kräftig betonte Stützenwechsel faßt je zwei der zwölf Joche unter sechsteiligen normannischen Rippengewölben zusammen. Der Aufriß ist dreigeschossig; das Triforium aber ist noch kein echtes, sondern gleichsam der Rest von Emporenöffnungen, die jedoch nicht auf Emporen, sondern unter die Pultdächer der Seitenschiffe führen. Die starken Mauern werden so weit wie möglich mit plastischen Gliedern besetzt. Die Runddienste, in der Stärke nach ihren Funktionen als Träger von Gurtbögen, Diagonalrippen und Scheidbögen differenziert, gehen ohne Unterbrechung bis zum Gewölbeansatz hoch. Was an Wandflächen bleibt, wird in den Begrenzungen durch runde oder rechteckige Bänder scharf profiliert. Der noch herrschende Geist romanischer Massengliederung läßt einen Eindruck des Ruhigen, Geschlossenen und Machtvollen entstehen.

Emporenkirchen mit Triforium

In dichter Folge entstehen nach der Mitte des 12. Jh. in der Ile-de-France und den angrenzenden Gebieten der Champagne und Picardie Neubauten von Kathedralen, welche die in Saint-Denis und Sens erprobten Formen übernehmen, ohne sie zunächst zur vollen Systematik zu entwickeln. Das romanische Erbe ist noch stark wirksam, vor allem in der Verwendung von Emporen, die zur Entlastung der Mittelschiffsgewölbe für notwendig gehalten wurden. Das gilt für die Kathedralen von Senlis, Noyon, Soissons, Laon, Paris, Mantes, Châlons-sur-Marne. – Die um 1150 begonnene *Kathedrale von Noyon* ist insofern bemerkenswert, als in ihr erstmals ein echtes Triforium auftaucht, das den Rest einer geschlossenen Wandfläche zwischen Emporen und Fensterzone durch Arkaden auflöst, die einen Laufgang abgrenzen. Der Chor folgt Saint-Denis und vermittelt vor allem in der Außenansicht dessen ursprüngliche Gestalt *(Abb. 105)*. Die Querhausarme enden wie der Chor halbrund.

Sehr stark ist romanischer Geist an der *Kathedrale zu Laon* von 1155/60 bis um 1220 spürbar
(Fig. 100). Die dreischiffige Emporenbasilika mit dreischiffigem Emporenquerhaus hatte
ursprünglich einen dreijochigen Chor mit halbrundem Schluß und Umgang, der Anfang
des 13. Jh. durch ein zehnjochiges Chorhaus von 45 m Länge mit geradem Schluß ersetzt
wurde (L. 110,50, Br. M. 12, H. 24 m). Sechsteilige Rippengewölbe fassen je zwei Joche
nach dem gebundenen System zusammen. Im viergeschossigen Aufriß mit echtem Triforium

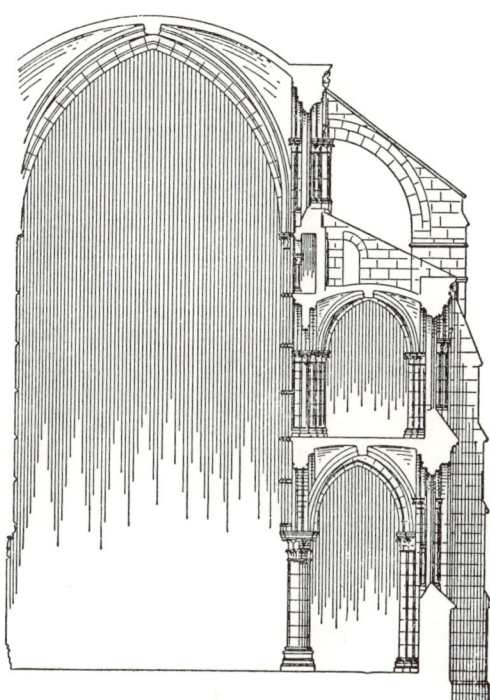

100 Laon,
Kathedrale,
Aufriß und
Querschnitt
(nach Dehio
Atlas IV, T.
373)

ist die plastische Aufgliederung der Wand weiter vorangeschritten, verwendet aber Rund-
und Spitzbögen noch nebeneinander, so daß die Linienführung unsystematisch bleibt. Auch
sind Baldachingerüst der Gewölbe und Gliedergerüst der Wände, obwohl eng miteinander
verbunden, nicht identisch, was ebenfalls noch romanisch ist. Die 40 m hohe offene Vierung
geht wie das lange Chorhaus auf englischen Einfluß zurück. Zum Vierungsturm sollten sich
wie in Tournai vier hohe Türme an den Querschiffenden gesellen, von denen nur zwei ausgeführt wurden. Mit den Fassadentürmen zusammen ergab sich eine immer noch reiche Gruppierung, die der deutscher Bauten verwandt ist (*Fig. 99*). Daraus und aus der plastischen Durch-
modellierung von Fassade und Türmen ist der Einfluß von Laon auf Deutschland verständlich.

Notre Dame in Paris (Höhensteigerung)

Neben Laon läuft der Bau der Kathedrale *Notre Dame in Paris* her (*Abb. 106, 107*). Wahrscheinlich 1163 von Bischof Maurice de Sully begonnen, war 1177 der Chor fast vollendet
und 1196 nahezu die ganze Kirche außer dem Dach fertig. Die Anlage ist durchgehend
fünfschiffig, so daß der Chor einen doppelten Umgang erhielt (L. 130, Br. M. 12, H. 35 m).
Der Aufriß war ursprünglich viergeschossig. Über den Emporen folgte statt eines Triforiums
eine Wandzone mit Kreisöffnungen, darüber saßen dicht unter den Gewölben kleine Fenster.
Dieser Zustand wurde am letzten Langhausjoch vor der Vierung im 19. Jh. durch Viollet-le-
Duc wiederhergestellt. Die heute noch schwache Beleuchtung war im ersten Zustand also
noch viel geringer. Ähnlich wie in Laon sind die Baldachine der sechsteiligen Gewölbe auf

dünnen Diensten zwischen die Wände gestellt, erscheinen aber inniger mit ihnen verschmolzen, weil die Plastizität der Glieder geringer geworden ist und die Höhensteigerung (Verhältnis fast 1 : 3!) dem Raum einen neuen 'immaterielleren' Charakter verleiht.

Hallenkirchen des Poitou

Mit den Kathedralen von Bourges und Chartres beginnt die Reihe der 'klassischen' Bauten der Gotik. Ehe von ihnen die Rede ist, müssen aber noch frühgotische Beispiele außerhalb des Kerngebiets betrachtet werden, die zeitlich häufig nach dem Beginn der Hochgotik liegen und den langsamen Verlauf der Aneignung der neuen Formensprache deutlich machen. – Eine gänzlich verschiedene Lösung, die in Frankreich kaum Folgen hatte, in Deutschland dagegen zur entscheidenden Bauidee der Zukunft wurde, fand das Poitou. Im Anschluß an die romanische tonnengewölbte Anlage mit drei fast gleich hohen Schiffen wurde mit der *Kathedrale von Poitiers* die echte Hallenkirche entwickelt *(Abb. 108)*. 1162 geplant und 1166 begonnen, war der Bau 1271 bis auf die beiden andersartigen Westjoche fertig. Ein Querhaus fehlt, drei Apsiden sind flach in die gerade Chorwand vertieft. Die drei Schiffe sind gleich hoch und fast gleich breit, die bis zu den Gewölben sich öffnenden Arkaden haben eine außerordentlich weite Pfeilerstellung. Die achtteiligen kuppligen Gewölbe sind über Quer-, Längs- und Diagonalrippen gelegt. Es ist gleichsam die aquitanische Kuppelkirche mit dem poitevinischen Hallensystem verbunden.

Westfälische Hallenkirche

Als Beispiel für die Entwicklung dieser Form in Deutschland, vielleicht ohne Zusammenhang mit dem Poitou, kann der *Dom von Paderborn* dienen. Unter Verwendung älterer Teile (Doppelchörigkeit und zwei Querschiffe) wurde bei der Erneuerung von 1225–80 das Langhaus als dreischiffige Halle mit Kreuzgewölben ohne Rippen errichtet *(Abb. 109)*. Was an frühgotischen Elementen übernommen ist, erscheint ins Romanische zurückgebildet.

II. Zisterziensergotik

Mit Ausnahme von Saint-Denis sind bisher nur Kathedralen besprochen worden. Das ist nicht Willkür, sondern entspricht der Tatsache, daß Bischofskirchen jetzt die Führung übernommen haben. Doch blieb daneben das asketische Bauideal der Zisterzienser bestehen. An Fontenay konnte beobachtet werden, wie die burgundische Romanik dem Frühgotischen entgegenkam, so daß die Zisterzienser ohne Schwierigkeiten die neue Sprache in ihrer einfachsten Form übernehmen und auch außerhalb Frankreichs verbreiten konnten.

Portugiesische Hallenkirche

So sollte die nördlich von Lissabon gelegene *Klosterkirche von Alcobaça* nach dem 1154–74 erweiterten Plan von Clairvaux errichtet werden, den sie (nach 1178–1223) zwar im Grundriß übernahm, im Aufriß aber nach poitevinischem Muster veränderte *(Abb. 110)*. Es entstand eine dreischiffige zwölfjochige Hallenkirche mit Querhaus, Chorumgang und neun Radialkapellen. Die Rippengewölbe sind wie in Poitiers stark kupplig gebildet. Die Kirche gehört zu den großartigsten Beispielen der Zisterziensergotik. Bar jeden plastischen und malerischen

Schmuckes wirkt sie allein durch die einfache Schönheit der Gliederbildung, den Rhythmus der Jochfolge und die Proportionen. Die Klosteranlage, bis zum 18. Jh. ständig erweitert, stellt ein vorzügliches Muster der zweckmäßigen und in ihrer Einfachheit schönen Organisation mönchischer Gemeinschaft dar.

Italien

Wie auf der iberischen Halbinsel waren es auch in Italien die Zisterzienser, die die ersten gotischen Formen einführten. Die dreischiffige basilikale *Klosterkirche von Fossanova* (1187–1208) folgt dem strengeren Schema der burgundischen Mutterkirchen, indem sie statt Chorumgang mit Radialkapellen den geraden Chorschluß hat und das Mittelschiff noch mit Gratgewölben versieht *(Abb. 111)*. Erst die Zisterzienserkirche von Casamari (1203–17) verwendet durchgehend Rippengewölbe.

III. Frühgotik und Romanik

Auch in Deutschland führten Zisterzienser die ersten frühgotischen Formen ein. Im *Kloster Maulbronn* wurde ab 1210 der 1178 vollendeten romanischen und ursprünglich flachgedeckten Pfeilerbasilika eine Vorhalle hinzugefügt, deren Gewölberippen von verschieden hohen Ansätzen ausgehen, um gleiche Bogenführung zu erzielen *(Abb. 112)*. Gotische Konstruktionsmöglichkeiten werden romanisch umgedeutet. Ähnlich erfolgt die Einwölbung der Emporen in dem 1209–31 erbauten Chor des Doms zu Magdeburg. Alle Formen sind von der schweren Gedrungenheit und Plastizität romanischer Gliederungen.

Doppelchöre

Die außerordentliche Schwerkraft der romanischen Tradition macht sich ebenso bei den beiden wegen ihrer Skulpturen berühmten Domen von Bamberg und Naumburg aus der ersten Hälfte des 13. Jh. geltend. Sie sind doppelchörige Basiliken in gebundenem System mit Rippengewölben und reicher Turmgruppierung. Beider Westtürme sind nach dem Vorbild von Laon gestaltet, besonders reich diejenigen von *Bamberg (Fig. 101)*.

101 Bamberg,
Dom, Westtürme
(nach H. Koepf)

102 Limburg
a. d. Lahn, Stiftskirche St. Georg

95

Limburg a. d. Lahn

Nicht in der Form, wohl aber in der Zahl der Türme und im gesamten System des inneren Aufrisses war Laon auch das Vorbild für die vor 1220 begonnene und 1235 geweihte *Stiftskirche St. Georg in Limburg a. d. Lahn (Fig. 102)*. Da der Bau sehr kurz ist (L. 54,50, Br. 35,40 m), rücken die sieben Türme zu einer stark aufgerichteten Gesamtkomposition zusammen. Im Innern drängen sich die reichen Gliederungen des viergeschossigen Aufbaus auf kleinem Raum zusammen und erzeugen eine räumliche Aufhöhlung und plastische Durchgliederung der Mauermassen von vollkommen spätromanischem Charakter *(Abb. 113)*.

England

Eine in manchem verwandte Aneignung der französischen Frühgotik erfolgte mit dem durch Wilhelm von Sens 1175 begonnenen Neubau der *Kathedrale von Canterbury (Abb. 114)*. Die dreischiffige basilikale Anlage mit Querhaus, Emporen, Chorumgang und einer runden Ostkapelle enthält in der kräftigen Plastizität aller Glieder, in der unruhigen Häufung der Formen und der drückenden Schwere der Gewölbe noch viel von spätromanischem Geist. Diesem Bau, der dann insgesamt als Chor diente, wurde 1379–1400 ein neues Langhaus mit Querschiff und einem 71 m hohen Vierungsturm hinzugefügt, so daß sich die Gesamtlänge auf 155,5 m ausdehnte und damit die typische langgestreckte Form englischer Kathedralen erreicht wurde.

Assisi

Auch die 1228 begonnene erste repräsentative Bettelordenskirche *S. Francesco in Assisi* verbindet Frühgotisches mit romanischer Baugesinnung *(Abb. 115)*. Da sie wie die Zisterzienserkirchen einfach sein und außerdem vorzüglich der Predigt dienen sollte, wurde ein einschiffiger saalartiger Raum mit Querschiff und Apsis gewählt (L. 74,10, Br. 13,60 m), der sich über einer entsprechenden Unterkirche erhebt, die zur Grabstätte des hl. Franziskus bestimmt war. Die vier Joche des Schiffes, Vierung und Querarme sind quadratisch und mit Rippengewölben gedeckt, die auf kräftigen Dienstbündeln ruhen. Die untere Hälfte der Wand ist als glatte Fläche erhalten, die obere mit den Fenstern um die Breite eines Laufganges zurückgesetzt. Der anregende Bau ist vielleicht die einschiffige Kathedrale von Angers gewesen, die um 1230 zumindest mit Langhaus und einem Querarm fertig war. Einzelformen der Dienste und Kapitelle dagegen stammen aus der burgundisch-zisterziensischen Frühgotik.

IV. Französische Hochgotik

Bourges

Den Übergang von Früh- zu Hochgotik stellt die *Kathedrale von Bourges* dar. Sie wurde um 1190 von Erzbischof Henry de Sully, einem Bruder des Gründers von Notre Dame in Paris, begonnen und gegen 1300 mit der fünfteiligen Westfassade abgeschlossen. Der Grundriß von fünf Schiffen mit dreizehn Jochen ohne Querschiff und halbrundem Chorschluß mit doppeltem Umgang ohne Radialkapellen, die erst nachträglich zugefügt wurden, ist mit dem von Notre Dame verwandt (L. 118, Br. 41, H. 37,15 m). Der Aufriß aber ist anders. Da Emporen fortgelassen wurden, fehlten die Widerlager für die mächtigen Gewölbe, deren

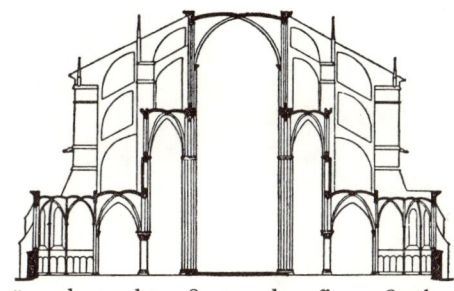

103 Le Mans, Kathedrale (nach H. Koepf)

Abstützung man nicht allein dem noch nicht genügend erprobten System der offenen Strebebögen anvertrauen wollte, die in größerem Maßstab zuerst bei den Kathedralen von Laon
und Paris angewandt worden waren. Also staffelte man die Seitenschiffe, indem man die inneren
ungewöhnlich hoch zog, so daß sich weite Mittelschiffsarkaden mit 17 m hohen Stützen
ergaben. Der Aufriß mit Triforium und Fensterzone wiederholt sich bei den inneren Seitenschiffen. Es hätte ein vollkommenes Gerüstsystem entstehen können, wenn nicht die sechsteiligen Rippengewölbe des Mittelschiffs noch ein letztes Verharren im gebundenen System
bedingt hätten. Die plastische Gliederung ist wie in Paris sehr zart geworden, von Wandflächen bleibt noch weniger als dort übrig *(Abb. 116)*. – Daß Bourges nicht zum Musterbau
klassischer Kathedralgotik wurde, liegt an der besonderen Lösung. Trotzdem wurde er Vorbild
für einige französische und besonders für spanische Kirchen, so für den 1217 begonnenen
33 m hohen Chor der *Kathedrale von Le Mans*. Dieser unterscheidet sich von Bourges aber durch
den Fortfall des Triforiums, womit der letzte Rest einer Wandzone eliminiert wurde. Die Außenansicht macht den Aufwand an Strebepfeilern und mehrgeschossigen Strebebögen deutlich, der
nötig war, um das fast wandlose Glasgehäuse der Kirche abzustützen *(Fig. 103)*. Die aus dem
Innern und der Umhüllung des Raumes verdrängten Steinmassen sammelten sich hier.

Chartres (erster Bau der klassischen Hochgotik)
Neben Bourges entstand mit der *Kathedrale von Chartres* diejenige Form, die für die Zukunft
am entscheidendsten wurde *(Abb. 117)*. 1194 wurde der ältere Bau mit Ausnahme der Westfassade durch Brand vernichtet. Der Neubau setzte sofort mit größter Intensität ein, so daß er
schon 1220 eingewölbt werden konnte; 1260 fand die endgültige Weihe statt. Der Grundriß
ist von großer Klarheit: dreischiffiges Langhaus, nicht ganz so breites dreischiffiges Querhaus, fünfschiffiger Chor mit doppeltem Umgang und fünf Radialkapellen (L. 130, Br. M.
16,40, H. 36,55 m). Ebenso klar wie der Grundriß ist der Aufriß: über der hohen Arkaden-
zone folgen das niedrige Triforium und der wiederum hohe Obergaden, der völlig durchfenstert ist *(Fig. 104)*. Vierteilige Rippengewölbe haben den Zusammenhang der Schiffe und
die ununterbrochen fortlaufende Reihung der Joche zur Folge. Damit sind gebundenes System und Stützenwechsel endgültig aufgegeben. Das kräftige und einheitlich durchgebildete
Gerüst richtet sich straff und fest auf. Lang- und Querhaus sind gleichmäßig ineinander verzahnt. Da die Wände der Seitenschiffe ebenfalls fast ganz durchfenstert sind, bleiben von den
Mauern des Baukörpers nur geringe Restbestände übrig. Das Gerüst bedeutet 'Entmaterialisierung' und damit Vergeistigung des Baus in einem Maße, das die Architektur noch nie
erreicht hatte. Die römische Baukunst, die über die romanische diese Form möglich gemacht

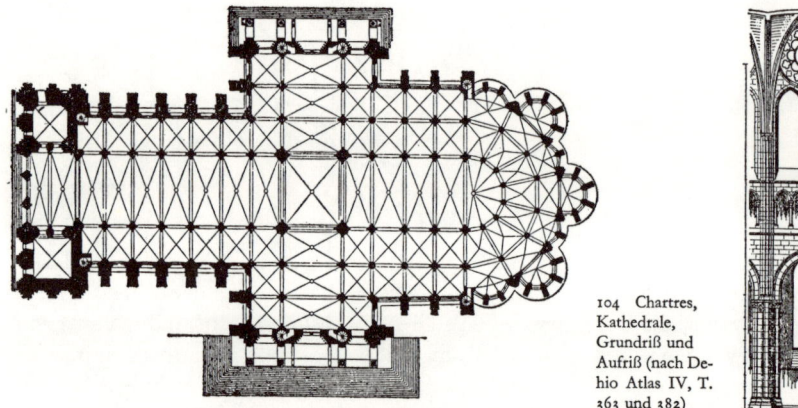

104 Chartres, Kathedrale, Grundriß und Aufriß (nach Dehio Atlas IV, T. 363 und 382)

hat, ist so vollständig aufgehoben, daß sie in ihren absoluten Gegensatz umgeschlagen erscheint. Der Proportionswert der Säule, der im Verhältnis zum menschlichen Körper lag, ist aufgegeben. Bei Säulen, Pfeilern und Diensten der gotischen Kathedrale sind Maßübertragung und Größenempfinden vom eigenen Körper her unmöglich geworden, so wie die Höhensteigerung den Raum unermeßlich macht, da seine einzige geschlossene Begrenzung durch die Gewölbe bei dem mystischen Licht der farbigen Verglasungen in ständiger Dämmerung lag.

Amiens (Musterbau der Klassik)

Wenig später wurden die Kathedralen von Reims (1210) und Amiens (1220) begonnen, die das System von Chartres übernahmen und verfeinerten und zugleich eine weitere Höhensteigerung erzielten. Die *Kathedrale von Amiens* (L. 133,50, Br. M. 14,60, H. 42,30 m) kann als die reinste Verwirklichung der klassischen Hochgotik betrachtet werden *(Abb. 118 u. Fig. 106)*. Während des Bauverlaufs taucht die Durchfensterung des Triforiums auf, die wahrscheinlich erstmals von Pierre de Montereau beim Bau des Lang- und Querhauses von Saint-Denis ab 1231 eingeführt wurde. Damit ist der letzte Rest einer geschlossenen Wandzone in Glas verwandelt. – Wie auch die Eingangswand 'durchleuchtet' werden und damit ihre Körperhaftigkeit verlieren kann, zeigt die *Kathedrale von Reims (Abb. 119)*. Vergleicht man mit der Ansicht von innen die des Äußeren, wird die 'Entmaterialisierung' des Kirchenraumes vollends deutlich, da die Fassade stärkste Körperhaftigkeit der Baumasse bewahrt, die auch in einigen Skulpturen der Statuenportale zu fast antikischer Plastizität führte *(Fig. 105)*.

Sainte-Chapelle in Paris (Glasschrein)

Der Charakter eines Glashauses oder Lichtschreines kommt am stärksten in der königlichen Palastkapelle in *Paris*, der *Sainte-Chapelle*, zum Ausdruck, die um 1243–48 von Pierre de Montereau errichtet wurde *(Abb. 120)*. Das Untergeschoß ist dreischiffig und niedrig, während das obere einschiffig und hoch ist (L. 33, Br. 10,70, H. 20,50 m). Über dem mit Blendarkaden und Nischen gegliederten niedrigen Sockel erheben sich die Fensterwände, die die Mauern bis zu den Gewölbekappen ersetzen. Die Gewölbe ruhen als gestirntes Himmelszelt über dem himmlischen Lichthaus.

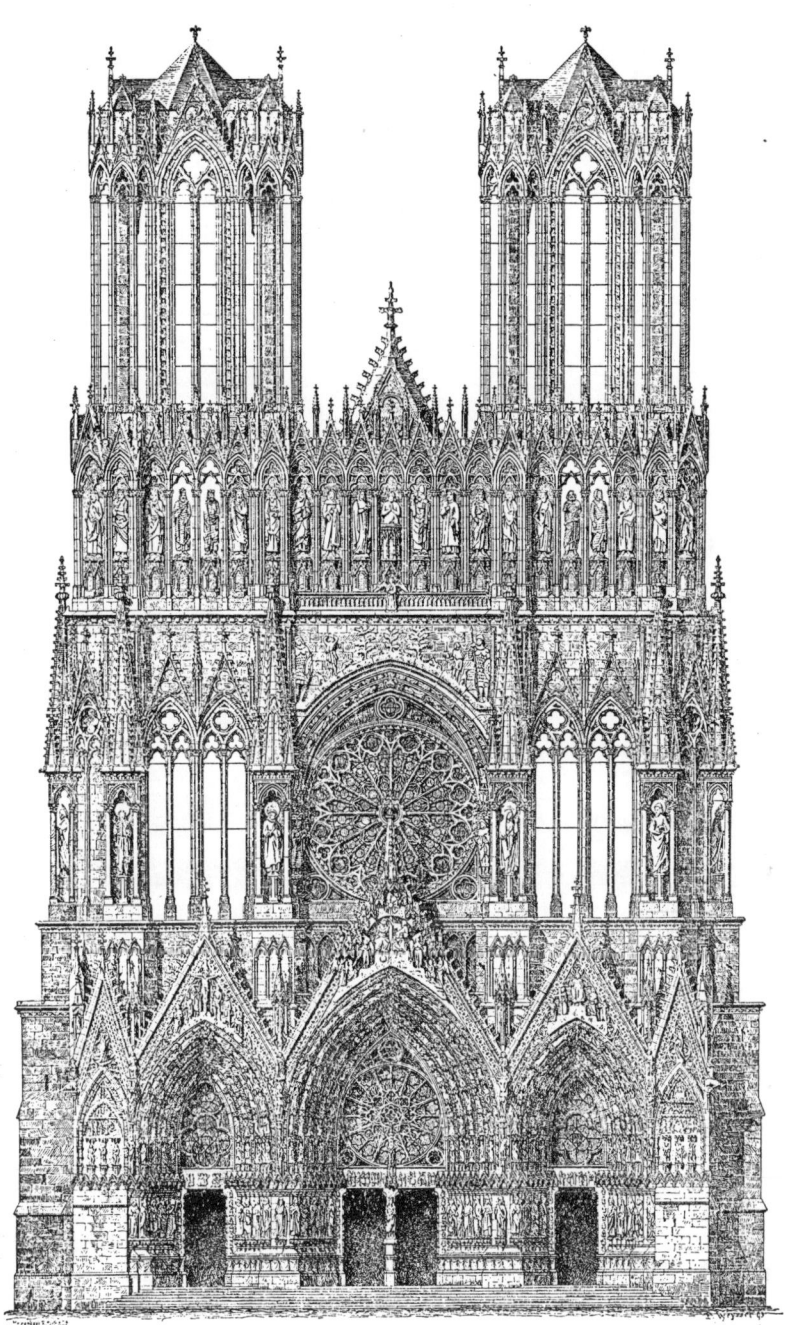

105 Reims, Kathedrale
Westfassade (nach
Dehio Atlas IV, T. 412)

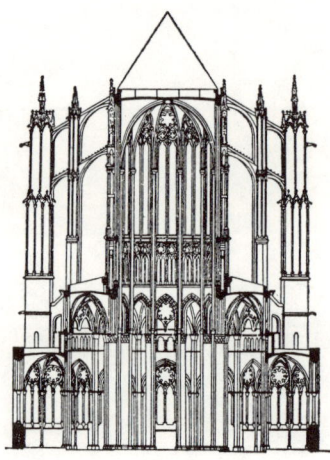

106 Amiens, Kathedrale, Aufriß
(nach H. Koepf)

107 Beauvais, Kathedrale, Querschnitt (nach H. Koepf)

Beauvais (äußerste Höhensteigerung)

Mit dem Chor der *Kathedrale von Beauvais* wird in wörtlichem Sinn der 'Höhepunkt' der klassischen Gotik erreicht: die lichte Höhe des Innern beträgt 47,6 m bei einer Mittelschiffsbreite
von etwa 15 m *(Fig. 107)*. Der Bau wurde 1247 nach einem Plan von 1230–40 begonnen,
dessen Joche doppelt so weit waren wie die jetzigen. Nach der Fertigstellung stürzten 1284
die Gewölbe ein, so daß eine Halbierung der Joche nötig wurde. Das Querhaus wurde im
letzten spätgotischen Stil um 1500 errichtet; an Stelle des Langhauses steht noch heute die
karolingische Basilika.

V. Ausstrahlung der Kathedralgotik

Nach 1230 setzt die Ausstrahlung der klassischen Gotik ein. Um 1235 erhielt der vor 1228
begonnene Chor der fünfschiffigen Kathedrale von Troyes ein durchfenstertes Triforium.
1240 wurde die Kathedrale von Tours nach diesem System begonnen.

Köln und Straßburg

1248 begann der Bau des *Doms zu Köln (Abb. 121)*. Der Chor wurde 1322 vollendet, die ganze
Kirche erst 1842–80 (L. 136,50, Br. M. 13,90, H. 45,50 m). Neu ist die enge Verbindung von
Triforium und Obergaden, so daß beide zusammen eine einzige riesige Glaswand bilden. Alle
Gerüstteile und Glieder sind von äußerster Zartheit und verstärken den körperlosen Charakter
des Glasgehäuses. Gleichzeitig steigert sich der Eindruck des schwerelosen Emporsteigens.
Dabei ist aber nichts unbestimmt und kraftlos, alle Linien sind von federnder, elastischer
Schärfe. – Auch das dreischiffige Langhaus des *Straßburger Münsters* von 1250–76 *(Abb. 122)*
richtet sich im Aufriß nach dem fortgeschrittensten Vorbild der Hochgotik (Langhaus von
Saint-Denis). Da es aber in Breite und Höhe (1 : 2) durch die spätromanischen Ostteile
bestimmt wird, ergibt sich ein völlig anderer Raumeindruck.

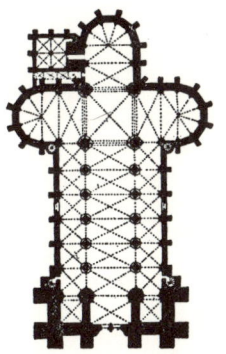

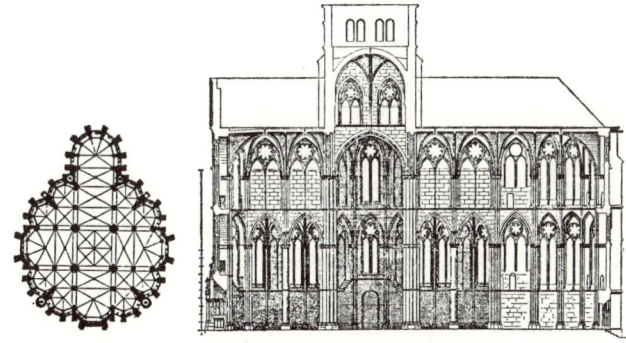

108 Marburg, Elisabethkirche   109 Trier, Liebfrauenkirche, Grundriß und Längsschnitt (nach Dehio Atlas V, T. 458)

Sonderformen in Marburg und Trier

Wie stark in der deutschen Hochgotik ältere Traditionen wirksam zu sein vermögen, die höchst individuelle und vom klassischen System abweichende Schöpfungen hervorbringen, zeigt die *Elisabethkirche in Marburg (Abb. 123 u. Fig. 108)*. Sie wurde 1235–83 als dreischiffige Hallenkirche mit einer Dreikonchenanlage im Osten errichtet. Die Dreikonchenform war vom spätromanischen Rheinland her vertraut, die Halle konnte aus dem nahen Westfalen bezogen werden. Der Aufriß aber wendet sich von jeder romanischen Tradition ab und folgt der in der Schule von Soissons ausgebildeten Form der reinen Gotik. Von ihr übernimmt er die beiden Fenstergeschosse ohne Triforium, die den Raum mit einer im Gerüst verspannten Glashaut umgeben. Die Ausbildung der Einzelteile erfolgte im Anschluß an Reims. – Kurz nach 1235 begonnen und um 1253 vollendet wurde die *Liebfrauenkirche in Trier*, die die Reste der noch bis 1233 benutzten frühchristlichen Basilika ersetzte *(Abb. 124 u. Fig. 109)*. Als Zentralanlage steht sie in keiner Beziehung zu ihrer Vorgängerin, aber auch nicht zu französischen Vorbildern, von denen jedoch die Idee der Diagonalkapellen (Saint-Yved de Braisne, Schule von Soissons) und der Formenapparat stammen. Der Innenraum stellt eine eindrucksvolle Steigerung von den eingeschossigen Eckräumen über die zweigeschossigen Kreuzarme zu der 35,16 m hohen Vierung dar. Wo noch Wände vorhanden sind, wie über den Kreuzarmarkaden, wirken sie wie körper- und schwerelose Membrane, auf die die äußerst dünnen Säulchen fast graphisch aufgetragen sind.

Lübeck (Backstein)

Die Zweigeschossigkeit des Aufrisses findet sich auch bei der Backsteinbasilika *St. Marien in Lübeck (Abb. 125 u. Fig. 110)*. Der wohl kurz nach 1251 begonnene Bau wurde als Halle angefangen, aber als Basilika fortgesetzt. Das dreischiffige Langhaus ohne echtes Querschiff endet in einem Chor, dessen Umgang mit dem Kapellenkranz verschmolzen wird. Die Anregung kam wahrscheinlich von der Kathedrale in Soissons und geht letztlich auf Saint-Denis zurück. Mit der Marienkirche tritt erstmals eine städtische Pfarrkirche in Erscheinung, die durch Größe und Form mit der Kathedrale zu wetteifern sucht. Hiermit wird ein Führungswechsel im Kirchenbau deutlich, der kennzeichnend für die Spätgotik sein wird.

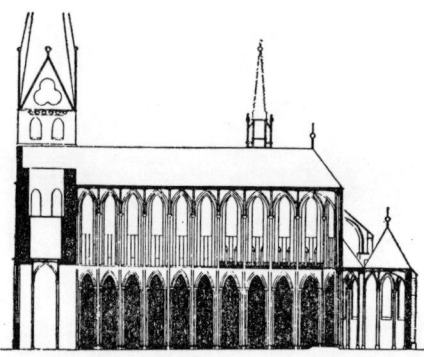

110   Lübeck, St. Marien, Längsschnitt (nach H. Koepf)

Zisterzienser

Im Gegensatz zur üblichen Einfachheit der Zisterzienser wurde deren Klosterkirche in Alten-
berg bei Köln (1255–1379) nach dem vollentwickelten gotischen Kathedralsystem errichtet.
Die dreischiffige Säulenbasilika mit Querhaus, Chorumgang und Kapellenkranz hat einen
dreigeschossigen Aufriß mit Triforium und offenes Strebewerk. Allein die Schmuck- und
Turmlosigkeit entspricht den Forderungen der Zisterzienser. Das fast die ganze Eingangswand ausfüllende Maßwerkfenster ist erst nach 1379 hinzugekommen.

Bettelorden

Auch die nach 1230 überall entstehenden Bettelordenskirchen entziehen sich trotz ihrer
Bemühungen um größte Einfachheit nicht einer gewissen Großartigkeit, sobald sie als durchgehend gewölbte dreischiffige Basiliken angelegt werden. Wohl sind alle Elemente auf das
Notwendigste reduziert, die Weiträumigkeit aber erhält fast stets einen monumentalen Charakter. Als kennzeichnendes Beispiel kann die vor 1246 begonnene Dominikanerkirche
S. Maria Novella in Florenz dienen *(Abb. 126)*. Bei aller Unterschiedlichkeit im Einzelnen entsteht durch die Forderung nach einem übersichtlichen Predigtraum eine internationale Sprach-
verwandtschaft (1236 S. Francesco in Bologna, 1246 Dominikanerkirche SS. Giovanni e Paolo
in Venedig, um 1260 Dominikanerkirche in Regensburg u.v.a.).

Englische Hochgotik in Lincoln und Salisbury

Früher als anderswo wird die Hochgotik von England übernommen, gleichzeitig aber auch
entschiedener in etwas Eigenes verwandelt. Das Neue wird besonders deutlich an Langhaus
und Engelschor der *Kathedrale von Lincoln (Abb. 127, 128* u. *Fig. 112)*. 1192 begonnen, war
das dreischiffige zehnjochige Langhaus 1233 der Vollendung nahe. Nach Abriß des ersten
gotischen Chorschlusses erfolgte von etwa 1255 bis 1320 die Errichtung des dreischiffigen
'Engelchores' mit geradem Schluß, wodurch sich die Gesamtlänge auf 146 m erhöhte. Die
Beibehaltung von zwei Querschiffen geht auf die Tradition von Cluny III zurück; Kreuzgang
und freistehendes Kapitelhaus sind der Verbindung von Abtei mit Kathedrale zu verdanken.
Das Langhaus hat ein im Verhältnis zur Höhe außerordentlich breites Mittelschiff mit weiten
Arkadenstellungen. Alle Formen wirken überaus scharf geschnitten. Normannische Wand-
aufspaltung und Mauerzergliederung sind zum Äußersten getrieben, ohne daß daraus ein

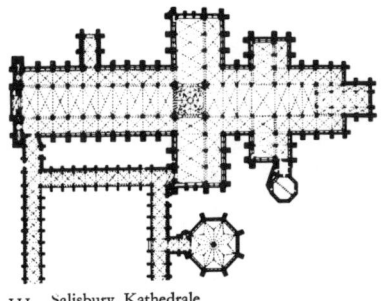

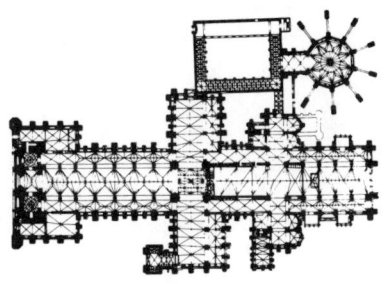

111 Salisbury, Kathedrale   112   Lincoln, Kathedrale

Gerüstbau entstanden ist. Bezeichnend dafür ist die Gestaltung der Gewölbe. Aus dem sechs-
oder vierteiligen Rippengewölbe ist etwas geworden, das mit irgendeiner Systematik des
Aufrisses nichts mehr zu tun hat. Durch eine Längsrippe und die von jedem Pfeiler fächerförmig ausstrahlenden sechs Diagonalrippen ist der Sinn der Rippengewölbe als Vollendung
des Gerüstbaus völlig vernichtet. An Stelle der logischen Durchführung des vertikalen Aufbaus tritt eine graphisch-lineare Dekoration. Die darin liegenden Möglichkeiten sind sehr
schnell erkannt worden, in Lincoln selbst sofort mit dem 'Engelchor'. Nicht zu Unrecht wird
in England diese Konsequenz des Graphisch-Abstrakten 'Decorated Style' genannt. – Derselben Gesinnung folgt die *Kathedrale von Salisbury*, die infolge ihrer schnellen Durchführung
von 1220 bis um 1270 den einheitlichsten Eindruck englischer Hochgotik vermittelt *(Abb.
129, 130* u. *Fig. 111)*. Der Grundriß mit zwei Querschiffen und geradem Ostschluß entspricht
ziemlich genau dem von Lincoln, ebenso die Länge von 144 m. Der Ostschluß wird durch die
Lady Chapel (Marienkapelle) gebildet, die wiederum eine typisch englische Form darstellt;
sie wird in der Regel dem Retrochor angeschlossen. Die Außenansicht macht ebenso wie der
Grundriß deutlich, daß das Zentrum von der Vierung zwischen Langhaus und Presbyterium
gebildet wird. Dieser Punkt, fast immer ziemlich genau in der Mitte liegend, wird nicht nur
nach außen durch den Vierungsturm von 123 m Höhe gekennzeichnet, der auf dem Kontinent
verschwunden ist, sondern auch im Innern durch einen aufsteigenden Raumschacht, auf den
hin sich alle Längsräume sammeln. – Die am stärksten der französischen Hochgotik ver-
pflichtete englische Kirche ist die 1245 begonnene Westminster Abbey in London.

Spanische Hochgotik
Unter den bedeutendsten spanischen Kathedralgründungen des 13. Jh. – Burgos, Toledo,
Leon – schließt sich Leon am engsten der klassischen französischen Form an, ähnlich wie der
etwa gleichzeitig begonnene Kölner Dom. *Toledo* dagegen, vor 1224 begonnen und dem
Vorbild von Bourges und Le Mans folgend, zeigt Formen, die auf die spätere spanische Entwicklung weisen *(Abb. 131* u. *Fig. 113)*. Die fünfschiffige gestaffelte Basilika mit nichtausladen-
dem Querhaus hat doppelte Umgänge und einen flachen Kapellenkranz. Beim dreizonigen Aufriß sind Triforium und Obergadenfenster stärker noch als in Köln zusammengezogen worden.

Italienische Gotik
Was schließlich in Italien aus der französischen Kathedralgotik wurde, zeigt der 1229 begonnene *Dom von Siena (Abb. 132)*. An das dreischiffige rippengewölbte Langhaus von fünf

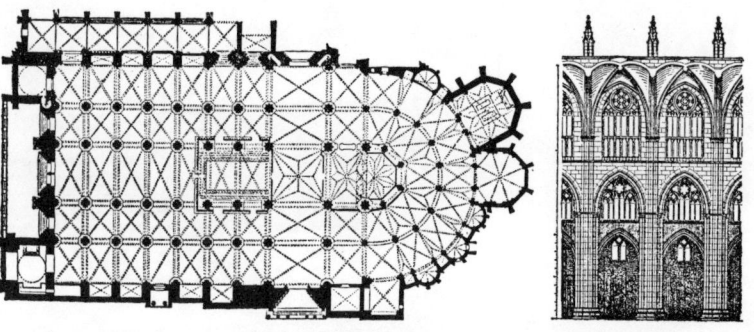

Jochen schließt sich eine sechseckige kuppelüberwölbte Vierung an, die über die Breite des Mittelschiffs hinausgreift und Querarme und Chor in ungewöhnlicher Form an sich heranzieht. Der Aufriß ist zweigeschossig; die beiden Geschosse werden von einem durchlaufenden Konsolengesims völlig voneinander getrennt. Farbiger Steinwechsel in Stützen und Wänden unterstreicht die horizontale Lagerung. Systematik des Gerüstbaus und vertikale Steigerung werden also vollkommen abgelehnt. Ebenso ist die turmlose Fassade, obwohl sie mit drei Portalen, Galerien und Rosenfenster dem Schema französischer Kathedralen folgt, kaum mit dem Innenraum verbunden, sondern eine für sich bestehende Schauwand. – Sehr viel gotischer ist die um 1219 begonnene und vielleicht von Benedetto Antelami errichtete Kirche *S. Andrea in Vercelli (Abb. 133)*. Proportionen, Schwere der Glieder, Vierungskuppel und das ganze Äußere lassen den Bau aber, ähnlich gleichzeitigen deutschen Kirchen, eher als frühgotische Romanik denn als Hochgotik erscheinen.

Schlösser und Burgen

Zum ersten Mal kann jetzt auch von der Profanarchitektur gesprochen werden. Doch sind es zunächst noch keine eigentlichen Wohnbauten, wenn man von Klöstern absieht, die eine künstlerische Form erhielten, sondern repräsentative kaiserliche und fürstliche Anlagen. An erster Stelle steht das um 1230–40 errichtete Schloß Kaiser Friedrichs II. in Apulien, *Castel del Monte (Abb. 135)*. Um einen achteckigen Hof von 35 m Durchmesser sind in zwei Geschossen je acht trapezförmige Räume angeordnet. Die Ecken werden nach außen durch achteckige Türme betont, in denen sich Treppen, Bäder und andere Nutzräume befanden. Der Gesamtdurchmesser beträgt 80 m. Einzelheiten des bauplastischen Schmuckes weisen auf

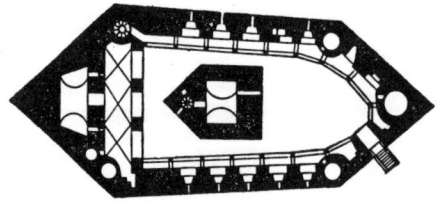

114 Kaub bei Koblenz, Pfalz

115 Goslar, Kaiserpfalz (nach H. Koepf)

französische Gotik, die Idee des Ganzen geht wahrscheinlich auf islamische Bauten der Omaijadenzeit zurück. – Unter den deutschen *Pfalzen*, die im 12. und 13. Jh. das Erbe der karolingisch-ottonischen Tradition fortsetzen, seien die von *Goslar (Fig. 115)*, Gelnhausen, *Kaub (Fig. 114)*, Eger und der Palas der Wartburg bei Eisenach genannt. – Bedeutende Burganlagen dieser Zeit sind die von Eltz an der Mosel, der Grafenstein in Gent, Conway Castle in Wales. Ihr Reiz beruht weniger auf künstlerischer Gestaltung als auf Romantik. Dasselbe läßt sich von städtischen und anderen Befestigungsanlagen sagen, wie sie besonders eindrucksvoll in Avila, Angers und Aigues-Mortes erhalten sind. – Eine nennenswerte städtische Baukunst setzt zuerst in den Niederlanden und in Italien gegen Ende des 13. Jh. ein; sie wird im Zusammenhang des nächsten Kapitels zu betrachten sein.

8 Spätgotik

Vorbemerkung: Alle Elemente der Spätgotik sind dieselben wie in der Früh- und Hochgotik, verlieren aber die Radikalität des reinen Stützen- und Gliederbaus. Die Wände werden wieder geschlossener und flächiger, die Räume klarer und übersichtlicher. Die Proportionen erscheinen nicht mehr 'maßlos' gelängt, ohne jedoch zu den Maßverhältnissen der Antike zurückzukehren.
Die spätgotischen Zierformen in Maßwerken, Fialen, Wimpergen, Rippennetzen usw. erfahren größte dekorative Bereicherung.

Material: Werkstein, Backstein, Marmor (Italien), Holz.

Wien, Stephansdom, Längsschnitt

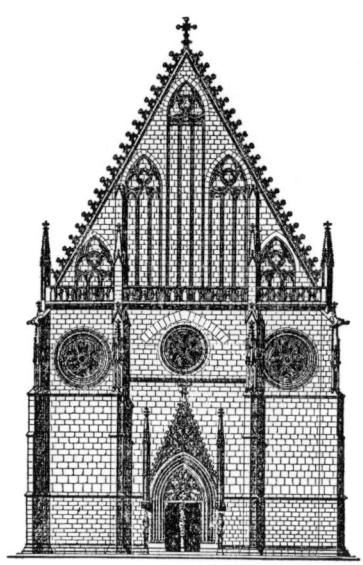

Schwäbisch-Gmünd, Heiligkreuz

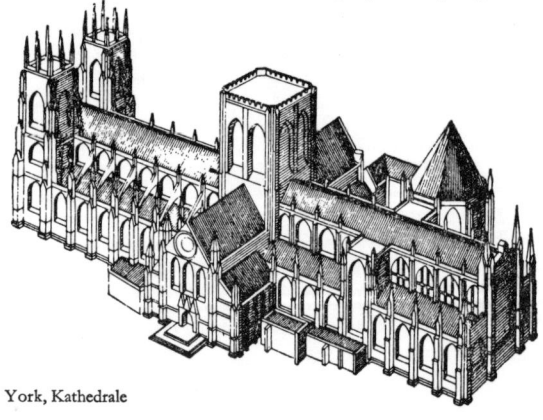

York, Kathedrale

Ende des 13. Jh. waren die Elemente der in Frankreich entwickelten Gotik von allen Ländern akzeptiert, so daß stärker als im früheren Mittelalter eine einheitliche europäische Formensprache entstand. Dabei wurde die Systematik der klassischen Hochgotik sehr schnell aufgegeben; es setzten Sonderentwicklungen ein, die nach Ländern sehr verschieden sein können. Durchweg bleiben aber 'Entmaterialisierung' und 'Körperlosigkeit' herrschend. Auch wenn die Bauten flächiger und geschlossener werden, haben die Wände keinen massiven Mauercharakter, sondern wirken wie dünne Ebenen. Die Höhensteigerung läßt nach, die Räume werden übersichtlicher, man kann auch sagen 'irdischer', ohne daß jedoch feste, plastisch gestaltete Raumformen entstehen; etwas von Transparenz und Irrationalität bleibt erhalten. Die dekorativen Elemente werden reicher und überspielen mit ihrer oft linearen Abstraktion die körperlosen Flächen. – Neben die bisher absolut führende Kirchenbaukunst tritt in steigendem Ausmaß profane Architektur, vor allem des Bürgertums. Die Städte gewinnen eine Bedeutung, wie sie sie seit der Antike nicht mehr gehabt hatten.

Die Zahl der erhaltenen Baudenkmäler des 14. und 15. Jh. ist jetzt so groß, daß die Auswahl noch beschränkter sein muß als bisher. Die Übersicht könnte nach den Sonderentwicklungen der Länder erfolgen, was aber die Zusammenhänge der doch oft gleichlaufenden Entwicklungen zerreißen würde. Deshalb empfiehlt es sich, etappenweise Querschnitte zu legen, die oft erstaunliche Parallelen der Baugesinnung aufzeigen. Insgesamt läßt sich feststellen, daß die reichsten Entfaltungen der Spätgotik in England und Deutschland stattfinden. Frankreich bleibt nach den bahnbrechenden Leistungen und Höhepunkten des 12. und 13. Jh. verhältnismäßig unproduktiv. Die spanische Entwicklung ist großartig, aber einseitig. Am ungotischsten behandelt Italien die Gotik und entwickelt als erstes Land im 15. Jh. eine neue Formensprache der Baukunst, die Renaissance.

I. Um 1300

Lineare Abstraktion in England

Am einheitlichsten verläuft die Entwicklung in England. Die Bauphantasie beschränkt sich auf die Verwandlung der dekorativen Details, ohne neue Gesamtbauformen zu erfinden. Die Auflösung des systematischen Gerüstbaus zugunsten irrationaler linearer Abstraktion, wie sie an der Kathedrale von Lincoln beobachtet wurde, setzt sich fort. Um 1275 wurde mit der dreijochigen Lady Chapel der Umbau der normannischen *Kathedrale von Exeter* begonnen *(Abb. 134)*. Bis Anfang 14. Jh. schloß sich das dreischiffige Presbyterium mit acht Jochen

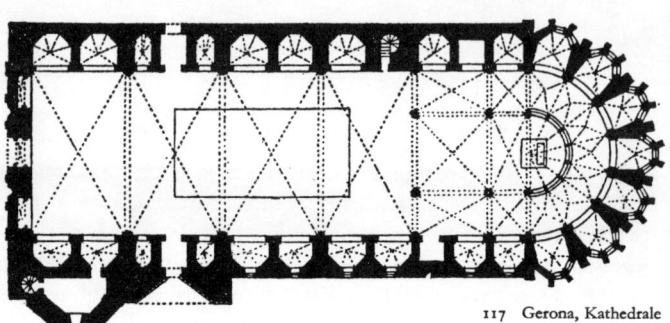

117 Gerona, Kathedrale

und bis zur Mitte des 14. Jh. das Langhaus an, so daß die übliche Längenausdehnung erreicht war. Der Aufriß ist 'klassisch' dreigeschossig, aber nicht sehr hoch; die Arkaden stehen weit. Die Auflösung in unzählige Einzelglieder von linearer Schärfe findet ihren Höhepunkt in den Palmfächergewölben mit durchgehender Mittelrippe.

Flächenhaftigkeit in Deutschland

Dem Auftreten extremer Linearik parallel erscheint eine verwandte Tendenz an der 1276 begonnenen Fassade des *Straßburger Münsters (Abb. 136* u. *Fig. 116)*. Sie betrifft das Prinzip der Flächenhaftigkeit, das an den beiden Untergeschossen zu beobachten ist. Die ursprünglich geplante ständige Aufwärtsbewegung, wobei Form aus Form und Geschoß aus Geschoß wuchs, tritt zugunsten stehender Felder zurück. Vor die Ebenen der Wände wird ein dünnes Stabwerk gelegt, das wie eine vordere durchlässige Fläche wirkt. Ab 1402 errichtete Ulrich von Ensingen aus Ulm den Nordturm, der 1439 vollendet wurde. – Das Festhalten an hochragenden Kirchtürmen bedeutet das Fortwirken eines alten Erbes. Zwar ist der Turmreichtum verschwunden und nach dem Vorbild der Hochgotik auf die Doppeltürme der Fassade beschränkt, was noch weiter auf einen Turm reduziert werden kann, der dann zu besonderer Größe gesteigert wird. In England geschieht dies mit dem Vierungsturm, in Deutschland mit dem Fassadenturm.

Einturmfassaden

Die in ihrer Schönheit und Kühnheit unübertroffene Form der Einturmfassade hat das *Freiburger Münster* gefunden *(Abb. 137)*. Der 1270–1350 errichtete Turm ist 115 m hoch. Am Sockelbau werden klare Flächen bewahrt. Um so reicher ist die Auflösung des darauf sitzenden Oktogons, das von vier Türmchen begleitet wird und in einem völlig durchbrochenen Helm endet. – Noch reicher und höher (162 m) erfolgte nach diesem Vorbild die erst im 19. Jh. vollendete Anlage des Fassadenturms am Münster zu Ulm. – Auch in den Niederlanden findet sich die Einturmfassade. Ab 1341 entsteht der mächtige Turmbau von *St. Rombout in*

Mecheln, dessen dichte Masse nicht wie in Freiburg aufgelöst wird, sondern nur in der Außenhaut durch den Reichtum spätgotischer Dekoration erleichtert erscheint *(Abb. 138)*.

Bildhafte Wandkompositionen

Die an der Straßburger Fassade auftretende Flächigkeit und Linearität findet gleichzeitig an der Westfassade der *Zisterzienserkirche Chorin* (1273–1334) in der Mark Brandenburg einen Ausdruck von einmaliger Großartigkeit *(Abb. 139)*. Mit den Beschränkungen des Backsteinbaus, der keine reichen dekorativen Schmuckformen zuläßt, wird durch ein System von Dreiteilungen und Staffelungen eine 'bildhafte' Schauseite errichtet, die streng und elegant zugleich wirkt. Man kann hier durchaus von einer 'Komposition' sprechen, die einem ästhetischen Bewußtsein von 'Schönheit' entsprungen ist, wie man es in erstaunlicher Verwandtschaft, nur von außen nach innen gewendet, in denselben Jahrzehnten an der Chorwand der Franziskanerkirche *S. Croce in Florenz* (1294 od. 95 beg.) feststellen kann *(Abb. 140)*. An das dreischiffige basilikale Langhaus mit offenem Sparrendach schließt sich ein Querhaus an und unmittelbar daran der schmale Chor, von je fünf rechteckigen Seitenkapellen begleitet. Die in verschiedenen Tiefenschichten liegenden Fenster des Chorhauptes und der niedrigeren Seitenkapellen wirken nach vorn in die Ebene der Wand- und Stirnfenster gezogen, so daß der Abschluß der Kirche in der ganzen Breite des Mittelschiffs (19,50 m) wie eine kunstvoll 'komponierte' Fläche erscheint. Sie bedeutet als Lichtfolie für das Allerheiligste Ziel und Krönung für den saalartig weiten Raum des Langhauses, der von großer Einfachheit ist. Das durchlaufende kräftige Konsolengesims betont den Eindruck breiter Lagerung, obwohl die lichte Höhe des Mittelschiffs (34,50 m) größer als die von Notre Dame in Paris und fast so groß wie die von Reims ist.

Reduktion des Gerüstbaus in Spanien

Reduktion des Gerüstbaus, Weiträumigkeit und Flächigkeit führten bei der *Kathedrale von Palma de Mallorca* (1298 od. 1300 beg.) erneut zu einer 'Komposition' ähnlicher Gesinnung *(Abb. 141)*. Die drei Apsiden der querschifflosen Basilika sind niedriger als das Langhaus. Über ihnen erheben sich Abschlußwände, die mit großen Rosenfenstern gefüllt sind, so daß eine Art von innerer Schauwand entsteht, die wie eine großartige dreigeteilte und gestaffelte Fläche wirkt. Das Langhaus nähert sich durch die Höhe der Seitenschiffe (30 gegen 40 m des Mittelschiffs) dem Eindruck einer Hallenkirche, zumal die Arkaden sehr weit sind und die achtkantigen glatten und dünnen Stützen einen kaum gehinderten Durchblick erlauben. Die 1298 begonnene Kathedrale von Barcelona steigert die Höhe der Seitenschiffe sogar noch mehr, so daß für den Obergaden nur eine schmale Zone mit kleinen Rundfenstern übrigbleibt. Etwas später, 1312, wurde mit einem basilikalen Chor mit Umgang und Kapellenkranz die *Kathedrale von Gerona* begonnen *(Abb. 142 u. Fig. 117)*. Als 1417 der Weiterbau unter Guillermo Boffig beschlossen wurde, setzte man ihn mit einem riesigen Saal (62 : 23 m) fort, so daß der Chor wie in Palma eine innere Schauwand mit gestaffelten Öffnungen und drei Rundfenstern darüber bildet. Die Kreuzrippengewölbe des Saales gehören zu den kühnsten Konstruktionen des Mittelalters; ihre Spannweite von 23 m entspricht fast der der Konstantinsbasilika in Rom. – Das Streben nach klarer flächenhafter Komposition zeichnet ebenso die nach dem Vorbild von Siena um 1310 von Lorenzo Maitani und Andrea Pisano begonnene Fassade des *Domes von Orvieto* aus *(Abb. 143)*.

Backsteingotik in Frankreich

Was gleichzeitig in Frankreich entsteht, löst sich nicht von der Systematik der Hochgotik, in derem Geist die noch im 13. Jh. begonnenen großen Kathedralen von Rouen, Tours, Orléans, Bordeaux u. a. bis zum 15. und 16. Jh. weitergebaut werden. An originellen Lösungen, die indes kaum Nachfolge fanden, sind nur zwei Kirchen in Albi und Toulouse zu nennen. Die *Kathedrale von Albi* (1282–1390) ist ein einschiffiger Ziegelbau *(Abb. 144)*. Die Form der Saalkirche (Br. 19,50, H. 32 m) liegt in der Tradition Südfrankreichs, die Gestaltung ist einzigartig. Die Strebepfeiler wurden nach innen genommen und zwischen ihnen Kapellen eingerichtet, die ursprünglich bis zum Gewölbe reichten. Die Wände wirken dadurch lamellenartig aufgeschnitten; genau so scharf ist das Dienst-Rippen-Gerüst geschliffen. Der Außenbau ist vollkommen geschlossen und erweckt den Eindruck einer Trutzburg. Ein größerer Gegensatz zur klassischen Kathedralgotik ist kaum denkbar. Fast gleichzeitig, 1294–1340, ist die ebenfalls in Backstein errichtete *Jakobinerkirche in Toulouse* entstanden, eine zweischiffige Anlage mit schlanken Rundpfeilern, dunklen Kapellennischen und hochgereckter Fensterwand *(Abb. 145)*. Der Mittelpfeiler des polygonalen Chores trägt ein Sterngewölbe. Im Grunde handelt es sich ebenfalls um einen weiten langgezogenen Saal, der wie Klosterrefektorien durch Stützen unterteilt wurde.

Der Dom zu Florenz

Der Weite und Lagerung des Raumes von S. Croce in *Florenz* entspricht der 1296, vielleicht von Arnolfo di Cambio, begonnene Neubau des *Domes S. Maria del Fiore*, der die Ausmaße der größten gotischen Kathedralen erreichen sollte *(Abb. 146 u. Fig. 118)*. Das bürgerliche Selbstbewußtsein verlangte für die Bischofskirche, was andere italienische Stadtstaaten längst getan hatten. Der ursprünglich kleinere Plan wurde ab 1357 durch Francesco Talenti auf die heutige Größe gebracht (L. 154,90, Br. 40,60 m; Br. M. 16,50, H. 41,40 m). Die Höhe entspricht ungefähr der der Kathedralen von Amiens und Köln. Sie dringt durch die weite Arkadenstellung der vier Joche (in Amiens zehn, in Salisbury zwölf) und durch die Horizontale des Konsolgesimses nicht ins Bewußtsein. Obwohl die Pfeiler- und Mauerstärken erheblich sind, wird ihnen durch flächige Behandlung der Charakter des Massigen und plastisch Gegliederten genommen. Die starke Raumvereinheitlichung wird durch die der Dreikonchenform ähnliche Zentralgestalt der Ostteile gefördert, die eine übersehbare und gleichsam körperlich fühlbare Raumwirkung erzeugt, die mit der Unfaßbarkeit und Transparenz der

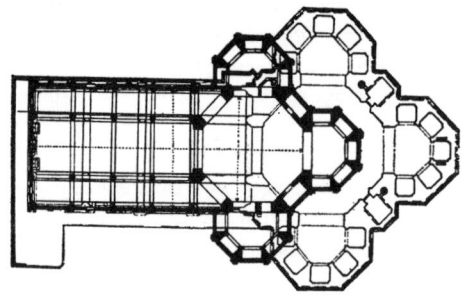

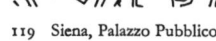

118 Florenz, Dom   119 Siena, Palazzo Pubblico

Gotik wenig mehr gemeinsam hat. Hier bereitet sich das Raumempfinden der Renaissance vor. Geschlossenheit ist auch der Außengestalt zu eigen, die keine Fassadentürme und kein offenes Strebewerk hat *(Abb. 147)*. Der Campanile, wahrscheinlich von Giotto entworfen, ist wie üblich von der Kirche getrennt. Das gegenüberliegende romanische Baptisterium gab mit seiner verschiedenfarbigen Marmorinkrustation das Muster für den Schmuck der Außenwände ab.

Italienische Profanbauten

Die gleiche Übersichtlichkeit, Geschlossenheit und Flächigkeit kommt vielen italienischen Profanbauten zu, Rathäusern und Palästen, wie sie jetzt, durch das Erstarken der Stadtrepubliken im 13. Jh. bedingt, in zahlreichen mittel- und oberitalienischen Städten entstehen. Zu den künstlerisch vollendetsten gehört der *Palazzo Pubblico in Siena* von 1298–1348 *(Abb. 148 u. Fig. 119)*. An den mittleren viergeschossigen Teil schließen sich in leichtem Knick Seitenflügel an, die ursprünglich nur zwei Geschosse hatten, so daß Mitteltrakt und Turm sich noch beherrschender aus dem breitgelagerten Sockel erhoben. Die flächige Geschlossenheit wird durch zierlich gegliederte Fensterreihen, Blendbogenfriese und Zinnenkranz aufgelockert. Die Knickung kommt dem Platz entgegen, der sich in amphitheatralischer Steigung entfaltet und rings von dichtschließenden hohen Häuserwänden umgeben ist. Die erhaltenen Paläste des 14. und 15. Jh. haben dieselbe Fensterreihung und Gliederung wie das Rathaus, so daß ein gleichmäßig geschlossener Raum zwischen glatten Wandebenen entstand. Der Platz ist kein Zufallsgebilde, sondern eine bewußte Raumgestalt, die als profaner Versammlungs- und Festraum dem sakralen der toskanischen Kirchen entsprach. Der ebenfalls 1298 begonnene Palazzo Vecchio in Florenz wirkt Siena gegenüber festungsartiger und abweisender. – Nicht alle Rathäuser folgten dieser Form. Entsprechend der anderen Verfassung der Stadtrepublik *Venedig* ist deren 'Rathaus', der *Dogenpalast*, in der Tat mehr fürstlicher Palast als Rathaus *(Abb. 149)*. 1309–40 entstand der Lagunenflügel (L.71,50 m), bis 1442 der Piazzettaflügel (L. 75 m), der von Giovanni und Bartolomeo Bon vollendet wurde, die auch das Hauptportal zwischen S. Marco und Palast, die Porta della Carta, errichteten. Was oft als architektonisch ungewöhnlich erschien, daß nämlich große und verhältnismäßig geschlossene Wände auf zwei völlig durchbrochenen Geschossen von Arkaden und Loggien ruhen und damit die Logik des Aufbaus von tragendem Sockel zu leichteren Obergeschossen in ihr Gegenteil verkehren, ist gar nicht so ungewöhnlich, wenn man an die gleichzeitige kirchliche Baukunst denkt. Die großen Wandflächen erscheinen nicht als schwere lastende Mauermassen, sondern als fast gewichtlose dünne Ebenen, deren Leichtigkeit durch das teppichhafte farbige Rautenmuster unterstrichen wird. Damit gehorcht der Bau vollkommen spätgotischer Gesinnung. – Einer der bedeutendsten frühen Profanbauten flandrischer Städte, die mit den italienischen den Beginn der reichen Bürgerkultur des 14. und 15. Jh. einleiten, ist die 1302 begonnene Tuchhalle in Ypern. Der langgestreckte dreigeschossige Bau ist sehr einfach. Der einzige, aber bezeichnende 'Schmuck' besteht in dem hohen Turm, ein Wahrzeichen bürgerlicher Macht wie die späteren flandrischen Belfriede.

Burgen

Unter den Profanbauten nehmen Burgen im allgemeinen noch nicht an wirklicher architektonischer Gestaltung teil; ihre Anlagen sind wesentlich durch Verteidigungszwecke bestimmt. Der Reiz der zahlreichen mittelalterlichen Burgen besteht in dem von der Romantik des 18. Jh.

120 Marienburg an der Nogat

entdeckten Stimmungsgehalt des Ruinösen und Malerischen. Es gibt nur wenige Ausnahmen, zu denen die Gründungen der Deutschordensritter gehören, die eine Mittelstellung zwischen Kloster, Burg und Schloß einnehmen können, wie etwa die *Marienburg an der Nogat* (1274–80, *Fig. 120*). Beim Ausbau zur Residenz des Hochmeisters entstand 1318–25 als Empfangs- und Festsaal der 15:30 m messende *Große Remter (Abb. 150)*. Er ist durch drei schlanke achtkantige Granitsäulen in zwei Schiffe geteilt, was – wie in Toulouse – von Klosterrefektorien übernommen wurde. Die Rippen steigen wie Palmen auf und bilden reiche Sternmuster, eine zweifellos aus England (Lincoln) eingeführte Form, die sich dann, immer reicher werdend, über ganz Deutschland verbreitete. Der etwas frühere zweischiffige Saalbau des Landgrafenschlosses in Marburg a. d. Lahn (14:33 m) hatte noch einfache Kreuzrippengewölbe.

II. Um 1350

Perpendicular Style in England
Die bisher beobachteten Tendenzen verstärken sich im Laufe des 14. Jh. Das ist besonders deutlich an Chor und Presbyterium der *Kathedrale von Gloucester (Abb. 151)* faßbar. Ab 1332 wurden die Ostteile der normannischen Kirche umgebaut, wobei der Obergaden völlig neu entstand, Arkaden und Emporen des 11. Jh. jedoch beibehalten wurden. Ein Gitter aus vertikalen und horizontalen Stäben verstellt sie aber derart, daß zwei große ebene Flächen entstehen, die nicht als Wände bezeichnet werden können. Eher möchte man von einem riesigen Käfig sprechen. Dekorative Phantasie und linear-ornamentale Beweglichkeit konzentrieren sich auf das Gewölbe, das wie ein reichgeschnitzter Deckel wirkt. Aus den Palmfächern ist ein vielgestaltiges, aber regelmäßiges Netz geworden, das den Gewölbeflächen angeheftet wird. Den Ostabschluß des Kastens bildet eine einzige Glaswand (Br. 11,60, H. 22 m). Dieser in Gloucester entwickelte 'Perpendicular Style', der den 'Decorated Style' ablöste, bleibt für mehr als zwei Jahrhunderte die gültige Form englischer Baukunst. – Für die abstrakte und zuweilen abstruse Phantasie englischer Baumeister der Spätgotik zeugen die 1338 entstandenen inneren Verstrebungen des Vierungsturmes der *Kathedrale von Wells (Abb. 152 u. Fig. 121)*. Der Gedanke zu dieser Lösung, die den Raumzusammenhang von Langhaus, Querschiff und Presbyterium völlig negiert, wäre einem festländischen Architekten wohl nie gekommen.

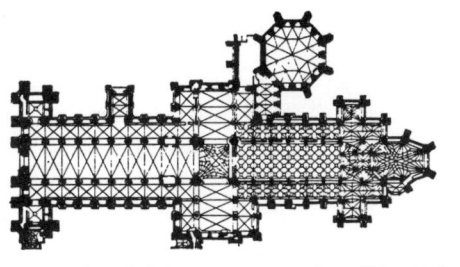

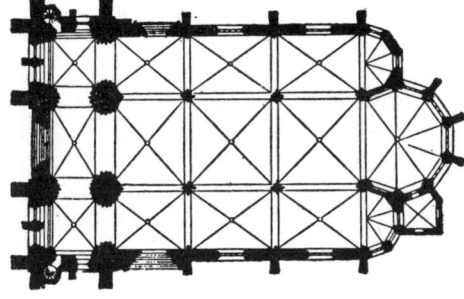

121 Wells, Kathedrale   122 Soest, Wiesenkirche ▷

Hallenkirchen in Deutschland

Der Weg, der in England von Exeter nach Gloucester führte, war der einer Schließung und Vereinheitlichung des Raumes, ohne damit eine neue Materialität und Körperhaftigkeit von Wänden zu verbinden. Das gleiche Ziel wird in Deutschland mit Hilfe der Hallenkirche erreicht. Parallel zum Umbau von Gloucester entstand 1331–76 die *Wiesenkirche in Soest* *(Abb. 153* u. *Fig. 122)*. Die drei Joche bilden einen fast quadratischen Raumwürfel (L. 27,80, Br. 24,40, H. 24 m), an den sich in gleicher Höhe drei Apsiden anschließen. Sämtliche Wände, mit Ausnahme der Fassadenseite, sind durch Fenster ersetzt, so daß man wie bei der Sainte-Chapelle von einem Glasschrein sprechen könnte. Doch ist jetzt der Charakter von Architektur und Raum völlig anders geworden. Schärfe und Straffheit des Gerüstes sind verschwunden, Glieder und Flächen wachsen zusammen. Das wird besonders an den Stützen deutlich, die nicht mehr aus plastischem Kern und selbständigen Diensten bestehen, sondern zu Einheiten verschmelzen, deren glatte Flächen wellig-weich ausgewaschen oder linear-graphisch 'dekoriert' werden und ohne Unterbrechung durch Kapitelle in die Gewölbe übergehen. – Wahrscheinlich nach dem Vorbild der Zisterzienserkirche von Zwettl (1343–83) wird seit 1351 der Hallenchor mit Umgang und Kapellen zwischen Strebepfeilern der *Heiligkreuzkirche in Schwäbisch-Gmünd* errichtet *(Abb. 154)*. Er schließt ohne Querschiff an das seit etwa 1320 als Halle entstandene Langhaus an. Die Vertikalen der hohen glatten Rundpfeiler werden von der Horizontale der Geschoßteilung hinterfangen, so daß ein Ausgleich zwischen Höhen-, Längs- und Kreisbewegung des Raumes entsteht. Für die Außenansicht ergibt sich ein zusammenhängendes, rund herausgewölbtes Erdgeschoß des Chores. Schwäbisch-Gmünd wurde maßgebend für viele Choranlagen der deutschen Spätgotik, wie etwa für St. Lorenz in Nürnberg aus der Mitte des 15. Jh., ohne indes die einzige Form zu sein, die man entwickelte. Kathedralen, die jetzt entstehen, können sich dieser Wandlung nicht entziehen. Der 1344 von Matthias von Arras begonnene, von Peter Parler fortgesetzte und erst in diesem Jahrhundert vollendete *St. Veitsdom in Prag* übernimmt in Grund- und Aufriß das Schema der klassischen Gotik: Chorumgang mit Kapellenkranz und dreizoniger Aufbau mit durchlichtetem Triforium *(Abb. 155)*. Doch wirkt der Raum gegenüber den Kathedralen des 13. Jh.

behäbiger, er hat wenig mehr von deren strenger Feierlichkeit und mystischer Höhensteigerung.

Die Alhambra in Granada

Ein ungewöhnlicher Sprung an dieser Stelle führt zwar nicht aus Europa heraus, aber in die
völlig andere islamische Kultur der iberischen Halbinsel in dieser Zeit, zur *Alhambra in
Granada.* Damit wird außer der früher erwähnten Moschee in Istanbul wenigstens noch das
Beispiel einer Wohnkultur gezeigt, die die gleichzeitige abendländische 'Zivilisation' in die
richtige Perspektive rückt. Im Vergleich mit diesem Lustschloß der Naßriden aus dem 13.–14. Jh.
– der Löwenhof stammt von 1354–91 *(Abb. 156)* – erscheinen sämtliche profanen Gebäude
des Abendlandes als Ausdruck des 'Lebensstandards' bis zu diesem Zeitpunkt phantasielos
und in gewissem Sinne 'barbarisch', die Sakralarchitektur ausgenommen. –

III. Um 1400

Wohnbauten

Erst nach 1400 setzt, von Italien ausgehend, eine Verfeinerung der privaten Wohnkultur ein,
wofür die *Cà d'Oro in Venedig* (ab 1421) von den Brüdern Bon bezeichnend ist *(Abb. 157 u. Fig.
123).* Der ständige Kontakt mit dem islamischen Orient läßt es nicht als Zufall erscheinen, daß
Venedig in dieser Hinsicht führend wurde. In reizvoller Asymmetrie ist ein Teil der Fassade
flächiger gelassen als der andere, der durch Arkaden und Loggien völlig aufgelöst wird. Zu
kurvig bewegten spätgotischen Schmuckformen treten farbige Marmorinkrustationen und Ver-
goldungen. Flächenhaftigkeit, Entkörperlichung der Mauer, Schwerelosigkeit und reiches
graphisches Linienspiel sind Merkmale, die denen der kirchlichen Architektur entsprechen. –
Im Gegensatz zur heiteren Festlichkeit und im Innern klaren Weiträumigkeit des veneziani-

123   Venedig, Cà d'Oro

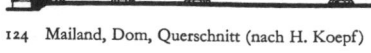

124   Mailand, Dom, Querschnitt (nach H. Koepf)

schen Hauses stehen die im Norden noch seltenen aufwendigeren *Bürgerhäuser* wie etwa das des *Jacques Coeur in Bourges* von 1442–53 *(Abb. 158)*. Auf die Fassade an der engen Straße wird verhältnismäßig wenig Wert gelegt. Wichtiger ist der Hof, unregelmäßig von Gebäudeteilen umstanden, deren einige mit flachbogigen Arkaden versehen sind. Dem leicht gewinkelten Hauptbau sind drei untereinander verschiedene turmartige Teile mit Wendeltreppen eingegliedert. Das Hauptgeschoß enthält eine große Halle, Kapelle und Wohnräume. Die strenge Abgeschlossenheit nach außen verrät noch etwas von festungsmäßigem Charakter, wie ihn der Burgenbau hatte, der sich jetzt indes mehr und mehr dem Schloßbau näherte, was zuvor schon die 'Schloßburgen' der Deutschordensritter getan hatten. Wegen der vollständigen Wiederherstellung durch Viollet-le-Duc im 19. Jh. sei *Pierrefonds bei Soissons* (Ende 14. Jh.) als Beispiel gewählt *(Abb. 159)*. Die rechteckige Anlage (84 : 70 m) ist mit vier Eck- und vier Mitteltürmen versehen. Noch handelt es sich um eine Festung, deren Wohngelegenheiten keine repräsentativen Ansprüche stellten, die allein durch die regelmäßige Ordnung des Ganzen vertreten wurden. Die französischen 'Königsschlösser' des 14. Jh. in Paris (Vincennes, Louvre, Bastille) entsprachen demselben System, das bis zum Ende des 15. Jh. gültig blieb (Wasserschloß Sully a. d. Loire).

Italienische Spätgotik

Wie in Venedig setzt auch in anderen italienischen Zentren außerhalb der Toskana um 1400 eine zuweilen stärkere Gotisierung als früher ein. Der 1390 begonnene und nie vollendete Dom S. Petronio in Bologna versucht den Florentiner Dom zu überbieten. Das allein ausgeführte dreischiffige Langhaus (L. 132, Br. 57,68, H. 44,27 m) entspricht in den Stützen und der Arkadenweite (19,20 m) dem Vorbild; das Fehlen der horizontalen Gliederung des Konsolgesimses und die seitlichen Kapellenreihen verleihen dem weiträumigen Bau aber einen durchaus verschiedenen Charakter. – Wenige Jahre zuvor, 1386, wurde der erstaunlichste Bau der italienischen Gotik begonnen, der *Dom von Mailand (Abb. 160)*. Er sollte alle Kathedralbauten des Nordens übertreffen und wurde in der Tat nächst der Kathedrale von Sevilla (1402–1506) die größte Kirche des Mittelalters. Zu Beginn wurden berühmte deutsche und französische Baumeister hinzugezogen, die sich gegen die Lombarden jedoch nicht durchsetzen konnten. Es entstand ein für die Konstruktionsmethoden des Mittelalters überaus aufschlußreicher Streit. An das Langhaus in Form einer fünfschiffigen Staffelbasilika *(Fig. 124)* schließt sich ein dreischiffiges Querhaus mit Vierungskuppel und daran der dreischiffige Umgangschor ohne Kapellen. Das Innere ist von ungewöhnlicher Düsterkeit, allein um Vierung und Chor sammelt sich eine etwas hellere Dämmerung. Im Gegensatz zum Innern steht die überreiche Pracht der Außenansicht, die der spätgotischen Schmuckfreude aller übrigen Länder entspricht. Im Laufe der Jahrhunderte sammelten sich etwa 6000 Bildwerke am Bau.

Hallenkirche in Landshut

In Deutschland herrscht fast ausschließlich der Bau städtischer Pfarrkirchen in Form der Halle vor. Eine der bedeutendsten ist *St. Martin in Landshut (Abb. 161)*. Der 1387 von Hans Stethaimer begonnene Ziegelbau hat erhebliche Ausmaße (L. 76,70, Br. 29,15, H. 29,30 m). Die glattgeschliffenen kantigen Pfeiler sind bei nur 1 m Dicke 22 m hoch. Diese Schlankheit und die Flächigkeit der Wände unterstreichen den Charakter der Schwerelosigkeit des Baus,

125 London, Westminster Palace, Holzbedachung der Halle

der im Gegensatz zu Soest und Schwäbisch-Gmünd steil aufgerichtet erscheint. Zum Wahrzeichen der Stadt wurde der 132,50 m hohe Turm.

Saalbauten
Dieselbe Freude an Einheit und Weite des Raumes führte zum Neubau (1394–1402) der Halle im *Westminster Palace zu London (Abb. 162)*. Sie steht letztlich in der Tradition germanischer Königshallen. Ihre Vorgängerin vom Ende des 11. Jh. hatte bereits die gleiche Größe (72,50 : 20,60 m), war aber dreischiffig. Die Vereinheitlichung zu einem ungeteilten Saal wurde durch die Konstruktion der Holzbedachung ermöglicht, die das erste großartige Beispiel dieser 'hammer-beamroof' genannten Form darstellt *(Fig. 125)*. Die englische Vorliebe für komplizierte Holzkonstruktionen war nicht auf profane Hallen beschränkt, wo sie sich in Landsitzen noch Jahrhunderte hindurch erhielt, sondern führte auch bei großen Kirchenbauten häufig zu Holzeindachungen statt steinerner Gewölbe (Kathedralen von York, Ely u. a.). – Dieselbe Liebe zur schwerelosen, schwebenden Raumweite ließ im *Palazzo della Ragione in Padua*, im 'Salone', einen der schönsten Säle der abendländischen Architektur entstehen *(Abb. 163)*. Seine Ausdehnung (c. 79 : 27 m) war durch den 1218–19 errichteten Bau bestimmt, der 1306 erhöht und mit Loggien versehen wurde und außerdem ein gewaltiges hölzernes Kieldach erhielt (H. 26,72 m), das als eines der Wunder der Zeit betrachtet wurde. Das Obergeschoß darunter war mehrfach unterteilt. Als es mit dem Dach 1420 durch Brand vernichtet wurde, ließ man bei der Wiederherstellung die Trennwände fort, so daß sich der riesige Saal ergab.

Englische Spätgotik

Diese Gesinnung der Raumweite und Vereinheitlichung blieb auch im letzten Abschnitt der Spätgotik herrschend, wie es sich besonders eindrucksvoll an der *King's College Chapel in Cambridge* (1446–1515) zeigt *(Abb. 164).* Sie setzt fort, was mit dem Chor der Kathedrale von Gloucester begonnen hatte. Das Gittersystem des Perpendicular Style ließ seinem Wesen nach kaum Veränderungen der transparenten Käfigform der Räume zu. Allein in der Zeichnung der Gewölbe war der Phantasie keine Grenze gesetzt. Immer neue Erfindungen zeigen die Freude an der Abstraktion linearer Ornamentik. Die Kapelle Heinrichs VII. in der Londoner Westminster Abbey, die St. Georgskapelle in Windsor Castle und die Divinity School in Oxford sind gleichzeitige Beispiele stets neuer Lösungen der Gewölbebezeichnung.

Spätgotische deutsche Hallenkirchen

Dasselbe gilt für die deutschen Hallenkirchen. Einer der letzten rein spätgotischen Bauten dieser Art ist die *Annenkirche in Annaberg* (1499–1520) im sächsischen Erzgebirge *(Abb. 165 u. Fig. 126).* Ihre Maße (Br. 25, H. 20 m) sind mit Ausnahme der Länge fast dieselben wie bei der Wiesenkirche in Soest, nur ist deren strenge und im Rückblick nahezu asketisch wirkende Eleganz jetzt zur heiter-festlichen Schönheit geworden. Dazu trägt in erster Linie das reiche Netzgewölbe bei, dessen feinlinierte Rippen in verschiedener Höhe unmittelbar aus den glatten Flächen der ausgekehlten achtkantigen Stützen wachsen. – An dieser Stelle ist ein kurzer Hinweis auf die Glasfenster nötig, deren Farbigkeit entscheidend zur Wirkung des Innenraumes beitrug. Die Ausdehnung der Glaswände ist seit dem 13. Jh. im Grunde weder größer noch kleiner geworden, es hätte also jeweils dieselbe Lichtfülle vorhanden sein müssen. Das war aber keineswegs der Fall. Die Farben im 13. Jh. waren dunkel leuchtend, kleinflächig verteilt, ließen keinerlei helles Licht durch und hüllten den Raum in gleichbleibende Dämmerung. Allmählich fingen sie an, etwas heller und großflächiger zu werden. Die geheimnisvolle Glut des Leuchtens verwandelte sich in transparente Schönfarbigkeit, bis im Laufe des 15. Jh. die Farben hellbunter wurden oder überhaupt verschwanden, um einem zarten Grau und Weißgelb Platz zu machen. Damit stieg die Lichtfülle der Räume außerordentlich. Ohne daß es wirkliches Tageslicht wurde, das einströmte, näherte es sich dem natürlichen doch beträchtlich.

126 Annaberg, Annenkirche

Spätgotik in Portugal

Gleichzeitig mit der Annenkirche, 1500/02–c. 50, entstand eine Hallenkirche im *Kloster Belem bei Lissabon (Abb. 166 u. Fig. 127)*. Ihre Maße (Br. 22,60, H. c. 25 m) entsprechen etwa denen der Wiesenkirche, nur ist die Länge (außen c. 92 m) größer, größer auch als bei St. Martin in Landshut, mit der aber die Dünne (1 m) der sechs Achtkantstützen der Halle übereinstimmt. Es ergibt sich also dieselbe Raumweite wie in den deutschen Hallenkirchen, die hier nur noch weitaus luftiger wirkt. Dieser Eindruck wird wesentlich mitbestimmt durch den Gegensatz der vollkommen kahlen Wände zu den über und über ornamentierten Stützen und den reichen Netzgewölben. Die Kirche bekommt dadurch einen preziös-artistischen Charakter, der seine größte Steigerung am Südportal (Br. 12, H. 32 m) findet, das wie eine riesige Kunstschreinerarbeit wirkt und wohl zu den schmuckreichsten Portalen der abendländischen Architektur gehört. Vergleichbares findet sich in Spanien, etwa an der Fassade von S. Gregorio in Valladolid (Ende 15. Jh.). Dieser in Portugal 'manuelisch' und in Spanien 'plateresk' genannte Stil stellt einen Höhepunkt spätgotischer Dekorationslust dar.

Spanischer Profanbau

In spanischen Handelsstädten, die im 15. Jh. eine hohe Blüte des Wirtschaftslebens erfuhren, entstanden zahlreiche Börsen (lonjas), die häufig heute noch dem gleichen Zweck dienen. 1483–98 wurde in *Valencia* von Pedro Compte die *Lonja de la Seda* (Seidenbörse) errichtet, eine dreischiffige Halle (c. 36 : 21 m) mit gedrehten Säulen, wie sie sich auch in der deutschen Architektur dieser Zeit finden *(Abb. 167)*. Man wollte nach einem zeitgenössischen Dokument eine »Lonja molt bella, magnifica y sumptuosa, honor y ornament da questa insigne Ciutat«. Noch einmal tritt hier an einem Profanbau in der Vereinheitlichung des Raumes und in der Begrenzung durch dünne Flächen jene Baugesinnung auf, die für die Entwicklung der spätgotischen Architektur seit 1300 bezeichnend ist.

Spätgotische Kathedrale in Spanien

Als Ende des 15. Jh. das letzte islamische Fürstentum in Südspanien erobert wurde, war das Land zum ersten Mal unter christlichen Herrschern vereint. Die lange Dauer der Maurenkämpfe verlieh dem spanischen Christentum einen besonderen Charakter. Es blieb etwas von mittelalterlichen Kreuzzugsideen in ihm lebendig. So wurden im 16. Jh. noch gotische Kathedralen errichtet, während anderswo der Bau von Kathedralen überhaupt keine Rolle mehr spielte oder wie bei St. Peter in Rom zum Fanal einer völlig neuen Baugesinnung wurde. An Stelle der 1520 beim Aufstand der Comuneros zerstörten alten *Kathedrale von Segovia* entstand 1522–1615 ein Neubau von Juan Gil de Hontañón, der mit den Kathedralen des 13. und 14. Jh. wetteiferte *(Abb. 168)*. Die dreischiffige und mit einem Querschiff versehene Anlage (L. 105, Br. 48, H. 33 m) hat eine Vierungskuppel von 67 m Höhe (mit Turm 110 m). Die drei Schiffe sind in der üblichen Form der Staffelung angelegt, die zwischen Basilika und Halle steht. Die fünf Arkaden des Langhauses öffnen sich so weit und hoch, daß die Schiffe zu einem Raum von großer Weite zusammengezogen werden. Dazu kommen hohe und tiefe Seitenkapellen, die den Seitenschiffen ihrerseits einen Obergaden mit Fenstern lassen. So entsteht wie in Palma der Eindruck der Fünfschiffigkeit. Vergleicht man die beiden Bauten aber miteinander, dann ergeben sich dieselben Unterschiede wie zwischen der Wiesenkirche und

127 Kloster Belem bei Lissabon

der Annenkirche. Die einfache Flächigkeit und asketische Strenge der Erscheinung hat sich mit einem reichen Linienspiel verkleidet.

Style flamboyant in Frankreich
Die früher erwähnte Traditionalität des französischen Sakralbaus zeigt sich an *Saint-Maclou in Rouen* (1434 beg.). Der Grundriß ist dreischiffig mit Querhaus, Chorumgang und Kapellenkranz, der Aufriß dreigeschossig wie im 13. Jh. Allein die Westvorhalle (1500–14) stellt in ihrer polygonalen Brechung und dem Überreichtum der spätgotischen Dekoration (style flamboyant) eine originell-phantastische Lösung dar *(Abb. 169)*. Ende des 15. Jh. werden in Paris nach dem klassischen Schema Saint-Séverin und im 16. Jh. Saint-Eustache errichtet.

Städtische Bauten
Spätgotischer Schmuckfreude verdankt das *Rathaus von Löwen* (1447–63) von Mathias de Layens den einzigartigen Reichtum seiner Erscheinung *(Abb. 170)*. Der Bau ist völlig regelmäßig, die ganze Phantasie ergeht sich in der Dekoration, die aus der Anlage eine Art von gewaltigem Reliquienschrein macht. Noch einmal tritt hier die Herkunft alles Profanen aus dem Sakralen in schönster Form in Erscheinung. – Dasselbe, wenn auch in anderer Weise, gilt für einen Backsteinbau wie das *Rathaus von Stralsund* um 1400 *(Abb. 171)*. Ein Beispiel unter vielen, zeigt seine Schauwand ein letztlich mit der Fassade von Chorin verwandtes ästhetisches Bewußtsein, das dem Bürgerstolz der Hansestädte eine Repräsentation von strenger und zugleich doch eleganter Würde gab. Die Möglichkeiten des Backsteinbaus, mit einfachsten Mittel Wirkungen von großer Schönheit zu erzielen, werden auch für die Stadttore des 15. Jh. ausgenutzt. Das *Treptower Tor in Neubrandenburg* dient weniger der Verteidigung als dem Wunsch, Rechte und Wohlstand der Stadt durch ein Monument würdigen und schönen festlichen Empfanges zu verkörpern *(Abb. 172)*. Harmonie und Ausgewogenheit der ganz in der Fläche entwickelten Gliederung erinnern wieder an Chorin und an die 'Komposition' der Chorwand von S. Croce in Florenz. Mehr als im Überströmen spätgotischer Schmuckfreude sind hier die Keime eines ästhetischen Bewußtseins wirksam, das um 1420 – und zunächst nur in Florenz – zur Entstehung der Frührenaissance führen sollte.

9 Renaissance

Vorbemerkung: Volle Wiederaufnahme der aus der römischen Antike gewonnenen Bauelemente (Säulen, Pilaster, Gebälk, Tympanon usw.) und damit der antiken Maßverhältnisse, ohne aber zum griechischen Gliederbau oder römischen Massenbau zurückzukehren.

Innen- und Außenbau stimmen möglichst überein, so daß einheitliche Bau-'Körper' entstehen, die einem lebendigen Organismus entsprechend aufgefaßt sind.

Dekorationen werden sparsam verwendet, um nicht die Klarheit der Räume und Baukörper zu stören.

Material: vorwiegend Werkstein.

Rom, St. Peter

Bremen, Rathaus

Florenz, Palazzo Rucellai

Die um 1420 in Florenz einsetzende Entwicklung der Renaissance findet ihr Ende um 1770. Diese Periode von 350 Jahren ist eine Einheit, so wie die Gotik vom 12. bis zum 16. Jh. eine Einheit war. Ihre Haupteigenschaft ist ein neues, aus menschlichem Maß bezogenes Körper- und Proportionsgefühl. Raum und Wand schließen sich zu einem 'Organismus' zusammen, der durch Schönheit und Harmonie ideale Vervollkommnung erfährt. Das Bauwerk wird zu einem bewußt ästhetischen Phänomen; der Baumeister erhebt sich vom Handwerker zum Künstler. Das Individuum gewinnt Rechte, die es vordem nicht hatte. Darin liegt beschlossen, daß auch die sakrale Baukunst einen diesseitigen 'weltlichen' Charakter bekommt. Trotzdem darf man nicht von 'Profanierung' sprechen, da das Abendland, wenn auch nicht mehr in der Einheit des Mittelalters, noch immer vollkommen vom christlichen Glauben beherrscht war. Doch treten jetzt neben die Kirche gleichgewichtig die weltlichen Mächte, was in dem außerordentlichen Anwachsen der profanen Baukunst Ausdruck findet. Die sakrale Architektur ist nicht mehr ausschließlich maßgebend wie bisher.

Die neue Baugesinnung entlehnt den notwendigen Formenapparat der römischen Antike, ohne diese sklavisch nachzuahmen. Die schöpferische Kraft des Abendlandes ist noch groß genug, um eine völlig eigenständige Baukunst zu schaffen. Zwei Gründe waren für die Vorbildhaftigkeit der Antike ausschlaggebend: die Italiener begannen sich in ihrem erwachenden Selbstbewußtsein als Erben der Römer zu fühlen, deren damals noch zahlreiche Monumente sie täglich umgaben, und das 'finstere' Mittelalter als Joch fremder Barbaren (Goten-Gotik) zu empfinden; die einsetzende 'Verweltlichung', die auch Vermenschlichung bedeutete (Humanitas-Humanismus), sah in der antiken Literatur und Philosophie ihre Ideale vom Menschen bestätigt.

Diese letzte Epoche der eigentlich abendländisch-christlichen Kultur wird in Früh-, Hoch- und Spätrenaissance (oder Manierismus) und in Früh-, Hoch- und Spätbarock (oder Rokoko) unterteilt. Derartige Gliederungen sind aus Gründen der Übersicht und Verständigung erklärlich, treffen aber die Wirklichkeit nicht, die sich in den einzelnen Ländern sehr verschieden darstellt. Während der Blüte der italienischen Hochrenaissance um 1480–1520 wird das übrige Europa noch völlig von der Spätgotik beherrscht. Erst um 1600, als in Italien bereits der Barock begann, ist die Renaissance anderswo wirklich begriffen und 'einverleibt' worden.

Bei der Florentiner Baukunst des 15. Jh. erhebt sich dieselbe Frage, die bei der Frühgotik der Ile-de-France gestellt werden mußte: ist sie schon ein echter neuer Stil oder nur eine besondere unter den spätgotischen Bauschulen? Sie hat, wie die Frühgotik mit dem Romanischen, mancherlei mit der Spätgotik gemeinsam, ehe sie als Hochrenaissance vollkommener Ausdruck der neuen Baugesinnung wird. Entsprechend der allgemeinen Situation im 15. Jh. ist auch die Florentiner Frührenaissance eine Schöpfung des Bürgertums. Die in ihr enthaltene Bezugnahme auf das 'Humane' machte sie aber fähig, schnell von allen Ständen der Gesellschaft übernommen zu werden.

Filippo Brunelleschi
Der Bahnbrecher Filippo Brunelleschi (1377–1446) setzte mit der Vollendung einer gotischen Bauaufgabe ein, der Errichtung der *Florentiner Domkuppel (Abb. 173)*. 1412–17 wurde der schon begonnene Tambour vollendet, anschließend Kuppel mit Laterne gebaut. Die Anwendung der doppelten Kuppelschale und der Verzicht auf ein stehendes Gerüst, das unbezahlbar und überhaupt kaum herstellbar gewesen wäre, ermöglichten die Einwölbung des 43 m weiten und 89 m hohen Vierungsraumes. Die Doppelschale ist aus konstruktiven und ästhetischen Gründen entstanden. Sie bewirkte eine bedeutende Erleichterung des Gewichtes und eine Differenzierung von Innen- und Außenform *(Fig. 128)*. Die schlankere Führung der Außenschale erweckt den Eindruck eines ruhigen Aufsteigens, das durch die acht aufgelegten Marmorbänder verstärkt und durch die Laterne abgeschlossen wird, die als erste 'Rekonstruktion' eines antiken Zentralbaus bezeichnet worden ist. Während das Äußere als fester geschlossener Baukörper erscheint, ist im Innern in den acht gewölbten Ebenen der Muldenkuppel noch etwas von der körperlosen Flächigkeit der Spätgotik zu spüren. Die Rippen sind zwischen die Schalen gelegt.

Das erste Werk reiner Frührenaissance ist ein Profanbau: Brunelleschis *Findelhaus* (Spedale degli Innocenti) in Florenz von 1419–45 *(Abb. 174)*. Alles ist auf horizontale Lagerung abgestimmt, ohne daß die Standfestigkeit besonders betont wird. Sämtliche Formen sind

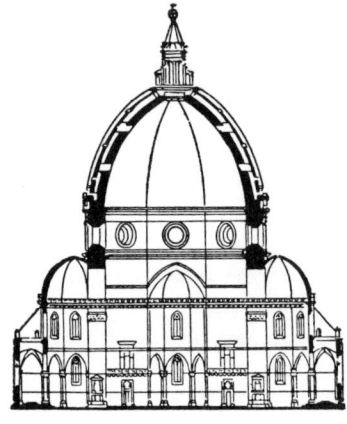

128 Florenz, Dom
(nach H. Koepf)

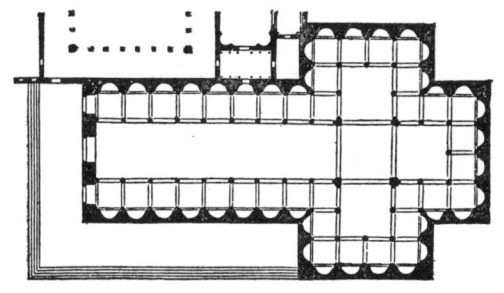

129 Florenz, S. Spirito, Grundriß und Aufriß

von dünner Zartheit und stehen fast linear auf einer schwerelos wirkenden Ebene. Darin ist wieder Verwandtschaft mit spätgotischem Geist spürbar, wenn auch nicht auf dessen Ausdrucksmittel zurückgegriffen wird, sondern eher auf die der florentinischen 'Protorenaissance' des 11. und 12. Jh. und damit indirekt auf die Antike. – Dasselbe gilt für die beiden Basilikalkirchen Brunelleschis in *Florenz*, S. Lorenzo (1421 beg.) und *S. Spirito* (1444 beg.). Die Langhauswände der Mittelschiffe wirken wie die Übertragung der Findelhausfassade auf Kirchenräume, wodurch sich derselbe Charakter des flächenhaft Zarten und Dünnen und der Eindruck des 'Profanen' ergeben. Die flachgedeckten Basiliken mit Querhaus und rechteckigem Chor sind aus dem gebundenen System entwickelt, das von dem überkuppelten Vierungsquadrat bestimmt wird *(Fig. 129)*. Die Quadratur ist nur in den kupplig überwölbten Seitenschiffen spürbar, die mit flachen Kapellennischen einheitlich um Querarme und Chorquadrat herumgeführt werden. Es herrscht horizontale Lagerung, wobei Längs-, Quer- und Höhenbewegungen so ineinander verzahnt sind, daß weitgehende statische Ruhe erreicht wird. Die Proportionen sind übersichtlich und von der Säulenhöhe her menschlichem Auge und Körperempfinden sofort eingängig. Die ideale Form dieses klar in sich ruhenden und auf Menschenmaße bezogenen Raum- und Baukörpers wäre der Zentralbau, der im griechischen Kreuz der Ostteile von S. Spirito auch bereits vorhanden ist. Mit der Alten Sakristei von S. Lorenzo (1421–28) ist dieses Ideal an einem kleinen Bau verwirklicht worden und wird mit der größeren *Pazzikapelle* bei S. Croce (um 1430–44) unter besonderen Bedingungen wiederum erreicht *(Abb. 175* u. *Fig. 130)*. Bei ihr handelt es sich um keinen reinen Zentralbau, sondern um einen breitrechteckigen Saal von etwa 18 : 10 m mit Mittelkuppel und einem quadratischen Altarraum. Dessen Rahmen und Gliederungen aber werden genau auf die ebenen Wände der Kapellenseiten projiziert, so daß gleichsam identische imaginäre Arme eines griechischen Kreuzes entstehen. In dieser linearen Projektion auf glatte Flächen, die als Schnitte durch die Sehpyramide verstanden werden können, kommt perspektivisches Denken zum Ausdruck. Brunelleschi war mit dem Mathematiker Manetti und anderen zusammen der Erfinder der wissenschaftlichen Zentralperspektive. Ebenenhaftigkeit und Bildmäßigkeit der Wand stehen nicht außerhalb des Spätgotischen. Übersichtlichkeit, Rationalität und Proportionen lassen indessen etwas Neues entstehen, das als durchdachtes Kunstwerk zu verstehen ist, bei dem der kleinste Teil sich zum größeren wie dieser zum größten verhält. Harmonie (concinnitas) aller Teile und Schönheit (bellezza) der Einzelformen, zwei bewußte Forderungen, machen den Bau zum Kunstwerk. Das Sakrale ist endgültig ästhetisch gewor-

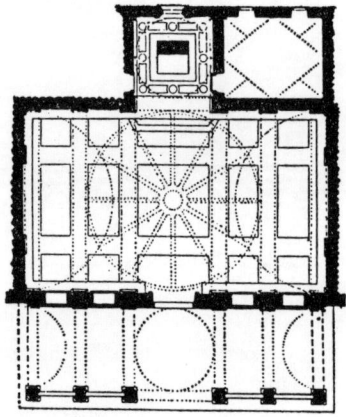

130 Florenz, Pazzikapelle

den. Concinnitas und bellezza aber sind Ideen Gottes, wodurch das Ästhetische auch dem Sakralen gerecht werden konnte. – Ein reiner, nach dem Vorbild der Minerva Medica in Rom 1434 begonnener Zentralbau Brunelleschis wurde nicht vollendet; seine Idee wirkte im Chor der SS. Annunziata in Florenz von Alberti weiter.

Leon Battista Alberti

Mit Leon Battista Alberti (1404–72) tritt derjenige Architekt in Erscheinung, der sich am stärksten als Künstler im neuen Sinne fühlte. Die 'invenzione' bedeutet alles, die Ausführung kann anderen überlassen werden. Als Theoretiker legte er zuerst in seinen Architekturbüchern ›De re aedificatoria‹, die um 1450 beendet wurden und auf Vitruvs 1414 wiederentdeckten zehn Büchern ›De architectura‹ beruhen, die Grundlagen der Baukunst fest, nach denen er dann seine Entwürfe machte. Diese umfassen sowohl profane als kirchliche Gebäude. 1446–51 entsteht der *Palazzo Rucellai in Florenz,* an dessen Fassade er erstmals Pilasterordnungen nach dem System des Colosseum verwendet *(Abb. 176* u. *Fig. S. 120).* Es kommt auf die Schauwand an, die nicht Ausdruck der Innengestalt sein will; nicht einmal die Geschoßhöhen der Stockwerke stimmen mit den Gebälklagen der Front überein. Die Fassade ist eine Bildwand mit linearen Projektionen. Die Quaderfügung wirkt nicht als Schichtung schwerer Steinblöcke, sondern als Ornament. Bellezza und 'ornamenti', zu denen Pilaster und Gebälke gerechnet werden, sind für Alberti die Hauptelemente der Architektur. Sie werden arithmetischer Ordnung unterworfen, die mit musikalischen Proportionen in Zusammenhang steht. Es fehlt ein Hof, wie er in dem 1444 von Michelozzo begonnenen *Palazzo Medici-Riccardi in Florenz* enthalten ist und die Regel werden sollte *(Abb. 177).* Mit Arkaden und Loggien versehen, ersteht in neuer Form das antike Peristylhaus. Die Fronten wurden hier durch unterschiedliche Steinbehandlung der drei Geschosse gegliedert (Rustika, Quader, glatte Wände). Eine Mittelstellung zwischen Rustizierung und glatter Quaderung nehmen die Paläste Pitti (nach 1460 von Alberti oder Brunelleschi?) und Strozzi (1489 wohl von Benedetto da Maiano beg.) ein. Der *Palazzo Strozzi* zeichnet sich durch ein schweres Kranzgesims aus, das dem Baublock einen eminent plastisch-körperhaften Abschluß verleiht, Gesinnung der Hochrenaissance verratend, wie auch die neuartige Regelmäßigkeit des Grundrisses die Entwicklung zum

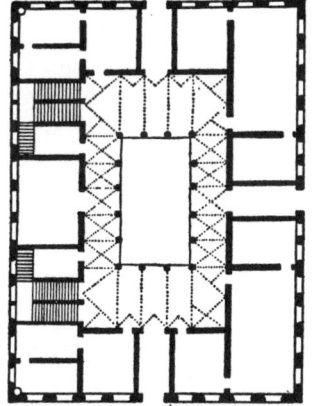

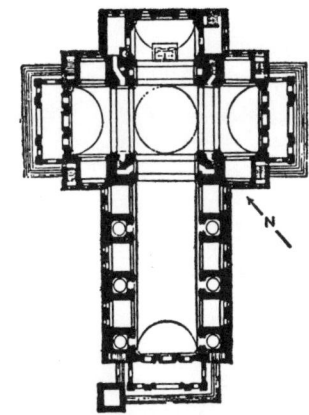

131 Florenz, Palazzo Strozzi

132 Mantua, S. Andrea
(nach Millon-Frazer)

durchorganisierten Baukomplex ('Organismus') der Hochrenaissance zeigt *(Fig. 131)*. Den
Schritt zur organischen Vereinheitlichung und plastischen Durchgliederung des Baukörpers
hatte Alberti bereits mit Fassade und Seitenwänden von *S. Francesco in Rimini* (Tempio
Malatestiano) getan, wobei er auf den Triumphbogen des Augustus in Rimini zurückgriff
(Abb. 178). Der Umbau wurde 1446–50 begonnen, aber nie vollendet. Gleichzeitig entstand
nach Albertis Entwurf die Fassade von *S. Maria Novella in Florenz*, deren altertümliche
Marmorinkrustation völlig flach gehalten ist, so daß die verwendete antike Tempelfront wie
die Projektion eines plastisch-räumlichen Gebildes auf eine körperlose Ebene wirkt. – Stärker
auf Römisches griff Alberti mit *S. Andrea in Mantua* zurück, womit er einen für die Zukunft
entscheidenden Kirchentypus schuf *(Abb. 180* u. *Fig. 132)*. Er entwarf eine tonnenüberwölbte
Saalkirche mit je drei tonnenüberwölbten Seitenkapellen, gleichgebildeten Querarmen und
Chorrechteck, über der Vierung eine Tambourkuppel. Der Plan entstand 1470, die Ausführung durch Luca Fancelli begann 1472, die Vollendung mit etwas veränderten Ostteilen
erfolgte erst nach 1732 durch die Errichtung der Kuppel von Filippo Juvara. Die Idee ist von
römischen Thermen und der Konstantinsbasilika beeinflußt. Die Mächtigkeit der Räume im
Sinne der römischen Antike würde ohne die spätere Dekoration eindringlicher zur Geltung
kommen. Die Wände stellen eine Folge ineinander verzahnter Triumphbögen dar, deren
Form, Gliederung und Proportionen von der Fassade angegeben werden, die noch einen
abschließenden Giebel erhielt, so daß Triumphbogen und Tempelfront verbunden erscheinen. Die Identität der Gliederung von Fassade und Innenwänden verrät das Streben nach
vollkommener Einheit des Baukörpers.

Römische Frührenaissance

Die Ausstrahlung der Florentiner Frührenaissance nach der Jahrhundertmitte ist auch in
Rom festzustellen, wo als erstes 'modernes' Gebäude 1465–71 der *Palazzo Venezia* entstand
(Abb. 179). Die unvollendeten zweigeschossigen Hofarkaden stammen von Giuliano da Maiano
unter dem Einfluß Albertis. Stärker als bisher ist die Wirkung von Colosseum und Marcellus-
theater sichtbar, so daß aus den Projektionen auf Ebenen plastisch durchgeformte Gliederungen
wurden, die bereits den Charakter der Hochrenaissance zeigen.

Villenbau

Ebenfalls auf Florenz geht die 'künstlerische' Gestaltung des unbefestigten Landsitzes, der 'Villa', zurück. Um 1480 errichtete Giuliano da Sangallo (1445–1516) die *Villa Medici in Poggio a Caiano* bei Florenz *(Fig. 133)*. Auf einem Arkadensockel erhebt sich der einfache, aber fein proportionierte Bau, der nur durch eine in die Wandflucht der Eingangsseite eingestellte antike Tempelfront ein repräsentatives Merkmal erhält. Wichtiger ist die regelmäßige Aufteilung der Räume, die von der Zentralhalle ihren Ausgang nimmt und sich in die vier Eckwürfel erstreckt, die je ein geschlossenes 'appartamento' von mehreren Zimmern enthalten: Damit ist eine für die Zukunft entscheidende Wohnform entwickelt.

Zentralbau

Nur wenig später, 1485–91, verwirklicht Sangallo mit *S. Maria delle Carceri in Prato* einen reinen Zentralbau *(Fig. 134)*. Das Renaissance-Ideal, Raum und Hülle gleichmäßig vom Zentrum aus zu entwickeln und beide in völlige Übereinstimmung zu bringen, ist erreicht. Flächigkeit der Wände und linearer Charakter aller 'ornamenti' innen und außen sind indes noch Kennzeichen der Frührenaissance. Die Füllung der Formen mit schwellendem Leben erfolgte nicht in Florenz, sondern in Rom.

Stadtbau

Auch größere Komplexe der toskanischen Stadtbaukunst gehorchen dem Verlangen nach harmonisch proportionierter Regelmäßigkeit. In dem von Pius II. 1459–62 gegründeten *Pienza* umrahmen die Fassaden von Kathedrale, Bischofspalast und Palazzo Piccolomini einen trapezförmigen Platz, an dessen Schmalseite das aus der Längsachse verschobene Rathaus steht *(Fig. 135)*. Die Kathedrale ist eine Hallenkirche nach deutschem Muster, der Palazzo Piccolomini von Bernardo Rossellino (1409–64) folgt dem Vorbild des Palazzo Rucellai.

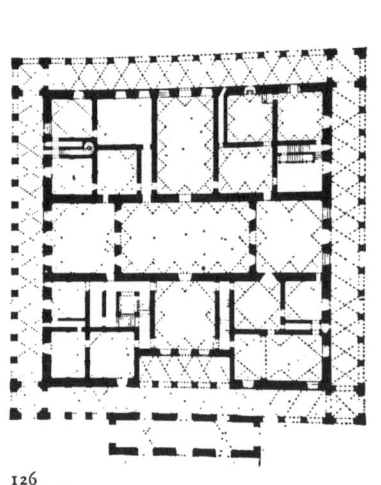

133 Poggio a Caiano,
Villa Medici
(nach Millon-Frazer)

134 Prato, S. Maria
delle Carceri
(nach H. Koepf)

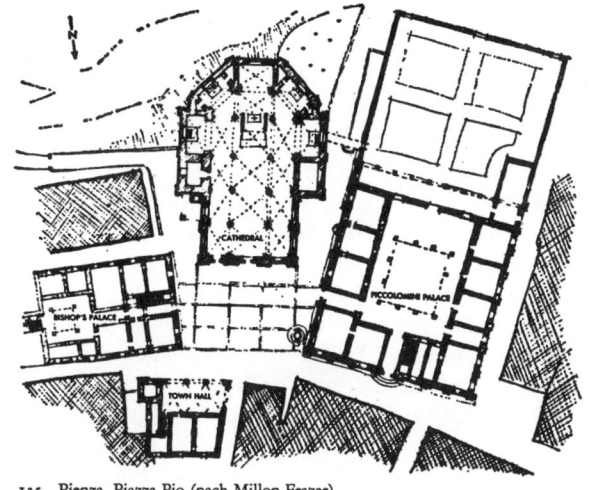

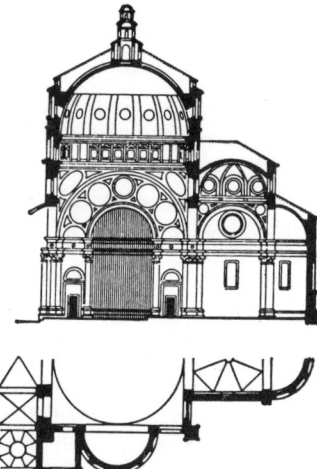

135 Pienza, Piazza Pio (nach Millon-Frazer)

136 Mailand, S. Maria delle Grazie
Aufriß und Grundriß (nach H. Koepf)

Venezianische Frührenaissance

In Norditalien, das noch fast ausschließlich von der Spätgotik beherrscht wurde, drang die Frührenaissance schwerer ein und selten in reiner Form. Erst gegen Ende des Jahrhunderts erfolgte mit großer Eigenständigkeit die Aneignung des Neuen. Der *Palazzo Vendramin-Calergi*
am Canale Grande *in Venedig*, um 1500 wahrscheinlich von Mauro Coducci und Pietro Lombardi
errichtet, unterscheidet sich vom Florentiner Palasttypus durch die Auflösung der Fassade
(Abb. 181). Über dem flach gehaltenen Erdgeschoß treten an den Obergeschossen die Säulen
vollrund heraus, die Fenster gruppieren sich auf die Mittelachse hin. Die trennenden Wandfelder
wiederholen sich an den Kanten, die einen klaren seitlichen Abschluß bilden. Die Front ist
ein organisches Ganzes. Das ist Hochrenaissance, während die Leichtigkeit und die aus der
Gotik entwickelte Fensterform den Zusammenhang mit der Vergangenheit zeigen.

Bramante in Mailand

Der Übergang von einer Frührenaissance, die noch von lombardisch-spätgotischer Schmuckfreude bestimmt ist, zur Hochrenaissance vollzieht sich im Werk des Donato Bramante
(1444–1514), der seit den 70er Jahren bis 1499 in Mailand tätig war. Obwohl er hier
außer der kleinen Sakristei von S. Maria presso S. Satiro (um 1480) keinen reinen Zentralbau
schuf, kreisten seine Gedanken nur um diese Idee. Er näherte sich ihrer Verwirklichung an
den Ostteilen der beiden Basiliken S. Maria presso S. Satiro und S. Maria delle Grazie, wobei
er sich in der erstgenannten Kirche des perspektivischen Kunststücks eines auf flacher Wand
vorgetäuschten tiefen tonnengewölbten Chores bediente. Auch die Lösung in *S. Maria delle
Grazie* ist nicht ganz rein, da die Ostapsis nicht wie die Querapsiden unmittelbar an die Vierung anschließt, sondern um ein überkuppeltes Quadrat herausgezogen ist *(Fig. 136)*.
Trotzdem rufen Innen- und Außenansicht die Wirkung eines vollkommenen Zentralbaus
hervor. Alle aufgetragenen Gliederungen und Ornamente sind dagegen der Linearität und
Flächenhaftigkeit spätgotischer Frührenaissance verhaftet.

Zentralbauentwürfe Leonardos

An dieser Stelle muß *Leonardo da Vinci* (1452–1519) erwähnt werden, der von 1482–99 in Mailand lebte und mit Bramante in engen Beziehungen stand. Er hat außer Festungsanlagen und Ingenieurwerken nichts gebaut, sich in zahlreichen Entwürfen aber besonders mit kirchlichen Zentralbauten beschäftigt. Ein Blatt in *Windsor (Abb. 182)* zeigt zwei Beispiele von zusammengehörigen Grundrissen und Ansichten. Aus Kreisen, Quadraten und Achtecken in vielfachen Kombinationen werden Aufrisse von größtem Reichtum entwickelt. Der Zusammenklang von Innen und Außen erzeugt einen von allen Seiten gleichmäßig ansichtigen Baukörper, dessen organische Entwicklung und Plastizität Bramantes Werke übertrifft. Beider Baugedanken wirkten bald über Mailand hinaus. Wie sehr dies im Zusammenklang geschah, so daß eine Bauidee unentschieden auf beide zurückgeführt werden kann, zeigt der Chor des *Doms zu Como (Abb. 183)*. 1519 lieferte Christoforo Solari das Modell für den Neubau der Ostteile, das vollkommen im Sinne Bramantes und Leonardos gestaltet war. Die etwas veränderte Ausführung wurde erst 1730-70 mit der Kuppel von Filippo Juvara abgeschlossen.

Bramante in Rom

Die für die Zukunft entscheidendste Wirkung des Zentralbaugedankens ging von *Rom* aus, wohin Bramante 1499 übersiedelte. Hier entstand mit seinem *Tempietto* im Hof von *S. Pietro in Montorio* 1502–03 ein Musterbau der neuen Gesinnung, der in seiner Reinheit, Einfachheit und Klassizität unübertroffen blieb *(Abb. 184)*. Der Rückgriff auf römische Rundtempel ist durch die Bestimmung der Anlage als Memorialbau für das Martyrium Petri gerechtfertigt. Daß keine Kopie entstand, sondern eine vollkommene Neuschöpfung, geht aus den grundlegenden Veränderungen hervor, die aus der antiken Statik eine abendländische Dynamik des Wachsens machten. Der Bau steigt auf den drei flachen Stufenringen über Sockel, Säulen, Gebälk und Balustrade zum frei aufragenden Kern an und findet in Kuppelschale und Laterne den Abschluß. Dieser Organik des Wachsens entspricht die der Körperbehandlung, die am Obergeschoß offen zutage tritt. Die Vertikalbewegung wird durch die kreisenden Horizontalbewegungen so ausgeglichen, daß der Eindruck harmonischer Ruhe entsteht, die aber voller geheimer Spannkraft ist. Der lebenerfüllte Baukörper zwingt auch die Umgebung zu organischer Gestalt. Nach Bramantes Plan sollte der Hof als kreisförmiger Portikus Form und Bewegung des Tempietto aufnehmen. Die fehlende Ausführung nimmt dem Bau einen Teil seiner Wirkung. Wie Bramante Höfe zu gestalten wußte, zeigen der Kreuzgang von S. Maria della Pace in Rom (1500–04) und vor allem der 1503 begonnene Belvederehof im Vatikan. – Von kristallinischer Klarheit ist auch der Zentralbau *S. Maria della Consolazione bei Todi* (1506 oder 1508–1608), dessen Entwurf möglicherweise auf Bramante zurückgeht *(Fig. 137)*. Der Baukörper ruht vollkommen in sich und steigt doch gleichzeitig aktiv auf. Horizontale und vertikale Gliederungen betonen diese doppelte Eigenschaft, die wieder als in Harmonie gebundene spannungsvolle Dynamik bezeichnet werden kann. Ohne den Raum zu kennen, ist er in seiner Gestalt genau vom Außenbau ablesbar, so sehr ist dieser die Ausprägung der von innen her wirkenden Expansionskraft des Organismus.

1 Sakkara, Stufenpyramide des Königs Zoser. III. Dynastie. Um 2750 v. Chr.

2 Gizeh, Die Pyramiden. Mycerinus (um 2575 v. Chr.). Chephren (um 2600 v. Chr.). Cheops (um 2650 v. Chr.)

3 Theben-Karnak, Amuntempel. XVIII. u. XIX. Dynastie. 1570–1197 v. Chr.

4 Theben-Luxor, Amuntempel. Um 1390 v. Chr.   5 Edfu, Horustempel. 237–212 v. Chr.

6 Deir el Bahari, Grabtempel der Königin Hatshepsut. Um 1500 v. Chr.

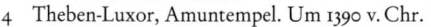

7   Warka, Inannatempel. Um 1440 v. Chr.

8   Khorsabad, Palast von Sargon II. 742–705 v. Chr.
(Rekonstruktion von Charles Altman)

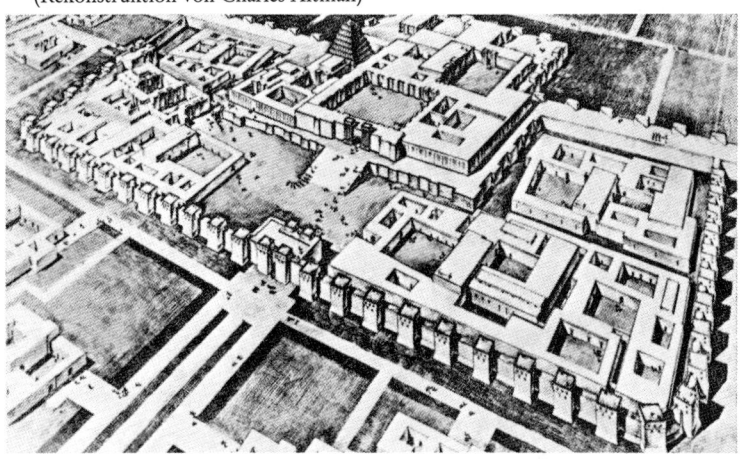

10   Knossos, Palast des Minos. Um
1650–1400 v. Chr. Treppenhaus
im Ostflügel

9   Persepolis, Palast des Königs. 518 bis um 460 v. Chr.

11 Mykene, Löwentor.   12 Korinth, Apollotempel. Um 540 v. Chr.
    Um 1350–1300 v. Chr.

13 Aegina, Aphaiatempel. Anfang 5. Jh. v. Chr.   14 Paestum, Poseidontempel (nach 480 v. Chr.) und
                                                        Basilika (um 550 v. Chr.)

15 Athen, Akropolis.
Der Parthenon.
447–432 v. Chr.

16 Athen, Akropolis.
Die Propyläen.
437–432 v. Chr.

17 Athen, Akropolis.
Das Erechtheion.
421–406 v. Chr.

19   Athen, Theseiontempel. Um 449 v. Chr.

18   Delphi, Schatzhaus der Siphnier. Um 525 v. Chr. Rekonstruktion der Fassade. Archäologisches Museum, Delphi

20   Athen, Lysikratesdenkmal. Um 334 v. Chr.

21   Sunion, Poseidontempel. Um 440 v. Chr.

22   Epidaurus, Theater. Um 350 v. Chr.

23   Nîmes, Maison Carrée. 16 v. Chr. ▷

24   Cerveteri, Grabkammer im Grab der Reliefs.
      3. Jh. v. Chr.

25   Aegosthena, Befestigungsanlage. 3. Jh. v. Chr.

26 Herculaneum, Haus von Neptun und Amphitrite.   27 Tivoli, Hadriansvilla. 125–135 v. Chr.
    Ansicht des Nymphaeums. 1. Jh. v. Chr.
28 Praeneste, Heiligtum der Fortuna Primigenia. Anfang 1. Jh. v. Chr. Rekonstruktionsmodell. Archäologisches
    Museum, Palestrina

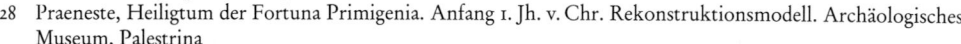

29 Tivoli, Sibyllentempel. Anfang 1. Jh. v. Chr.

30 Baalbek, Venustempel. 2. u. 3. Jh. n. Chr.

32 Split, Palast des Diokletian. Um 300 n. Chr. ▷

31 Baalbek, Bacchustempel. 2. Jh. n. Chr.

33 Rom, Konstantinsbasilika. Um 310 bis um 320 n. Chr.

34 Rom, Colosseum. 72–80 n. Chr.

36 Milet, Markttor. Rekonstruktion. Um 160 n. Chr.
Staatl. Museen, Berlin

35 Saint-Rémy, Mausoleum der Julier.
Anfang 1. Jh. n. Chr.

37 Rom, Konstantinsbogen. 312–315 n. Chr.

38 Nîmes, Pont du Gard. Anfang 1. Jh. n. Chr.

39 Rom, S. Sabina. Um 422–432

40 Rom, S. Maria Maggiore. 432–440

41 Ravenna, S. Apollinare Nuovo. Anfang 6. Jh.

42 Antiochia (Syrien), Turmanin. 2. Hälfte 5. Jh.

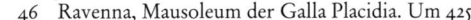

44 Rom, S. Stefano Rotondo. 468–483

43 Rom, S. Costanza. Um 350

45 Ravenna, Baptisterium der Orthodoxen.
1. Hälfte 5. Jh.

46 Ravenna, Mausoleum der Galla Placidia. Um 425

47   Mailand, S. Lorenzo Maggiore. Um 355–372

48   Ravenna, S. Vitale. Um 525–548 ▷

50   Konstantinopel, Hagia Sophia. 532–537 ▷

49   Konstantinopel, Hll. Sergius und Bacchus. Um 525

51 Kiew, Sophienkathedrale. 1018–1037

52 Lorsch, Torhalle des Klosters. 767–774

53 Kloster Hosios Lukas (Griechenland). 1. Hälfte 11. Jh.

54   Aachen, Hofkapelle Karls des Großen. Um 792–805   55   Klosterkirche von Corvey. 873–885

56   Hildesheim, St. Michael. 1010–1033

57 Santa María de Naranco (Asturien). Um 750

58 Essen, Münster. Um 1000

59 Maastricht, Liebfrauenkirche. Um 1000

60 Nivelles, Sainte-Gertrude. 1000–1046

61 Gernrode, Nonnenstiftskirche St. Cyriakus. 961–965

62 Paderborn, Bartholomäuskapelle. 1017

63 Trier, Dom. 1017–1047

64 Tournus, Saint-Philibert. Um 950–1120

65 Bernay, Abteikirche. 1017–1040

66 Ripoll (Spanien), Santa María. Um 1020–1032

67 Kirche von Earl's Barton (Northamptonshire). Um 1000

68 Speyer, Dom. Um 1030 begonnen

69 Como, S. Abbondio. 1027–1095

70 Köln, St. Maria im Kapitol. 1030–1065

71 Venedig, San Marco. Um 1050 oder 1063 begonnen

72 Pisa, Dom mit Baptisterium und Campanile. 1063–14. Jh.

73 Wallfahrtskirche Santiago de Compostela.
Um 1078–1128

74 Saint-Savin-sur-Gartempe. Langhaus. Um 1095–1115

75 Fontevrault, Abteikirche. Um 1100–1119

76 Caen, Saint-Etienne. Um 1063 bis nach 1077

77 Autun, Saint-Lazare. 1116–1132

78 Hersfeld, Abteikirche. 1037

79 Jumièges, Abteikirche Notre Dame. 1037–1066

80 Paulinzella, Klosterkirche. 1112–1132

82 Maria Laach, Benediktinerabtei. 1093 bis um 1177

81 Fontenay, Zisterzienserkirche. 1139–1147

83 Vézelay, Sainte-Madeleine. 1120–1201

84 Mailand, S. Ambrogio. 11.–12. Jh.

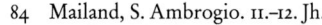

85 Pavia, S. Michele. Nach 1117–1155

86 Köln, St. Aposteln. Um 1200

87 Maursmünster, Stiftskirche. Um 1150

88 Mainz, Dom. 11.–13. Jh.

89 Lucca, S. Michele. Westfassade. Um 1239

90 Florenz, S. Miniato al Monte. 1060/70–1207

91 Florenz, Baptisterium S. Giovanni. Um 1060–1150

92 Monreale, Dom. 1174 begonnen

93 Toulouse, Saint-Sernin. 1095–1135

94 Périgueux, Saint-Front. Um 1120 begonnen

95   Nevers, Saint-Etienne. 1063 begonnen

96   Poitiers, Notre Dame la Grande. Um 1100 begonnen

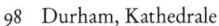

97   Durham, Kathedrale. 1091 bis um 1130

98   Durham, Kathedrale

99   Ely, Kathedrale. Um 1087–12. Jh.

100 Tournai, Kathedrale. Um 1116 begonnen

101 Saint-Denis, Abteikirche. 1231 begonnen

102 Rom, S. Maria in Trastevere. 1138 begonnen

103   Chartres, Kathedrale. Westfassade. Um 1140–1164

104   Sens, Kathedrale. Nach 1130–1168

105   Noyon, Kathedrale. Um 1150 begonnen

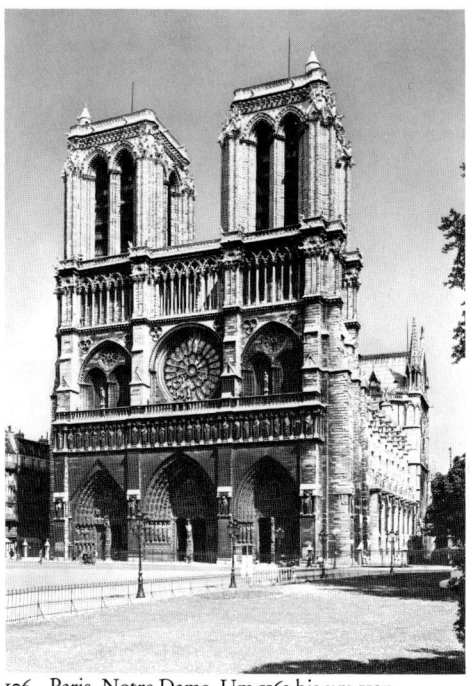

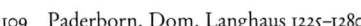

106 Paris, Notre Dame. Um 1163 bis um 1197.
     Westfassade

107 Paris, Notre Dame. Langhaus

108 Poitiers, Kathedrale. 1166–14. Jh.

109 Paderborn, Dom. Langhaus 1225–1280

110 Alcobaça, Zisterzienserkirche. Nach 1178–1223   111 Fossanova, Zisterzienserkirche. 1187–1208

112 Maulbronn, Klosterkirche. 1178 bis nach 1210

113 Limburg, Stiftskirche St. Georg. 1220–1280

114 Canterbury, Kathedrale. 1175–1400

115 Assisi, S. Francesco. 1228–1239

116 Bourges, Kathedrale. Um 1190 bis nach 1250

117   Chartres, Kathedrale. 1194–1260

118   Amiens, Kathedrale. 1220–1258

119   Reims, Kathedrale. 1211 bis um 1290

120   Paris, Sainte-Chapelle. Um 1243–1248

121 Köln, Dom. 1248–1322 und 19. Jh.

122 Straßburg, Münster. 1250–1276

123 Marburg, Elisabethkirche. 1235–1283

124 Trier, Liebfrauenkirche. Nach 1235 bis um 1253

125　Lübeck, St. Marien. Nach 1251 begonnen

126　Florenz, S. Maria Novella. Langhaus. Um 1278

127　Lincoln, Kathedrale. 1192–1320. Langhaus

128　Lincoln, Kathedrale. Engelschor

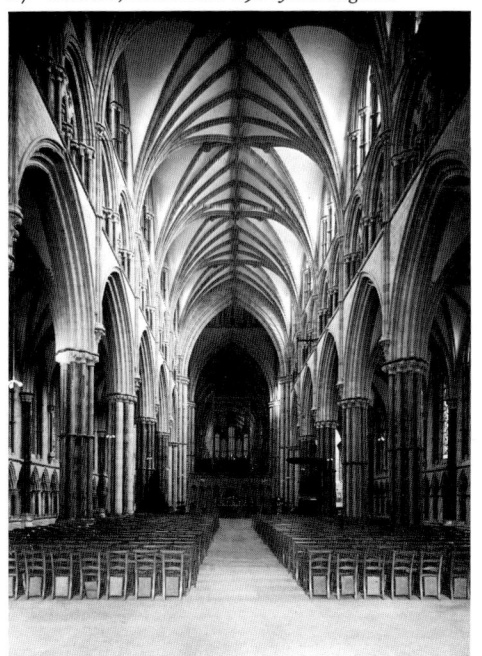

129 Salisbury, Kathedrale. 1220 bis um 1270. Westfront

130 Salisbury, Kathedrale. Langhaus

131 Toledo, Kathedrale. Vor 1224 begonnen

132 Siena, Dom. 1229 begonnen

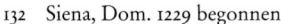

133   Vercelli, S. Andrea. Um 1219 begonnen

134   Exeter, Kathedrale. Um 1275 bis um 1350

135   Castel del Monte (Apulien). Um 1230–1240

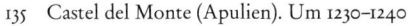

136 Straßburg, Münster. 1276–1439. Westfassade   137 Freiburg, Münster. 1270–1350

138 Mecheln, St. Rombout. 1341 begonnen   139 Chorin, Zisterzienserkirche. 1273 bis nach 1334

140   Florenz, S. Croce. 1294/95–1442

141   Palma de Mallorca, Kathedrale. Um 1300–17. Jh.

142   Gerona, Kathedrale. Chor und Langhaus.
         1312–17. Jh.

143   Orvieto, Fassade des Domes. Um 1310 begonnen

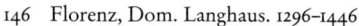

144   Albi, Kathedrale. 1282–1390

145   Toulouse, Jakobinerkirche. 1294–1340

146   Florenz, Dom. Langhaus. 1296–1446

147   Florenz, Dom. 1296–1446

148   Siena, Palazzo Pubblico. 1298–1348

149   Venedig, Dogenpalast. 1309–1442

150 Marienburg, Großer Remter. 1318–1325

151 Gloucester, Kathedrale. 1089–14. Jh.

152 Wells, Kathedrale. Um 1191–1338

153 Soest, Wiesenkirche. 1331–1376

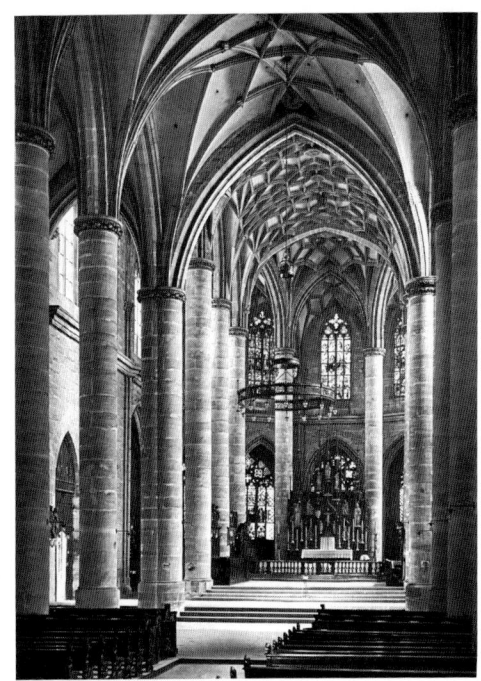

154 Schwäbisch-Gmünd, Heiligkreuzkirche.
Um 1320–16. Jh.

155 Prag, St. Veitsdom. 1344 begonnen

156 Granada, Der Löwenhof der Alhambra. 1354–1391

157　Venedig, Cà d'Oro. Um 1421 begonnen

158　Bourges, Haus des Jacques Coeur. 1442–1453 ▷

160　Mailand, Dom. 1386 begonnen ▷

159　Pierrefonds bei Soissons. 19. Jh. (Ende 14. Jh.)

161   Landshut, St. Martin. 1387 begonnen

162   London, Westminster Palace Hall. 1394–1402

163   Padua, Palazzo della Ragione ('Il Salone'). 1218–15. Jh.

164　Cambridge, King's College. Kapelle, Blick gegen
　　　den Chor. 1446–1515

165　Annaberg, Annenkirche. 1499–1520

166　Kloster Belem bei Lissabon. Um 1500–1551

167　Valencia, Lonja de la Seda (Seidenbörse). 1483–1498

168 Segovia, Kathedrale. 1522–1615

169 Rouen, Saint-Maclou. 1434 begonnen

170 Löwen, Rathaus. 1447–1463

171 Stralsund, Rathaus. Um 1400

172 Neubrandenburg, Treptower Tor. 15. Jh.

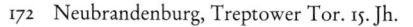

173 Florenz, Domkuppel. 1412–1446

174 Florenz, Findelhaus. 1419–1445

175 Florenz, Pazzikapelle. Um 1430–1444

176 Florenz, Palazzo Rucellai. 1446–1451

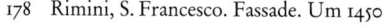

177 Florenz, Palazzo Medici-Riccardi. 1444 begonnen

179 Rom, Palazzo Venezia. 1465–1471 ▷

178 Rimini, S. Francesco. Fassade. Um 1450

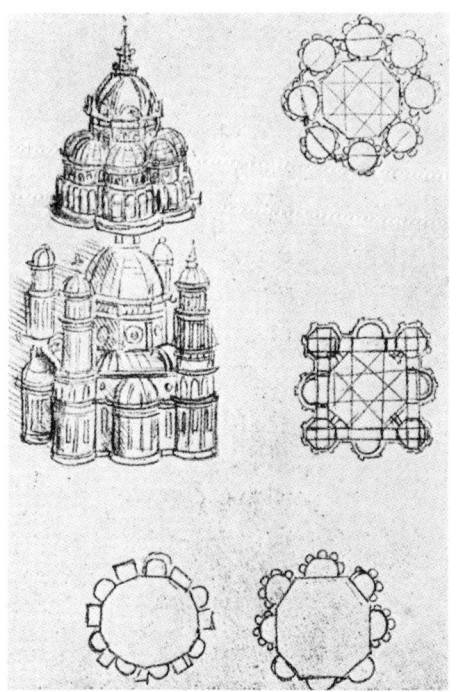

180   Mantua, S. Andrea. 1472–18. Jh.

181   Leonardo da Vinci. Zeichnung

182   Venedig, Palazzo Vendramin-Calergi. Um 1500

183   Como, Dom. 1519–18. Jh.

184   Rom, Tempietto von S. Pietro in Montorio. 1502–1503

185   Rom, Palazzo Vidoni-Caffarelli. Um 1515–1520

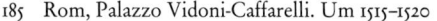

186 Rom, Palazzo Farnese. 1541 begonnen

187 Rom, St. Peter. Blick von Westen. 1506–1626

188 Rom, Kapitol. 1538–1654. Kupferstich von Etienne Dupérac. 1569

189 Palmanova (Italien), Ansicht der Stadt

190 Rom, Il Gesù. 1568–1583

191 Venedig, Libreria Vecchia. 1536–1582

192 Venedig,
S. Giorgio
Maggiore.
1566–1610

193 Vicenza,
Villa Rotonda.
Um 1550
begonnen

194 Jagdschloß
Chambord.
1519 begonnen

195 Paris, Louvre.
Lescot-Bau.
1546–1563

196 Escorial
bei Madrid.
1563–1589

197 Heidelberg,
Schloß. Ott-
heinrichsbau.
1556–1608

198 Antwerpen, Rathaus. 1561–1565

199 Augsburg, Rathaus. 1615–1620

200 Hameln, Rattenfängerhaus. 1602

201 München,
St. Michael.
1583–1597

202 Wollaton
Hall, Notting-
hamshire.
1580–1588

203 London,
Banqueting
House.
1619–1622

204 Rom, S. Carlo alle Quattro Fontane. Fassade. 1662–1663

205 Rom, S. Agnese auf der Piazza Navona. 1653–1672

206 Rom, Petersplatz

207 Venedig, S. Maria della Salute. 1631–1656

208 Paris, Val-de-Grâce. 1645–1662

209 Rom, Palazzo Barberini. 1625 begonnen

210 Maisons-
Laffitte.
Schloß.
1642–1646

211 Den Haag,
Mauritshuis.
1633–1644

212 Schloß Vaux-
le-Vicomte bei
Paris. Garten-
seite. 1656–1661

213 Schloß von Versailles. 17.–18. Jh.

214 Paris, Place Vendôme. 1698

215 Paris, Invalidendom. 1680–1691

216 London, St. Paul. Blick von Westen. 1675–1710

217 Turin, Palazzo Carignano. 1679–1692

218 Turin, S. Lorenzo. 1666–1687

219 Prag, St. Nikolaus auf der Kleinseite. 1703–1711

220 Vierzehnheiligen, Wallfahrtskirche. 1743–1772

221 Granada, Kartause. 1724–1764

222 Murcia, Kathedrale. Fassade. 1737

223 London, St. Martin-in-the-Fields. 1721–1726

224 Paris, Saint-Sulpice. 1733–1754

225 Salzburg, Kollegienkirche. 1694–1707

226 Turin, Superga. 1717–1731

227 Blenheim Palace. 1705–1724
228 Wien, Belvedere des Prinzen Eugen. Nordfront. 1721–1723

229 Melk, Benediktinerstift. 1702–1738

230 Dresden, Zwinger. 1711–1722

231 Berlin, Schloß. 1698–1706 (zerstört)

232 Würzburg, Residenz. Treppenhaus. 1719–1744

233 Schloß Caserta bei Neapel. Treppenhaus. 1752–1774

234 Rom, Palazzo della Consultà. 1732–1737

235 Paris,
Hotel Amelot.
Um 1710
begonnen

236 Versailles,
Petit Trianon.
1762–1764

237 Paris,
Panthéon.
1755–1792

238 Chiswick
House
bei London.
1725 begonnen

239 Bath, Circus.
1754–1775

240 Paris, Saint-
Philippe-
du-Roule.
1769–1784

241 Bordeaux, Theater. 1773–1780

242 London, Haus Nr. 7 in der John Adam Street

243 Berlin, Brandenburger Tor. 1789–1794

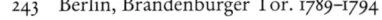

244 Twickenham (England), Strawberry Hill. Um 1750–1770

245 Paris, Barrière de la Villette. 1784–1789

246 Dulwich Gallery bei London. 1811–1814

247 Baltimore, Katholische Kathedrale. 1805–1818   248 Walhalla bei Regensburg. 1831–1842

249 Gilly, Entwurf zum Denkmal Friedrichs des Großen in Berlin. 1797

250 Würzburg,
Frauenzucht-
haus. 1809–1810

251 Neapel, Teatro
S. Carlo,
Fassade.
1810–1812

252 Berlin,
Neue Wache.
1816–1818

253 München,
Glyptothek.
1816–1834

254 Berlin, Schau-
spielhaus.
1818–1821

255 London,
British
Museum.
1824–1847

256 Edinburgh,
High School.
1825 begonnen

257 London,
Cumberland
Terrace.
1826–1827

258 Philadelphia,
Börse.
1832–1834

259 London,
Parlament.
1840 begonnen

260 Paris, Sainte-Madeleine. 1808–1843

261 London, Margaret Street, All Saints'. 1849–1859

262 Paris, Sainte-Clotilde. 1846–1857

263 Potsdam, Friedenskirche. 1845–1848

264 Edinburgh, Kathedrale. 1874–1879

265 Schwerin, Schloß. Südseite. 1844–1857

266 Hannover, Opernhaus. 1845–1852

267 Paris, Bibliothèque Sainte-Geneviève. 1843–1861

268 London, King's Cross Station. 1851–1852

269 London,
Kristallpalast.
1850–1851

270 Paris, Neuer
Louvre,
Nordwest-
flügel.
1852–1857

271 Paris,
Große Oper.
1861–1874

272   Brüssel, Justizpalast. 1866–1883

273   Berlin, Reichstag. 1884–1894

274 Scarborough, Grand Hotel. 1863–1867   275 Mailand, Galleria Vittorio Emanuele II. 1865–1877

276 Amsterdam, Rijksmuseum. 1877–1885

277 Chicago, Reliance Building. 1890–1894

278 Buffalo, Guaranty Building. 1894–1895

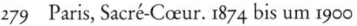

279 Paris, Sacré-Cœur. 1874 bis um 1900

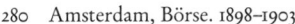

280 Amsterdam, Börse. 1898–1903

281 Brüssel, Solvay-Haus. 1895–1900

282 Glasgow, School of Art. 1897–1908

283 Barcelona, Casa Milá. 1905–1907

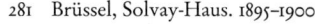

284 Chicago,
      Robie-Haus.
      1909–1910

285 Brüssel,
      Palais Stoclet.
      1905–1911

286 Wien,
      Steiner-Haus.
      1910

287 Wien, Post-
sparkassen-
amt. Schalter-
raum.
1904–1906

288 Berlin, Tur-
binenfabrik
der AEG.
1909 begonnen

289 Alfeld
a. d. Leine,
Faguswerke.
1911 begonnen

290   Dessau, Bauhaus. 1925–1926

291   London, Piccadilly Hotel. 1905–1908 ▷

293   Neubabelsberg bei Potsdam, Einsteinturm. ▷
      1919–1921

292   Hoek van Holland, Arbeitersiedlung. 1926–1927

294 Utrecht, Schröder-Haus. 1924

295 Brünn, Haus Tugendhat. 1930

296 Paris, Notre Dame du Raincy. 1922–1923

297 Ronchamp, Notre Dame du Haut. 1950–1955

298 Berlin, Philharmonie. 1960–1963

298a Houston (Texas), Alley Theatre. 1970–72

299 Paimio (Finnland), Tuberkulose-Sanatorium. 1929–1933

300 Rom, Stazione Termini. 1947–1951

301/302 New York, Gebäude der TWA auf dem John F. Kennedy Airport. 1956–1962

303 Tokio, Große
Olympiahalle.
1964

304 Montreal,
Deutscher
Pavillon auf
der Weltaus-
stellung
von 1967

304a Princeton
(New Jer-
sey), Physi-
kalisches
Labor der
Universität.
1970 fertig-
gestellt

305 Montreal, Habitat 67. 1967

305a Bochum, Terrassenwohnhaus Girondelle.
    1967–71

305b Brühl, Wohngruppe. 1970–71

306 Rio de Janeiro, Ministerium für Erziehung und Gesundheit. 1937–1943

307 Caracas, Edificio Polar. 1953–1954

308 Düsseldorf, Verwaltungsgebäude Phoenix-Rhein-Rohr. 1959–1960

309 New York, Gebäude der Vereinten Nationen. 1947–1950

310 Toronto, Rathaus. 1958–1965

310a München, BMW-Verwaltungsgebäude. 1971 fertiggestellt

310b Düsseldorf, Verwaltungsgebäude der Rank Xerox. 1968–70

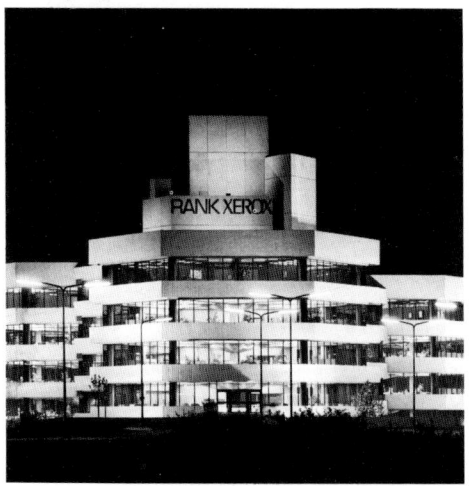

311 Berlin, Hansa-Viertel. 1957

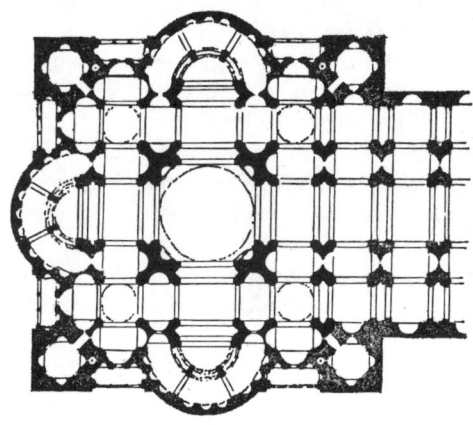

137 Todi, S. Maria della Consolazione (nach H. Koepf)   138 Rom, St. Peter (Plan des Bramante)

Am 18. April 1506 fand durch Julius II. die Grundsteinlegung von *St. Peter in Rom* nach dem Plan Bramantes statt *(Fig. 138)*. Ausgangsform war ein Quadrat, dem ein griechisches Kreuz eingeschrieben ist, dessen halbkreisförmige Enden mit Umgängen versehen sind, die in flachen Bögen über die Quadratseiten herausragen. Die Resträume sind von kleineren überkuppelten Zentralbauten ausgefüllt. Über den stark ummantelten Ecken sollten sich Türme erheben. Der Grundriß zeigt keine ebenen Wandflächen mehr, sondern eine sich bis in die kleinsten Teile wiederholende räumlich-plastische Aufhöhlung durch Nischen. Die Entwicklung vom Zentrum zu den Gliedern ist organisch, doch hätte die Ausführung kaum diesen Eindruck erwecken können, da die Glieder zum Teil zu dünn und zu sehr durch Nischen beunruhigt und die Abschnürungen zu groß sind. Bei Bramantes Tod waren die Vierungspfeiler mit den verbindenden Tonnenbögen fertig, und ein Teil der Gegenpfeiler begonnen. Für die Tonnen wurde das antike Gußverfahren verwendet, ohne das sie nicht hätten hergestellt werden können. Unter den Nachfolgern, deren erster Raffael war, fand außer ständig zwischen Zentral- und Basilikalbau wechselnden Planungen nichts statt. Erst Antonio da Sangallo (1485–1546) führte wichtige Veränderungen durch; er zog 1543 einen 3,5 m über dem konstantinischen Niveau liegenden neuen Boden ein, wodurch die 'Grotten' entstanden, und vermauerte die Außennischen der Vierungspfeiler, diese dadurch vereinfachend und verstärkend.

Raffael
Raffael (1483–1520) als Architekt tritt am eindrucksvollsten im *Palazzo Vidoni-Caffarelli in Rom* in Erscheinung, der um 1515–20 in Anlehnung an Bramantes nicht erhaltenen Palazzo Caprini-Raphael entstand. Über dem Erdgeschoß in schwerer Rustika erhebt sich das Obergeschoß, das durch gekoppelte Säulen und Balustraden plastisch stark gegliedert und durch ein kräftiges Gesims abgeschlossen wird *(Abb. 185)*. Das dritte Geschoß ist eine unglückliche spätere Zufügung. Durch die betont horizontale Lagerung kommt die drängende Kraft des Baukörpers besonders fühlbar zur Geltung. Der Palazzo Uguccioni in Florenz übernimmt um 1550 diese Gliederung für eine dreigeschossige Anlage.

Antonio da Sangallo

Hat Raffaels Palast etwas Festliches, so der *Palazzo Farnese in Rom* von Antonio da Sangallo etwas Strenges und Zurückhaltendes *(Abb. 186)*. Der mächtige dreigeschossige Kubus ist nur mit durchlaufenden Fensterreihen gegliedert. Im Gegensatz zur Flächigkeit des 15. Jh. ist die Wand aber eine dichte Mauermasse geworden, die die über Konsolen fest auf den Gesimsen stehenden Fensterkörper plastisch aus sich heraustreibt. Bei Sangallos Tod 1546 waren die Außenmauern fast fertig, von den Hoffassaden standen zwei Stockwerke. Der mit der Fortsetzung beauftragte Michelangelo fügte das mächtige Kranzgesims hinzu, betonte die Mittelachse durch ein reichgegliedertes Fenster und baute das dritte Stockwerk des Hofes aus, das durch seine Dynamik den Charakter der Hoffassaden entscheidend veränderte. Sein Plan, den rückwärtigen Flügel zu öffnen und eine Längsachse durch den Bau bis jenseits des Tiber zu führen, wurde nicht ausgeführt.

Michelangelo

1546 erhielt Michelangelo auch die Bauleitung von *St. Peter (Fig. 139 u. Fig. S. 120)*. Durch die bestehenden Teile war die Größe des Baus bestimmt (L. u. Br. je 137,50 m, Kuppeldurchmesser 42 m). Die Durchgestaltung aber war frei. Die Teile werden so zusammengezogen, daß ein geschlossener Baukörper entstand. Unübersichtliche Nebenräume und Ecktürme fielen fort; das Innere wird so vereinfacht, daß Raum und Schale zusammenfallen. Durch Verminderung der Nischenaushöhlungen schließen sich die Wände zur größten Mächtigkeit, ohne flache Ebenen zu werden. Ihre plastisch-körperhafte Spannungsgeladenheit ist am reinsten an der Außenansicht von Westen zu erkennen *(Abb. 187)*. Was Michelangelo zuvor nur in kleineren Innenräumen gestalten konnte (Medicikapelle 1521–34 und Biblioteca Laurenziana ab 1526 in Florenz), findet jetzt freien Auslauf. Die Dynamik von Baukörper und Formen ist gegenüber allem Früheren so gesteigert, daß sie in leidenschaftliche Bewegung umschlagen kann. Damit sind die Grundlagen des Barock geschaffen. Die Kuppel wurde 1588–90 von Giacomo della Porta (1539–1602) eingewölbt (Höhe bis zur Kreuzspitze 132,50 m). 1607–17 fügte Carlo

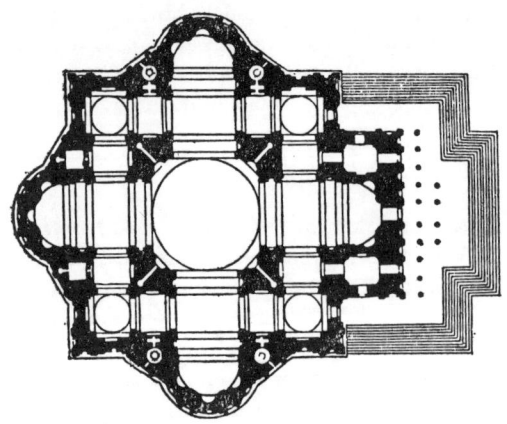

139 Rom, St. Peter (Plan des Michelangelo)

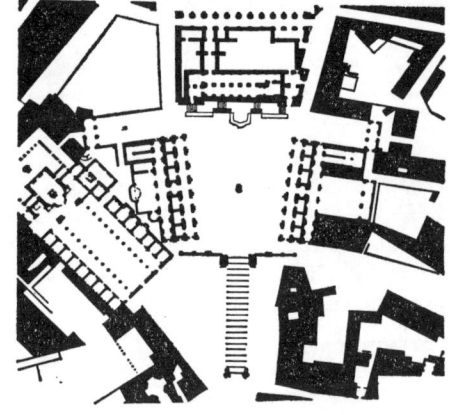

140 Rom, Kapitol (nach Millon-Frazer)

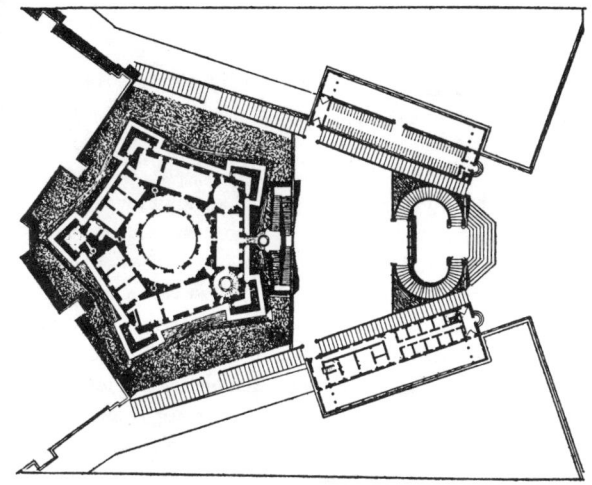

141 Caprarola
(nördlich Rom),
Palazzo Farnese

142 Rom, Villa ▷
Giulia

Maderna (1556–1629) das basilikale Langhaus hinzu, wodurch sich die Gesamtlänge der
Kirche einschließlich des Portikus auf 211,50 m erhöhte. Die Fassade erhielt eine Breite von
114,69 m und eine Höhe von 45,44 m.

Was Michelangelo für den Papst als geistlichen Herrscher urbis et orbis mit St. Peter tat,
machte er für die urbs selbst mit dem *Kapitol (Abb. 188)*. Dessen Neugestaltung begann
1538 mit der Aufstellung der Reiterstatue des Marc Aurel, die Zentrum und Achse für die
Planung wurde, die 1644–54 durch den Palazzo Nuovo (Museo Capitolino) ihre Vollendung
erfuhr. Das Vorbild, der Palazzo dei Conservatori, war 1563 begonnen worden. Diese beiden Paläste bilden mit dem mittleren Senatorenpalast ein Trapez, dessen Schmalseite mit der Freitreppe
(der 'Cordonata') sich zur Stadt hin öffnet *(Fig. 140)*. Dem Trapez schrieb Michelangelo
ein Oval ein mit einer Musterung von großer Bedeutung. Sie betont die im Oval latent enthaltenen Spannungen und Bewegungskräfte, die sich gegen die andrängenden Seitenpaläste
richten. An diesen selbst sind ähnliche Spannungen festzustellen. Die Kolossalpilaster wie an
St. Peter scheinen das Gebälk zu tragen und erwecken damit den Eindruck statischer Ruhe.
In den Geschossen aber drängen eingestellte Säulen gegen Stützen und Fenster gegen Gebälk,
so daß die Fassadenkörper zu Kampfstätten voller Dynamik werden. – Diese Baugesinnung
mußte darauf ausgehen, auch eine ganze Stadt als Organismus zu begreifen. In der Tat entstanden im 16. Jh. die ersten Verwirklichungen derartiger einheitlicher Stadtorganismen,
nachdem das 15. Jh. zunächst Idealpläne entworfen hatte. Nach den Ideen von Vincenzo
Scamozzi wurde 1593 *Palmanova* im Veneto angelegt, eine der frühesten im Sinne vollständi-
ger Zentralisierung ausgeführten Gründungen *(Abb. 189)*.

Vignola
Dem gleichen Geist gehorcht das *Farneseschloß in Caprarola*, das Giacomo Barozzi da Vignola
(1507–73) 1559 auf dem Grundriß einer Festungsanlage von 1521 begann *(Fig. 141)*. Dem

nach außen streng geschlossenen Fünfeck ist ein kreisrunder Hof mit zwei in Arkaden und Loggien geöffneten Geschossen eingeschrieben. Eine Wendeltreppe in der linken Ecke der Eingangsfront verbindet alle Geschosse. Großzügige Treppenanlagen führen vom Ort aufwärts zum trapezförmigen Vorhof und weiter zum Portal des Schlosses. Aus der amorphen Form von Natur und Städtchen kristallisiert sich die gestaltete Form heraus. Die Idee des kreisförmigen Hofes mit zwei offenen Geschossen ist schon vorher am Palast Karls V. in Granada verwirklicht worden, hier jedoch einem Quadrat einbeschrieben (1527 von Pedro Machuco begonnen, der aus dem römischen Bramantekreis kam). Während Schlösser vorzüglich repräsentative Aufgaben zu erfüllen haben, mußten die jetzt zahlreich entstehenden Villen intimeren Charakter erhalten. Doch steigerten sich auch hier die Ansprüche und führten von den einfacheren Anlagen der Villa Farnesina und der Villa Madama in Rom zu immer aufwendigeren, wie sie um die Jahrhundertmitte durch die Villa d'Este in Tivoli und die *Villa Giulia* von 1550–55 in *Rom* vertreten werden *(Fig. 142)*. Der Kristallisationsprozeß aus der amorphen Natur über die geordnete Natur des Gartens zur gestalteten Form der Architektur gewinnt immer stärkere Bedeutung. Es setzt die geometrisch-strenge Gartenbaukunst ein, die ihren Höhepunkt im Frankreich des 17. Jh. finden sollte.

Was Vignola in Hinsicht auf disziplinierte und würdevolle Ordnung der Lebensform für den Profanbereich verwirklichte, schuf er mit der Jesuitenkirche *Il Gesù in Rom* für das Sakrale. Die Grundsteinlegung fand 1568 statt, die Einwölbung 1576; bis 1583 wurde von Giacomo della Porta die Fassade errichtet. Daß der Saalraum mit Seitenkapellen und Querschiff gewählt wurde, entsprach den Tendenzen der Gegenreformation zur Bevorzugung des traditionellen Längsbaus *(Fig. 143)*. Trotzdem konnte in den Ostteilen mit der beherrschenden Vierungskuppel der Liebe zum Zentralbau gefrönt werden. Was Alberti mit S. Andrea in Mantua vorgebildet hatte, findet jetzt die klassische Lösung. Die vollkommene Verbindung von Zentral- und Langbau, die organische Einheit von Raum und Baukörper und die Würde des Gesamtorganismus machten Il Gesù zum Vorbild zahlreicher Kirchen des 17. und 18. Jh. Die Fassade läßt das Prinzip des organischen Baudenkens besonders klar erkennen. An der beherrschenden Mittelachse entfaltet sich das Wachsen von unten nach oben und zugleich die schichtweise zurücktretende Ausbreitung nach den Seiten, so daß Horizontale und Vertikale unlöslich verklammert sind *(Abb. 190)*.

Sansovino in Venedig

Rom war mit der Hochrenaissance die künstlerische Hauptstadt des Abendlandes geworden. Daneben steigt als zweites Zentrum das Veneto mit Venedig und Vicenza auf. Florenz tritt zurück. Auch in *Venedig* war es zunächst ein durch die Schule Roms gegangener Florentiner, Jacopo Tatti, gen. il Sansovino (1486–1570), der die volle Hochrenaissance verwirklichte. Mit der 1536 begonnenen und 1582 durch Vincenzo Scamozzi (1552–1616) vollendeten *Libreria Vecchia*, dem Dogenpalast gegenüber, gab er der zum Meer sich öffnenden Piazzetta die endgültige Gestalt *(Abb. 191)*. Das nur zwei Achsen tiefe doppelgeschossige Gebäude mit der statuenbekrönten Balustrade erinnert an Michelangelos Kapitolspaläste, nur daß hier alles ins Heiter-Offene und Festliche gewendet ist. Römische Majestät wird zur dekorativen Pracht. Die Anwendung dieses Formprinzips auch auf den Markusplatz hat aus ihm und der Piazzetta zwei der prachtvollsten 'Festsäle' der abendländischen Stadtbaukunst gemacht.

143 Rom, Il Gesù

144 Venedig, S. Giorgio Maggiore (nach H. Koepf)

Andrea Palladio
Wie in Rom Vignola aus den Erfahrungen der ersten Generation die Summe zog, die eine
theoretische und praktische 'Kanonisierung' bedeutete, geschah es in Oberitalien durch
Andrea Palladio (1508–80). Sein theoretisches Hauptwerk, die ›Quattro libri dell'architettura‹
von 1570, gehörte neben Vitruv und Vignolas Säulenbuch bis ins 19. Jh. zum Rüstzeug des
Architekten. Sein bedeutendster Kirchenbau ist *S. Giorgio Maggiore in Venedig*, 1566 begonnen
und 1602–10 von Scamozzi vollendet *(Abb. 192)*. Wie im Gesù werden Lang- und Zentralbau miteinander verbunden, nur daß das Langhaus dreischiffig ist. Der Zusammenhang wird
gewährleistet durch die gleichen Formelemente von Pilastern, Halbsäulen und Gebälken, die
vom Kleineren zum Größeren aufsteigen. Sie kehren an der Fassade wieder, die aus einer
hohen säulengetragenen Tempelfront und einer dahintergeschobenen breiteren Wand mit
eigenem Giebel besteht, womit dem basilialen Querschnitt Rechnung getragen wird *(Fig. 144)*.
Demselben Prinzip folgte er ab 1577 an der Kirche Il Redentore in Venedig. – Unter seinen sehr
verschiedenartigen Palastbauten in *Vicenza* zeichnet sich der *Palazzo Chiericati* (1550–57) durch
die Gruppierung des Baukörpers aus *(Fig. 145)*, die auf den Barock vorausweist. Die herkömmliche Form des geschlossenen Blockes ist aufgegeben. Nur der obere Mittelteil tritt als
Fassade hervor, Erdgeschoß und Seitenflügel sind hinter offenen Säulenstellungen zurück-

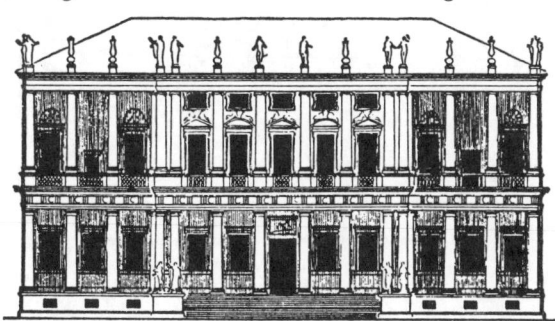

145 Vicenza, Palazzo Chiericati (nach H. Koepf)

gesetzt (vgl. auch die 'Basilica' in Vicenza). – Von den zahlreichen Villen Palladios kann nur die um 1550 begonnene *Villa Rotonda bei Vicenza* erwähnt werden *(Abb. 193)*. Dem quadratischen Baukörper ist ein Kreis einbeschrieben; den vier Seiten sind Säulenvorhallen in Form antiker Tempelfronten vorgelegt. Der Regelmäßigkeit des Baukörpers entspricht die regelmäßige Ordnung der Innenräume um den Kuppelsaal. So hat auch das kleine Landhaus des Privatmannes vollendete künstlerische Gestalt erhalten. Diese Gesinnung der Renaissance kann nicht treffender gekennzeichnet werden als mit den Worten Palladios, die seine ›Quattro libri‹ einleiten: »Schönheit wird sich ergeben aus der Form und der Beziehung des Ganzen zu den verschiedenen Teilen, der Teile untereinander und dieser wiederum zum Ganzen; die Gestalt möge als ein ganzer und vollkommener Körper erscheinen, an dem jedes Glied mit dem andern übereinstimmt und alle notwendig sind, um das zu komponieren, was du zu formen beabsichtigst.«

III. Französische Renaissance

Die Aneignung der Renaissance außerhalb Italiens nach 1500 erfolgte mit unterschiedlicher Schnelligkeit. Der Profanbau ging voran, die kirchliche Architektur blieb zunächst spätgotisch. Am frühesten erschloß sich das französische Königtum den neuen Ideen. Franz I. hatte in Italien die Repräsentationsmöglichkeiten der italienischen Renaissance schnell erfaßt. Er berief außer Leonardo auch andere italienische Baumeister und ließ zunächst an der Loire mehrere Schlösser errichten. Er war der erste Herrscher, der von jener Bauleidenschaft besessen wurde, die später die Fürsten des Barock beseelte.

Schloßbauten Franz I.
Der aufwendigste Bau wurde das 1519 begonnene und nie vollendete *Jagdschloß Chambord* *(Abb. 194* u. *Fig. 146)*. Der entwerfende Architekt ist unbekannt, sicher war Domenico da Cortona, ein Schüler Giuliano da Sangallos, beteiligt. Der Kernbau ist aus dem Donjon der

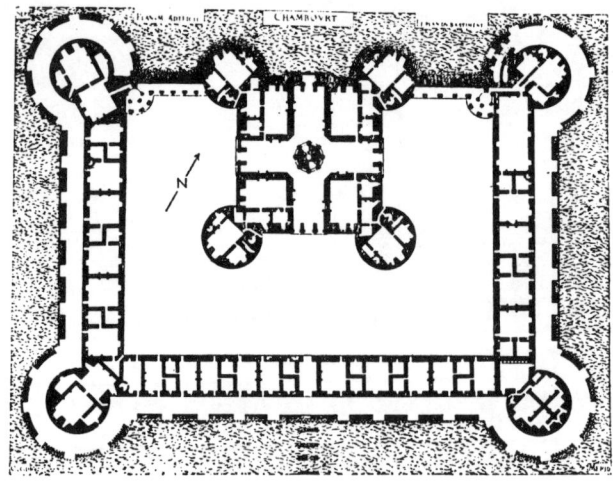

146 Jagdschloß Chambord
(nach Millon-Frazer)

mittelalterlichen Burg entwickelt, ebenso wie die Rundtürme an den Ecken. Die Gartenfront aber in ihrer regelmäßigen und offenen horizontalen Ausbreitung verliert den festungsartigen Charakter. Im Gegensatz dazu steht das spätgotische Gewirr der Dachaufbauten. Über 300 Türme, Kamine, Giebel und Lukarnen umgeben den 36 m hohen Zentralturm, der die doppelläufige Wendeltreppe im Innern abschließt, die offen durch alle Geschosse führt. Sie ist die Mitte von vier weiten Hallen eines griechischen Kreuzes. Vielleicht ist die Idee dieser großartigen Anlage auf Leonardo zurückzuführen. Die regelmäßigen Wohneinheiten in den Quadratecken (appartements) können dagegen von Domenico da Cortona stammen, der sie von Poggio a Caiano her kennen mußte.

Als Franz I. seine Residenz näher an Paris verlegte, ließ er 1528 durch Gilles le Breton das Schloß Fontainebleau beginnen. Bemerkenswert ist die geschwungene Freitreppe im Cour du Cheval Blanc von Jean Ducerceau, die zur 'Galerie François I' (5 : 58 m) führt, die Vorbild für ähnliche langgestreckte, mit Fresken geschmückte und später als Gemäldegalerien dienenden Räume in Schlössern wurde. – 1548 begann Philibert de l'Orme die zukunftsträchtige Dreiflügelanlage des Schlosses von Anet. – Noch unter Franz I., der 1528 den mittelalterlichen *Louvre in Paris* hatte niederlegen lassen, fing 1546 der Neubau von Pierre Lescot an *(Abb. 195)*. Der Westflügel war 1555, der Südflügel 1563 vollendet. Im Gegensatz zu Italien sind die Hoffronten geschlossen gehalten. Drei Risalite mit Segmentgiebeln gliedern den Baukörper. Lescot hat das Prinzip der Renaissance voll begriffen und eine eigene Sprache dafür gefunden, die sich weniger durch sonore Fülle als durch verhaltene Eleganz auszeichnet. Wäre dieser Bau zum Quadrat vollendet worden, hätte er ein Viertel der heutigen Fläche eingenommen. Die Vergrößerung erfolgte erst im 17. Jh. unter Ludwig XIII. durch Jacques Lemercier (um 1585–1654). Ludwig XIV. ließ 1667–74 nach der Ablehnung der Bernini-Pläne die Ostfassade von Claude Perrault (1613–88) errichten. Inzwischen war seit 1564 im Westen des Louvre das Palais des Tuileries von Philibert de l'Orme und Jean Bullant im Bau (1871 zerstört), das mit dem Louvre durch Flügelbauten und Galerien verbunden wurde, die erst unter Napoleon I. und III. fertig wurden und die Schließung des Ganzen bewirkten. Die Zerstörung des Tuilerienpalastes öffnete die Längsachse, die sich über die Place de la Concorde, die Champs-Elysées und die Place de l'Etoile fortsetzt und im Unübersehbaren verliert, was Renaissance und Barock so niemals zugelassen hätten.

IV. Renaissance in anderen Ländern

Spanien

Zur strengsten Renaissancegesinnung führt dagegen eine der großartigsten Verwirklichungen des 16. Jh. zurück: der *Escorial bei Madrid (Abb. 196)*. In seiner Verbindung von Schloß, Kloster und Zentralkirche sind in einzigartiger Weise die Ideen der Sakral- und Profanarchitektur von Spätrenaissance und Gegenreformation zusammengefaßt. Philipp II. ließ die vollkommen regelmäßige und im Rechteck geschlossene Anlage 1563–89 durch Juan Bautista de Toledo und Juan de Herrera errichten. Eine große Zahl von Höfen seitlich der Mittelachse teilt den Grundriß gitterförmig auf. Die vertikale Steigerung wird mit der hohen Tambourkuppel der Kirche gekrönt. Diese stellt grundrißmäßig einen Langbau dar, der im Innern

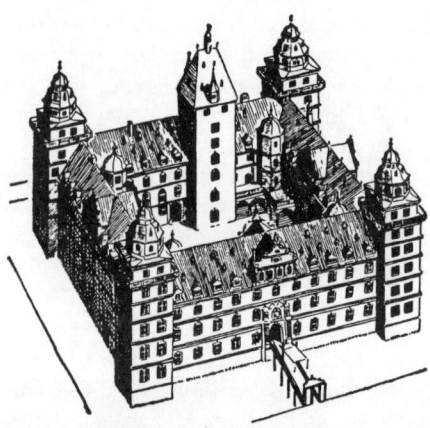

147 Aschaffenburg, Schloß (nach H. Koepf)

aber als Zentralbau auf griechischem Kreuz erscheint. Der in Granit erstellte Gesamtkomplex zeichnet sich wie jede Einzelheit durch überaus ernste Majestät aus.

Deutschland

Demgegenüber wirkt der 1556 begonnene Ottheinrichsbau im *Schloß zu Heidelberg* wie das dekorative Prunkstück eines Kunsthandwerkers *(Abb. 197)*. Die zehn Achsen des dreigeschossigen Flügels sind in fünf Gruppen zusammengefaßt. Pilaster, Halbsäulen, Statuennischen und Fenster bilden eine dichtgefüllte Ordnung, die weniger einer Baustruktur als einem reichen Ornament gleicht. Dieser Eindruck entsteht nicht zufällig, da in der Tat Architektur- und Ornamenttraktate vorbildlich waren, nicht aber unmittelbare Erfahrungen an italienischen Bauwerken. Erst in dem 1601–07 entstandenen Friedrichsbau von Johannes Schoch sind Ornament und Baukörper zur Einheit verschmolzen. Alle Vertikal- und Horizontalgliederungen sind plastischer, der Organismus ist kräftiger und aktiver geworden. Unmittelbar nach dem Friedrichsbau, 1605–14, entstand das *Schloß in Aschaffenburg*, das nach den Worten des Baumeisters Georg Ridinger ein »heroisches opus fürstlicher Gnaden« werden sollte *(Fig. 147)*. Es ist die erste regelmäßige deutsche Schloßanlage von bedeutenden Ausmaßen nach französischen Vorbildern. Dreistöckige Giebel über den Seitenmitten stellen neben den Ecktürmen die einzige Betonung von Vertikalen dar.

Rathäuser

Auch das Bürgertum benutzte die Renaissance für repräsentative Neubauten, in den flandrischen Handelszentren früher als in Deutschland. 1561–65 errichtete Cornelis de Vriendt das *Rathaus von Antwerpen*, das lange als Vorbild für viele Städte der nördlichen Küstengebiete diente *(Abb. 198)*. Die Breitenentfaltung des viergeschossigen Blockes wird durch den vorgesetzten dreiachsigen und reichgegliederten Giebelbau auf die Mitte hin konzentriert und zugleich in heftiger Bewegung nach oben gerissen. – Eine der großartigsten und originellsten Leistungen des Bürgertums entstand 1615–20 mit dem *Rathaus von Augsburg* von Elias Holl, das nach seinen eigenen Worten ein »heroisches Ideal« verwirklichen sollte *(Abb. 199*

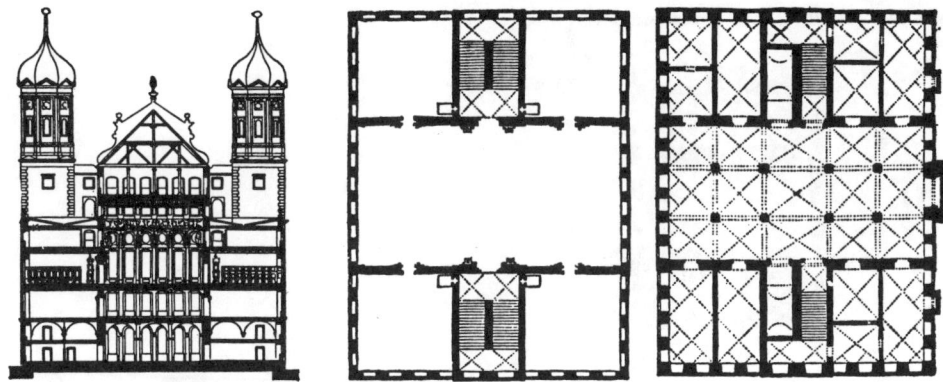

148 Augsburg, Rathaus, Aufriß und Grundriß v. Erdgeschoß (1.) und 2. Stock (r.)

u. *Fig. 148)*. Dem Rechteck von 45 : 35 m ist ein Kreuz einbeschrieben, das im Aufbau durch den basilikaähnlichen Obergaden mit Giebelfassaden und durch die Treppentürme der Querachse gekennzeichnet wird. Der Mittelteil enthält drei übereinanderliegende, durch die ganze Tiefenachse gehende Räume, von denen der obere der eigentliche Festraum ist, der 'Goldene Saal', dessen reichgeschnitzte vergoldete Holzdecke im Dachstuhl aufgehängt wurde, so daß trotz der Ausdehnung von 32,50 : 17,30 m und der Höhe von 14,20 m keine Zwischenstützen nötig waren. In den Eckteilen neben den Treppentürmen befinden sich in regelmäßiger Verteilung alle Nutzräume. Die Durchdachtheit des Organismus ergab größte Zweckmäßigkeit und bewundernswerte Übereinstimmung von Innen und Außen. Die 'heroische' Strenge ist allein mit dem Escorial zu vergleichen. – Erwähnt sei noch der 1609–13 erfolgte Umbau des Rathauses zu Bremen von Lüder von Bentheim *(Fig. S. 120)*.

Bürgerhäuser

Von den zahlreich erhaltenen Bürgerhäusern des 16. und beginnenden 17. Jh., unter denen sich viele Fachwerkbauten befinden, muß ein Beispiel für Deutschland und die Niederlande als Typus genügen, das *Rattenfängerhaus in Hameln a.d. Weser* von 1602 *(Abb. 200)*. Die Aufgiebelung der oft sehr schmalen Bauten ist eine Erbschaft der Spätgotik, alle Einzelformen entstammen dem Sprachschatz der Renaissance. Die dekorative Phantasie ist unerschöpflich. Wo ganze Reihen derartiger Häuser erhalten sind, wie in Gent und Antwerpen, ergibt sich ein beglückender Reichtum individueller Lösungen.

Deutscher Kirchenbau

Das Nachwirken der Spätgotik erweist sich in Deutschland wie in Frankreich und Spanien (Segovia!) auch am Kirchenbau, der eine untergeordnete Rolle spielt. Seltene protestantische Neugründungen wie die Stadtkirche in Bückeburg und die Marienkirche in Wolfenbüttel aus dem Anfang des 17. Jh. sind Hallenkirchen mit Rippengewölben (Bückeburg) und überreicher Renaissancedekoration. Von ihnen unterscheidet sich grundsätzlich die erste deutsche Jesuitenkirche *St. Michael in München*, die 1583–97 unter dem Einfluß von Il Gesù von Wolf-

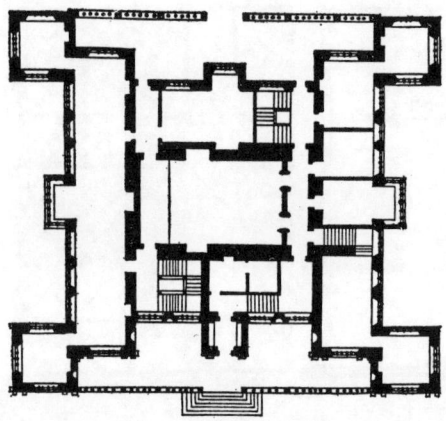

149 Wollaton Hall in Nottinghamshire

gang Miller und Friedrich Sustris errichtet wurde *(Abb. 201).* An den tonnenüberwölbten Saal von über 20 m Breite mit je vier seitlichen Tonnenräumen schließt sich der eingezogene tiefe Chor an. Der Fortfall von echtem Querschiff und Vierungskuppel zeigt, wie fremd man noch dem Hauptproblem der Renaissance, dem Zentralbaugedanken, gegenüberstand.

England
Später als auf dem Kontinent setzte sich die Renaissance in England durch und verband sich geraume Zeit mit dem spätgotischen Perpendicular Style. So erinnern die großen Fenster mit gitterartigem Stabwerk in dem 1580–88 von Robert Smythson errichteten Landsitz *Wollaton Hall* in Nottinghamshire an die Glashäuser der King's College Chapel u. a. *(Abb. 202 u. Fig. 149).* Der Plan indessen ist in erweiterter Form dem 3. Buch des Architekturwerkes von Sebastiano Serlio entnommen, das zuerst 1540 in Venedig erschienen war. Die Behandlung der Gliederungen stammt aus dem 4. Buch von 1537, anderes aus der ›Architectura‹ (1563) und den ›Compartimenta‹ (1560) des Jan Vredeman de Vries. Dieses Konglomerat ist aber zu einem einheitlichen und originellen Ganzen verschmolzen, das sich aus dem Zentrum des Mittelsaales entwickelt und in Grund- und Aufriß aufs reichste 'komponiert' erscheint.

Wenn das Augsburger Rathaus für Deutschland die vollendete 'Einverleibung' der Renaissance bedeutet, so kann als Entsprechung für England das gleichzeitig (1619–22) entstandene *Banqueting House* des Whitehall Palace in *London* von Inigo Jones (1573–1652) gelten *(Abb. 203).* Jones ging von Palladio aus, dessen zweigeschossige Fassadenordnung mit betontem Mittelrisalit er übernahm. Es ist ein Bau von klassischer Vollendung entstanden, in dem Ruhe und Bewegung in harmonischem Gleichgewicht stehen, ein vollkommener Organismus im Sinne der Renaissance. Der hier vollzogene Anschluß an Palladio wurde für die englische Baukunst des 17. und 18. Jh. von größter Bedeutung.

10 Barock

Vorbemerkung: Alle Bauelemente sind dieselben wie in der Renaissance; sie werden aber reicher, plastischer, bewegter und in größerer Zahl verwendet.
Auch die Räume werden bewegter und können zu komplizierten Raumdurchdringungen führen, ohne jedoch ihre übersichtliche Einheit zu verlieren. Entsprechend erfahren die Baukörper durch vielfältige Vor- und Rücksprünge, Wandkrümmungen und andere Mittel bewegtere Gestaltung, so daß der Eindruck eines lebendigen Organismus noch gesteigert wird.
Es findet wieder eine starke Mitwirkung von Plastik und Malerei statt.

Material: vorwiegend Werkstein.

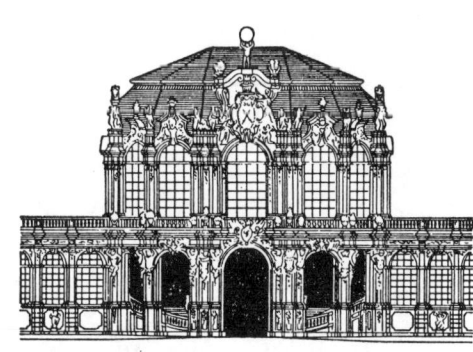

Dresden, Zwinger

◁ München, Theatinerkirche

Als Holl in Augsburg und Jones in London die Renaissance gültig verwirklichten, hatte sich in Italien bereits die Entwicklung zum Barock vollzogen, im wesentlichen ausgehend von St. Peter, dem Kapitol und Il Gesù. Deren plastisch-organische Auffassung von Raum und Baukörper blieb bestimmend, nur daß die latenten Spannungen und Bewegungsmöglichkeiten gelöst und zu freier Dynamik gesteigert wurden, wobei die Formensprache durchaus der Renaissance entstammte. – Die Überfülle erhaltener Monumente zwingt zu einer derartigen Beschränkung, daß es wie bei der Spätgotik ratsam erscheint, nicht Land für Land zu betrachten, sondern Querschnitte zu ziehen, die die jeweils verwandten oder aber verschiedenartigen Lösungen kennzeichnen.

I. Hochbarocker Kirchenbau

Borromini
Mit *S. Carlo alle Quattro Fontane in Rom* von Francesco Borromini (1599–1667) ist der entschiedenste Schritt ins Hochbarock vollzogen *(Fig. 150)*. 1638 wurde die Kirche begonnen, 1662–63 kam die Fassade hinzu *(Abb. 204)*. Vergleicht man diese mit der des Gesù, dann stellt man dieselben Elemente fest: Säulen, Nischen, Gebälke, Giebel. Nur ist der plane, wenn auch

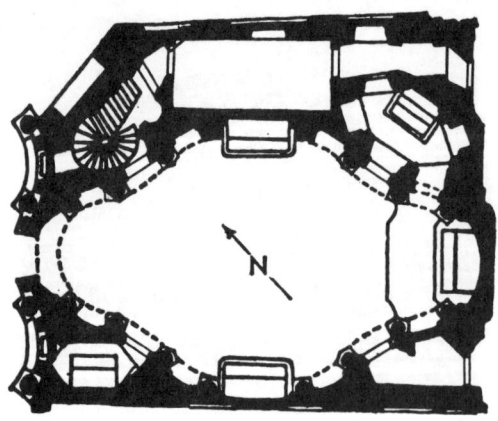

150 Rom, S. Carlo alle Quattro Fontane

151 Rom, S. Maria della Pace

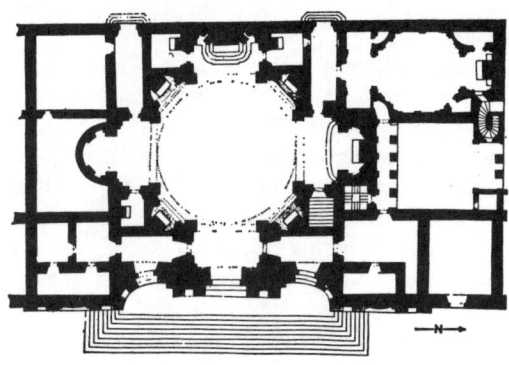

152 Rom, S. Agnese (nach Millon-Frazer)

geschichtete Mauerkörper des 16. Jh. in wellenartige Bewegung geraten. Die Wände krüm-
men sich, die Gebälke folgen, das Gesims mit Balustrade wird von einem Oval nach oben
gedrückt, in der Mitte ist ein tabernakelartiges Gebilde konvex herausgetrieben. Die Fassade
ist Ausdruck dessen, was im Innern vor sich geht. Der zentrale ellipsoide Raumzylinder wird
erst in der Wölbung sichtbar, unten ist er in vier Stücke gespalten, die eine Rautenform
bilden und in den Winkeln Buchten nach außen drücken. Die Regelmäßigkeit wird durch die
ununterbrochen wechselnden Bewegungen so übertönt, daß die Wirkung eines sich ständig
wandelnden Raumkörpers entsteht. Mit anderen Mitteln hat Borromini eine ähnlich vibrie-
rende Vitalität von Wandbewegung und Raumdurchdringung in S. Ivo della Sapienza in
Rom (1642–60) erreicht. – Viel von diesem Geist ist auch in den Zentralbau von *S. Agnese in
Rom* eingegangen, der 1652 von Girolamo (1570–1655) und Carlo Rainaldi (1611–91) begonnen
wurde *(Abb. 205* u. *Fig. 152)*. Doch schon 1653 übernahm Borromini die Bauleitung, um sie 1657
wieder an Carlo Rainaldi abzugeben (Vollendung 1672). Die vier Ecken des Mittelquadrats mit
der Tambourkuppel sind als Nischen ausgestaltet, die das Quadrat zum unregelmäßigen Oktogon
machen und es mit einem Diagonalkreuz durchsetzen, das sich mit dem griechischen Kreuz der
Arme schneidet. Die acht Säulen um den Mittelraum wirken wie Gelenke der Raumteile. Die
Fassade schwingt flach zurück, den Raum der Piazza Navona gleichsam an sich heranziehend.
Die für Rom ungewöhnliche Idee zweier Fassadentürme, auch für die Peterskirche von Bernini geplant und zum Teil ausgeführt gewesen, war für die Gestaltung der Platzwand wichtig.
Die Türme befreien die Tambourkuppel aus ihrer Isolierung und bilden mit ihr eine reiche
Gruppe, deren Aufsteigen durch den Obelisken auf dem 'Vierströmebrunnen' Berninis einge-
leitet wird. So erhielt der langgestreckte geschlossene Platz, dessen Form durch den Circus
des Domitian gegeben war, überaus belebende Akzente.

Pietro da Cortona

Ebenso ist die Fassade von *S. Maria della Pace in Rom* (1656–57) von Pietro da Cortona
(1596–1669) auf den Außenraum bezogen *(Fig. 151)*. Im Erdgeschoß wölbt sich eine ovale
Säulenhalle vor, die von konkav gebogenen Seitenflügeln begleitet ist, während die Mitte
wieder leicht konvex gekrümmt wird. Der plastisch stark durchgegliederte Baukörper ist mit
Bewegungen durchsetzt, die sich zum Straßenraum hin entfalten. – Ruhiger, aber im Prinzip
gleich, verfährt Bernini 1658–70 mit S. Andrea al Quirinale in Rom.

Bernini

Die großartigste organische Platz-, Raum- und Architekturgestaltung dieser Art schuf Gian Lorenzo Bernini (1598–1680) mit dem *Petersplatz in Rom (Abb. 206)*. Um die etwas schwerfällige Wirkung der Kirchenfassade zu modifizieren, legte er die 90 m tiefe, ansteigende und trapezförmige 'piazza retta' vor, deren 19 m hohe Seiten um 27 m nach vorn konvergieren. Dadurch erreichte er, daß man unwillkürlich diese Schmalseite mit der Fassade in Relation setzt, die nun ihrerseits schmaler erscheint. Andererseits verstärken Ansteigen des Platzes und Höhe der Seiten das Aufragen der Fassade, so daß sie insgesamt schmaler und höher erscheint als sie ist. Die hier enthaltenen Spannungen lösen sich im freien Schwung der ellipsenförmigen 'piazza obliqua', deren Achsen 142 und 196 m betragen. Die von vier Säulenreihen gebildeten, 19 m hohen Arme öffnen sich zum Borgo hin, den Betrachter nicht nur festlich empfangend, sondern ihn förmlich hereinziehend und zur Kirche weiterleitend. – Eine Glanzleistung in der Verwendung perspektivischer Kunststücke vollbrachte Bernini 1563–66 mit der 'Scala Regia', dem Hauptaufgang zum Vatikan in der Fluchtlinie des nördlichen Seitenkorridors der piazza retta. Dem engen Schacht dieser Treppe verlieh er die Wirkung einer feierlichen triumphbogenartigen Entwicklung.

Venedig

Wenn hier die 1631–56 entstandene *S. Maria della Salute in Venedig* von Baldassare Longhena (1592–1682) angeschlossen wird, so geschieht dies weniger wegen ihrer Innengestaltung, die das Hauptproblem seit dem 16. Jh., Verbindung von Zentral- und Langbau, auf ihre Weise löst, als wegen der Außenansicht. Die reiche Gruppierung von Hauptkuppel über oktogonalem Zentralraum, niedriger Chorkuppel und zwei flankierenden Türmen ist wegen der Lage der Kirche fast an der Spitze zwischen Canale Grande und Canale della Giudecca von größter Bedeutung für die Stadt *(Abb. 207)*. Sie mußte zum Markusdom und zu S. Giorgio Maggiore in Beziehung treten und für den vom Meer Ankommenden den Charakter eines weiteren Wahrzeichens Venedigs erhalten. So bindet sie sich in den Gesamtorganismus der Stadt und liefert zugleich für die Einfahrt in die Lebensader und 'Feststraße' des Canale Grande den triumphalen introitus.

Paris

Den italienischen Bauten gegenüber erscheint die 1645–62 entstandene Kirche *Val-de-Grâce in Paris* von François Mansart (1598–1666) und Jacques Lemercier (1585–1654) zurückhaltender, obwohl sie in ihrer eminent plastisch-organischen Durchgestaltung ein vollendetes Beispiel italienisch beeinflußten Hochbarocks ist *(Abb. 208)*. Die Wände aber geraten nicht in Bewegung, der Baukörper bleibt den Prinzipien der verhaltenen Dynamik der Renaissance verhaftet.

II. Hochbarocker Profanbau

Rom

Der italienische Palastbau beschritt denselben Weg wie die Sakralarchitektur, obwohl hier der Phantasie aus praktischen Gründen gewisse Grenzen gesetzt sind. 1625 entstand von

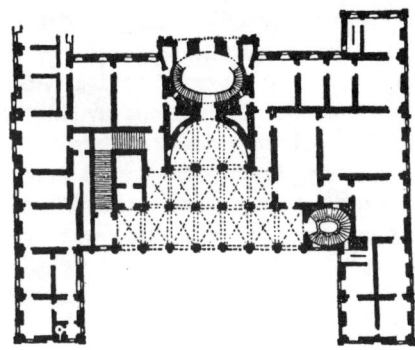

153 Rom, Palazzo Barberini

Carlo Maderna der Plan für den *Palazzo Barberini in Rom (Abb. 209)*. Borromini arbeitete mit, Bernini vollendete ihn bis 1663. Der Grundriß weicht von dem gewohnten römischer Paläste ab, indem er sich ohne Binnenhof mit zwei vorgeschobenen Flügeln nach der Stadt zu öffnet *(Fig. 153)*. Der Mitteltrakt ist durch etwas zurückgesetzte und niedrigere Seitenteile von gleicher Ausbildung wie die Flügel gelenkartig mit diesen verbunden und erscheint mit dem offenen Erdgeschoß und den beiden loggienähnlichen Obergeschossen wie eine nach außen gewendete Hoffront der älteren Paläste. Der Außenraum durchdringt, sich staffelförmig verengend, das ganze Erdgeschoß. Im piano nobile bilden Hauptsaal und ovaler Gartensaal eine zentrale Raumachse. Von den zwei Treppenhäusern in den Verbindungstrakten stammt das ovale mit Wendeltreppe von Maderna, das andere mit vierfach gebrochenem Lauf von Bernini, die erste den Raum voll in sich aufnehmende derartige Anlage in Rom. Vorbilder monumentaler Treppenentfaltung fanden sich in genuesischen Palästen seit der zweiten Hälfte des 16. Jh. (Palazzo Doria-Tursi von Lurago nach 1564), die sich infolge des steil ansteigenden Geländes nicht auf einer Ebene entwickeln konnten.

Frankreich
Für die offene Dreiflügelform ist vielleicht der französische Schloßbau anregend gewesen, der sie seit dem 16. Jh. anwandte. *Maison-Laffitte bei Paris* (1642–46) von François Mansart ist ein Beispiel von klarer und noch verhältnismäßig strenger Prägung für diese Gestalt *(Abb.*

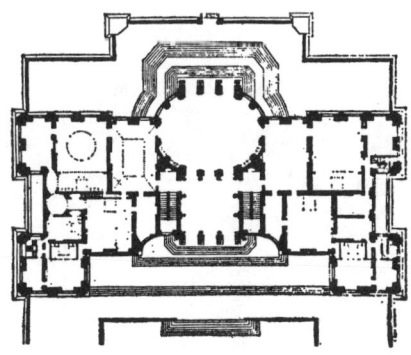

154 Schloß Vaux-le-Vicomte

210). In reichster Entfaltung erscheint sie mit *Vaux-le-Vicomte* (1656–61) von Louis Levau (1612–70), dem als Gartengestalter André Lenôtre (1613–1700) zur Seite stand *(Abb. 212 u. Fig. 154).* Das Ganze stellt sich als ein System von einzelnen in Tiefe und Höhe gestaffelten Pavillons dar, die engstens miteinander verbunden sind und als Gliederbildungen eines kraftausstrahlenden Zentrums wirken, das von der Mittelachse des quadratischen Vestibüls und des ovalen Gartensaals gebildet wird. Von ihr aus entwickeln sich nach beiden Seiten in genauer Symmetrie die Zimmerfolgen, wobei sich bei den vom Saal ausgehenden Haupt-räumen die 'enfilade' ergab, die axiale Aufreihung der Türen an der Fensterseite, die den Blick durch sämtliche Räume erlaubt. Dieser vollkommene Organismus steht frei im Raum. Nichts Wildgewachsenes durfte ihm nahekommen, sondern nur geformte Natur, die Garten-architektur von Lenôtre. Vom Schloß gehen alle Wege aus, die das Land durchziehen, von ihm die Gesetze, nach denen sich die Pflanzen zu ordnen haben; es gleicht dem absoluten Herrscher. Versailles steht unmittelbar bevor.

Holland und Schweden

Gegenüber dieser Entwicklung erscheint ein Bau wie das *Mauritshuis im Haag* (1633–44) von Jacob van Campen (1595–1657) und Pieter Post (1608–69) wie reine Renaissance *(Abb. 211).* Der einfache Kubus mit seinen Kolossalpilastern ist durchaus gegliedert, aber derart zurück-haltend, daß sich der Eindruck großer Strenge ergibt, die nur durch feinste Eleganz gemildert wird. Von ähnlicher Gesinnung ist das Ritterhaus in Stockholm (1641–74) von Jean de la Vallée, H. W. und J. Vingboons beseelt.

III. Ludwig XIV.

Versailles

Wenn in diesen Bauten die hochbarocke Entwicklung italienischer Prägung einfach nicht zur Kenntnis genommen wurde, so erfolgte eine Abwendung von ihr mit dem *Schloß von Versailles* *(Abb. 213 u. Fig. 155).* Ausgangspunkt für diese allen Fürsten als Vorbild dienende Verkör-perung des absoluten Herrschertums Ludwigs XIV. war der kleine Dreiflügelbau, den Salomon de Brosse 1623 für Ludwig XIII. errichtet hatte. Entgegen den Wünschen der Architekten mußte der Bau beibehalten werden. 1661 begann Levau mit der Ummantelung der Flügel;

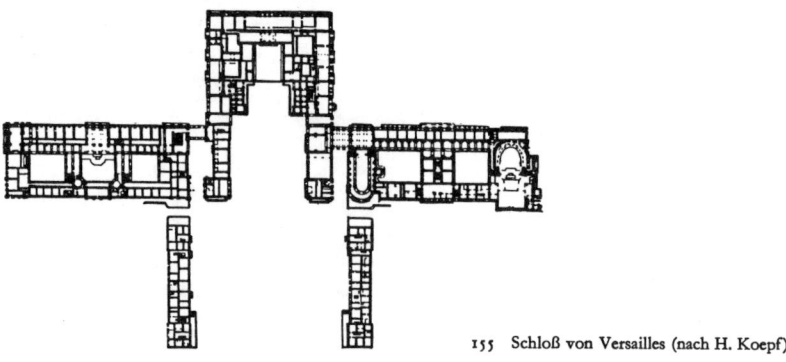

155 Schloß von Versailles (nach H. Koepf)

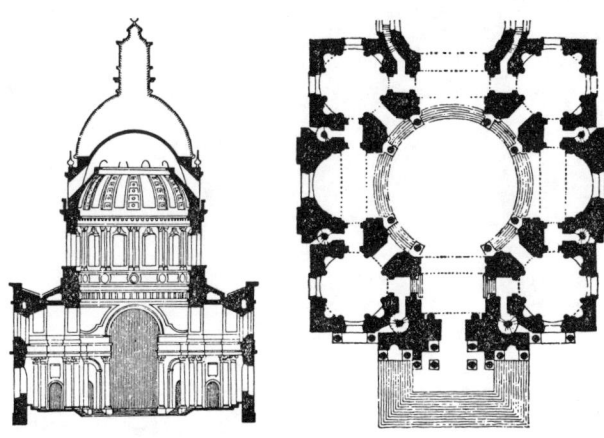

156 Paris, Invalidendom, Aufriß und Grundriß

1668–71 entstanden die entscheidenden Veränderungen durch die Zufügung zweier nach außen
gestaffelter Hofflügel und durch die Gartenfront, deren Breite durch die Verbindung mit den
äußersten Flügeln der Hofseite gegeben war. Levau gliederte die ausgedehnte Gartenfassade mit
zwei Eckpavillons, die durch eine Terrasse über dem Erdgeschoß verbunden waren, so daß
das obere Stockwerk des Mitteltraktes um eine Achse zurücktrat. Dadurch entstand ein im
Sinne von Vaux-le-Vicomte durchorganisiertes Ganzes. Gleichzeitig begann 1667 Lenôtre
mit den Gartenarbeiten. Als ab 1678 Jules Hardouin-Mansart (1646–1708) den Bau übernahm,
hatte sich inzwischen mit dem Sieg über Bernini anläßlich der Louvreentwürfe eine veränderte
Gesinnung durchgesetzt, die zur Schließung der Terrasse zwischen den Eckpavillons führte
(Spiegelgalerie) und eine durchgehende Front herstellte, die durch ein leichtes Mittelrisalit
kaum Belebung erfährt. An Stelle der Würde, die durch Schmiegsamkeit des Organismus
lebendig wirkt, ist reine Repräsentation getreten, die die Gefahr der Formelhaftigkeit und
Erstarrung in sich birgt. Etwas Megalomanisches kommt hinzu und findet Ausdruck in der
maßlosen Vergrößerung der Gartenfornt durch tief zurückgelegte Flügelbauten auf eine
Gesamtlänge von 576 m. 1699–1710 kam die Hofkapelle hinzu. Unter Ludwig XV. erfolgte ab
1742 eine nochmalige Erweiterung durch zwei große Flügelbauten am Hof, die die Einleitung
zur Gesamtanlage bilden. Der rechte stammt von Jacques-Ange Gabriel (1698–1782), der
linke entstand als dessen genaue Kopie unter dem 'Bürgerkönig' Louis-Philippe (1830–48).

Invalidendom
Nicht anders als in Versailles ist es bei einer zweiten gewaltigen Anlage, die Ludwig XIV.
1671–91 errichten ließ, bei dem Hospital der Invaliden (für 7000 Veteranen) und dem *Invalidendom (Saint-Louis des Invalides) in Paris*. Vorbild war der Escorial. Der Gesamtkomplex
umfaßt 17 Höfe und hat die Ausmaße von 250 : 270 m. Die Kirche (1680–91) stammt von
Jules Hardouin-Mansart *(Abb. 215* u. *Fig. 156)*. Das dem Quadrat eingeschriebene griechische Kreuz mit überkuppelter Vierung geht auf St. Peter zurück. Nur sind nicht allein Proportionen und Gliederungen verschieden, sondern auch der Charakter des Zentralbaus ist ein

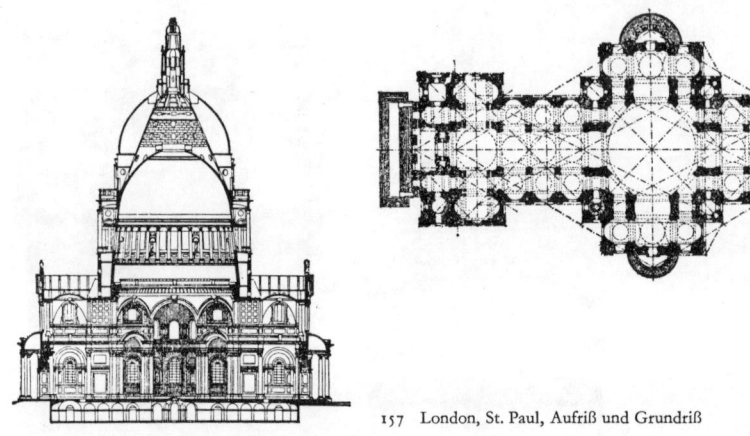

157   London, St. Paul, Aufriß und Grundriß

anderer geworden. Er hat nichts von der gewaltsamen Spannung Michelangelos, aber auch wenig von der dynamischen Beweglichkeit des italienischen Barock. Er wirkt in der geometrischen und mathematischen Gesetzmäßigkeit seiner Berechnung erstarrt. Diese aber ist vollendet. Modul ist der Radius des zentralen Kreises, der sich in den Kreuzarmen wiederholt. Anderthalbfache Länge haben die Eckkapellen, so daß die Kreuzachsen das Vierfache, die Diagonalachsen das Fünffache des Radius betragen. Die Höhe bis zum Tambour ist gleich dem Kreisdurchmesser, Höhe des Tambours und der Innenkuppel betragen je anderthalb Durchmesser, so daß die Gesamthöhe im Innern der Länge der Diagonalachsen entspricht. Die Kuppelkonstruktion erfolgt in dreifacher Schalung. Die unterste Kuppelschale bleibt geöffnet und gibt den Blick auf die zweite geschlossene elliptische Schale frei, die ihr Licht von der im Innern unsichtbar bleibenden obersten Fensterreihe empfängt, so daß sie wie eine im Leeren schwebende Wölbung erscheint. Schließlich folgt die Außenschale auf Holzkonstruktion, die die Laterne trägt. Denselben Charakter einer majestätischen und etwas starren Würde erhielten auch städtebauliche Anlagen wie die *Place Vendôme in Paris* (1698) von Hardouin-Mansart *(Abb. 214)*. Giebelrisalite betonen Seitenmitten und abgeschrägte Ecken, so daß durchaus ein gegliederter Organismus entsteht, der sich aber, wie gepanzert, kaum bewegen kann.

London

Gleichzeitig mit dem Invalidendom entstand in *London* die *St. Paul's Cathedral* (1675–1710) von Christopher Wren (1632–1723), ebenfalls mit St. Peter wetteifernd *(Abb. 216* u. *Fig. 157)*. Ihre Gesamtlänge beträgt etwa 157 m; die Höhe der Kuppel bis zur Laternenspitze 111,65 m. Die Verbindung von Zentral- und Langbau ist vollkommen. Grundriß und Baukörper zeigen äußerste Regelmäßigkeit in der Entwicklung der Bauidee, die sich in Höhe, Größe und Verteilung der Räume organisch entfaltet und in der Gliederung rhythmisch belebt wird. An der zweistöckigen Tempelfassade sind die Säulen paarweise zusammengenommen, was sich an den Pilastern der Seitenflügel wiederholt, die gleichzeitig Sockel der borromineske Türme sind. Ähnlich erfolgt die Gliederung um den ganzen Baukörper herum, der an Plastizität und Beweglichkeit allerdings weit hinter italienischen Barockbauten zurückbleibt, in der Körperhaftigkeit auch von der französischen Architektur übertroffen wird, mit der er dagegen die klassisch-ruhige Bildung der Glieder gemein hat. Die dreischalige Kuppelkonstruktion ist der des Invalidendomes ähnlich; beide gehen wahrscheinlich auf ein 1665 entstandenes Projekt von François Mansart zurück.

Guarino Guarini
Der erhebliche Unterschied der französischen und englischen Baugesinnung von der italienischen im letzten Viertel des 17. Jh. geht aus den Werken Guarino Guarinis (1624–83) in *Turin* hervor, die in der Nachfolge Borrominis stehen, dessen Bauten an mathematischer Präzision und Phantastik aber weit übertreffen. Was im Haupttrakt des 1679–92 entstandenen *Palazzo Carignano* buchstäblich 'vor sich geht', ist Ausdruck einer ans Skurrile grenzenden Phantasie organischer Beweglichkeit *(Abb. 217* u. *Fig. 158)*. Unmittelbar hinter der oval vorschwingenden Fassadenmitte führen entsprechend gebogene Treppenläufe nach oben, ihrerseits das ovale Vestibül im Zentrum rahmend. Dieser ovale Kernzylinder ragt über den Bau hinaus. Die Fassade wird durch die Portalachse in zwei Viertelovale gespalten und ist selbst wieder ein Ovalzylinder, der aber der ganzen Höhe nach aufgerissen ist. Gleichzeitig stößt er nach oben und biegt das Gesims hoch. Ein kurvenreicher phantastischer Giebel faßt die drei Mittelachsen zusammen. Noch komplizierter und in Kürze nicht zu beschreiben ist *S. Lorenzo* von 1666–87 *(Abb. 218* u. *Fig. 159)*. Grundriß und Aufriß ergeben einen unbegrenzten Reichtum der Möglichkeiten von Raum- und Formkonstellationen, die in jeweils verschiedenen Kombinationen auftreten können, wie sie Guarini 1667–94 auch in der Cappella della Santissima Sindone am Dom von Turin vorgenommen hat.

IV. Spätbarocker Kirchenbau

Italienische Baumeister in Deutschland
Produktivste Nachfolge fand die Bauphantasie Borrominis und besonders Guarinis seit dem Ende des 17. Jh. in Österreich, Böhmen, Süddeutschland und der deutschen Schweiz, wo mit geradezu explosiver Gewalt ein verpaßtes Jahrhundert der Entwicklung nachgeholt wurde.

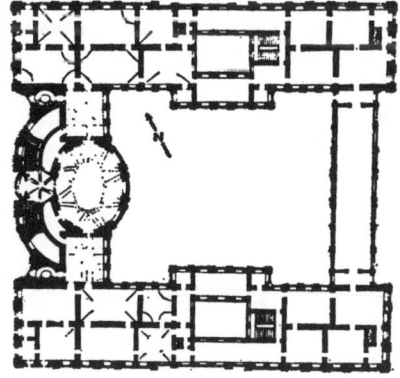

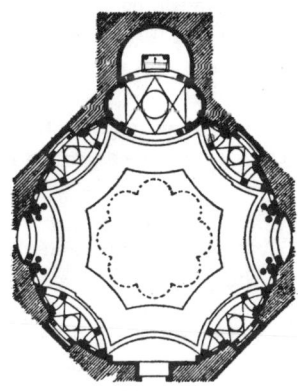

158 Turin, Palazzo Carignano

159 Turin, S. Lorenzo

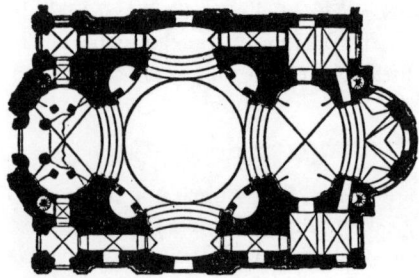

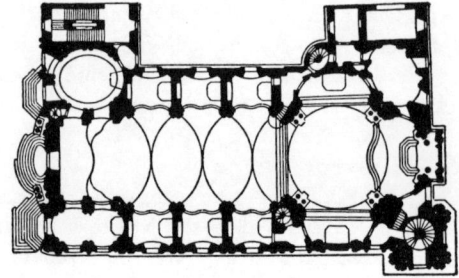

160 Gabel (Nordböhmen), St. Laurenz   161 Prag, St. Nikolaus auf der Kleinseite

Die Anfänge zu Beginn des Jahrhunderts waren durch den Dreißigjährigen Krieg (1618–48) erstickt worden. Nach dessen Beendigung bedurfte es weiterer dreißig Jahre der Erholung, ehe eine wahre Bauleidenschaft ausbrach. In dieser Zeit waren fast ausschließlich italienische Baumeister tätig, ab 1651 Carlo Canevale an der Servitenkirche in Wien, ab 1663 Barelli und Zuccali an der *Theatinerkirche in München (Fig. S. 235)*, ab 1667 Francesco Caratti am Palais Czernin in Prag, ab 1668 Carlo Lurago am Dom in Passau, ab 1670 Antonio Petrini am Stift Haug in Würzburg, ab 1692 Domenico Martinelli am Palais Liechtenstein in Wien.

Die erste deutsche Architektengeneration

Die erste deutsche Architektengeneration überwand mit einem Schlag alle diese Vorgänger. 1699 begann Johann Lucas von Hildebrandt (1668–1745) *St. Laurenz in Gabel* (Nordböhmen), dessen Grundriß ohne Guarinis S. Lorenzo undenkbar wäre *(Fig. 160)*. Nur erscheint die fast ans Abstrakte grenzende mathematische Phantasie des Vorbildes hier körperhafter und sinnenerfüllter. In noch höherem Maße, das sich zu äußerster festlicher Beweglichkeit des Baukörpers steigert, ist dies bei *St. Nikolaus auf der Kleinseite in Prag* (1703–11) von Christoph Dientzenhofer (1655–1722) der Fall *(Fig. 161)*. Die Fassade ist wie beim Palazzo Carignano in der Mitte konvex vorgewölbt und gleichzeitig konkav ausgehöhlt, während die Seitenteile konkav einschwingen. Dieses wellenförmige Wogen wird auf den Innenraum übertragen, der dem Grundriß nach ein einfacher rechteckiger Saalraum mit Seitenkapellen ist. Der Aufbau indessen wird auf die erstaunlichste Weise kompliziert, so daß der Eindruck eines längsgerichteten Ovals entsteht, das von drei Querovalen durchschnitten wird. Auch diese Idee stammt von Guarini, der 1680 einen verwandten, aber nie ausgeführten Entwurf für die Theatinerkirche in Prag geliefert hatte. Kilian Ignaz Dientzenhofer (1689–1751) fügte dem Langhaus seines Vaters einen großen Kuppelzentralbau an *(Abb. 219)*.

Die zweite Generation

Was die erste Generation im Sakralbau begonnen hatte, setzte die zweite fort und vollendete es. Unter den zahlreichen Beispielen sei nur die 1743–72 errichtete *Wallfahrtskirche Vierzehnheiligen* von Balthasar Neumann (1687–1753) betrachtet *(Abb. 220 u. Fig. 162)*. Die dem Grundriß nach dreischiffige Basilika wird durch die ovale Ausweitung des Mittelschiffs um den Wallfahrtsaltar in einen Zentralbau verwandelt. Diese Grundform kehrt in kleineren Längs- und Querovalen überall wieder und versetzt den ganzen Innenraum in festliche

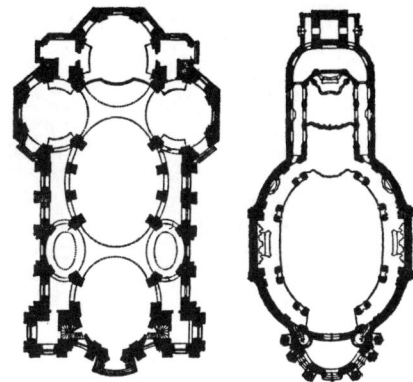

162 Vierzehnheiligen, Wallfahrtskirche

163 Wallfahrtskirche in der Wies (b. Steingaden/Obb.)

Schwingung. Ornamentik, Farbigkeit und Lichtfülle erhöhen die Wirkung, der in der außerdeutschen Architektur des 18. Jh. kaum etwas Vergleichbares an die Seite zu stellen ist. – Noch heiterer und ins Märchenhafte gesteigert erscheint diese wie in einem Rausch ausklingende Gesinnung in der längsovalen *Wallfahrtskirche der Wies* (1746–54) von Dominicus Zimmermann (1685–1766, *Fig. 163*). Hier steht der Innenraum im größten Gegensatz zur Außengestalt, die von bescheidener Schlichtheit ist und von der bewegten Pracht des Inneren nichts ahnen läßt.

Spanien
An dekorativer Phantasie, allerdings gänzlich anderer Art, wetteifert nur Spanien mit Deutschland. Einen Höhepunkt dieser späten Blüte stellt die *Cartuja (Kartause) von Granada* dar (1724–64) und besonders die Sakristei von Luis de Arévalo und F. Manuel Vasquez *(Abb. 221)*. Man wird an maurische Paläste und indische Tempel erinnert. Das Organische nimmt den zwiespältigen Charakter von mathematischer Abstraktion und tropischer Vegetation an, in beiden Fällen Auflösung und Tod des Organismus bedeutend. In verwandter Weise löst sich jede Ordnung an der 1737 von Jaime Bort y Melía begonnenen Fassade der *Kathedrale von Murcia* auf *(Abb. 222)*.

England
Eine englische Kirche dieser Zeit sieht erheblich anders aus. *St. Martin-in-the-Fields in London* (1721–26) von James Gibbs (1682–1754) stellt sich als starres Rechteck mit vorgesetzter korinthischer Tempelfront und einem barock geformten Turm nach den Vorbildern Wrens dar *(Abb. 223)*. Der Bau ist zwar noch ein einheitlicher Organismus, der aber – außer im Turm – jeder Bewegungsfähigkeit beraubt ist. Das Innere der dreischiffigen Hallenkirche mit Emporen, einschwingenden Pilasterwänden vor dem Chor und riesigem Palladiofenster am Chorschluß kann, was Raumweite, Leichtigkeit und Lichtfülle betrifft, als Parallele zum deutschen Spätbarock betrachtet werden. Farblosigkeit und Unbeweglichkeit verleihen aber auch der Innengestalt einen völlig verschiedenen Charakter.

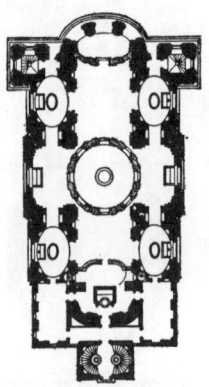

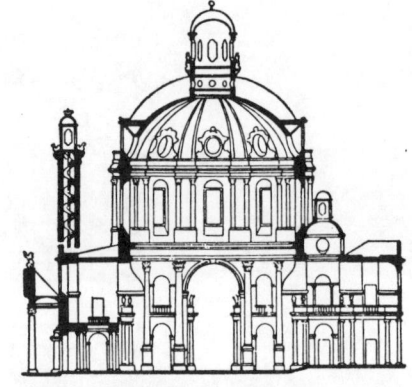

164 Salzburg, Kollegienkirche   165 Wien, Karlskirche (nach H. Koepf)

Frankreich

Ähnliches gilt für die Fassade von *Saint-Sulpice in Paris* (1733–54), die Giovanni Niccolò Servandoni (1695–1766) als mächtigen Schrein einem gänzlich andersgearteten Langhaus von 1656–1733 vorsetzte *(Abb. 224)*. Man hat darauf hingewiesen, daß die heutige Gestalt nicht dem Entwurf Servandonis entspricht, sondern den siebziger Jahren entstammt, in denen man sich für den Balustradenabschluß entschied und den Nordturm aufführte (1777 von Chalgrin). Zwar gibt es noch eine Verbindung der Türme mit den unteren Geschossen, die sich vom Mittelteil unterscheiden. Von einem organischen Wachsen aber kann nicht mehr die Rede sein, genauso wie keine aus einem Zentrum herausgetriebene Breitenentfaltung erfolgt. Es sind noch gewisse barocke 'Pathosformeln' vorhanden, die indes die aus selbständigen starren Teilen zusammengesetzte rationelle Struktur nicht mehr zu beleben vermögen.

Fischer von Erlach

Neben der festlich-rauschhaften Entwicklung der süddeutschen Sakralarchitektur gibt es eine strengere und monumentalere Richtung, die durch Johann Bernhard Fischer von Erlach (1656–1723) vertreten wird. Seine für die Jesuitenuniversität in *Salzburg* 1694–1707 errichtete *Kollegienkirche* ist unter den außeritalienischen Kirchenbauten des Hochbarock eines der machtvollsten Werke *(Abb. 225 u. Fig. 164)*. In der Verbindung von Lang- und Zentralbau wird das Schwergewicht auf die Zentralisierung verlagert. Sammelpunkt aller Raumentwicklung der im Innern 75 m langen und 38 m breiten Kirche ist das Vierungsquadrat mit der hohen Tambourkuppel. Der gereckte Baukörper stellt sich in den plastischen Massen und den kraftvollen Gliedern der Kolossalpilaster unverhüllt dar, einen Eindruck von 'heroischer' Größe vermittelnd. Die im Baukörper liegende Kraft zur Gestaltbildung offenbart sich ebenso an der Fassade, die sich zwischen zwei Türmen mächtig vorwölbt. Ideen von Bernini, bei dem der Architekt lange gearbeitet hat, und von Guarini wirken an dem Bau weiter. Diese monumentale Fassade fand 1715–22 Nachfolge in der Klosterkirche von Weingarten *(Fig. 166)* und ab 1744 in der Klosterkirche von Ottobeuren. – Mit der Dreifaltig-

246

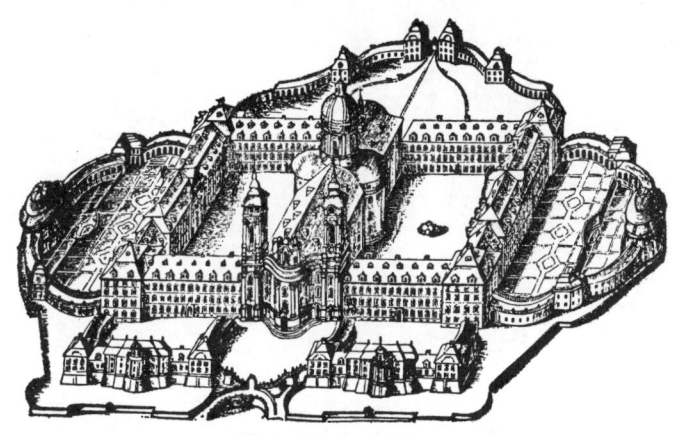

166 Weingarten, Benediktinerabtei, Bauplan von 1723

keitskirche in Salzburg (1690–1702) fand Fischer eine andere Lösung zur Steigerung der Monumentalität. Dem verhältnismäßig kleinen längsovalen Bau gab er, wiederum zwischen zwei Türmen, eine im Halboval zurückschwingende Fassade, angeregt von S. Agnese in Rom. In seinem letzten Kirchenbau, der *Karlskirche in Wien* (1715–23), zog er die Summe aller seiner Erfahrungen aus Antike, Renaissance und Barock. Zwei Triumphsäulen nach antikem Vorbild stehen vor der breitgelagerten Fassade mit Tempelfront, über der die Tambourkuppel des Zentralbaus aufragt *(Fig. 165)*. Hier findet eine Zusammenschau alles Großen statt, wie er sie auch in seinem ›Entwurf einer historischen Architektur‹ von 1721 unternahm. Von den gewaltigen Entwürfen für die Wiener Hofburg und Schloß Schönbrunn bei Wien wurden nur Teile verwirklicht.

Deutsche Klosteranlagen
Eine Verbindung von Sakral- und Profanarchitektur stellen die Klosteranlagen dar, die in reicher Fülle entstanden. Die großartigste Schöpfung dieser Art wurde das *Benediktinerstift Melk* in Österreich, das 1702 von Jakob Prandtauer (1660–1726) begonnen und 1738 von Josef Munggenast vollendet wurde *(Abb. 229)*. Die Hauptachse von 320 m Länge endet mit der doppeltürmigen Kirchenfassade, gerahmt von den beiden noch weiter vorstoßenden und konvergierenden Pavillons, deren Köpfe durch eine kräftig geschwungene Galerie verbunden werden. Die stark plastisch gegliederte Komposition findet in der 64 m hohen Tambourkuppel ihre vertikale Krönung. Die Kirche selbst entspricht dem Typus von Il Gesù. Zur Monumentalität und Plastizität des Gesamtorganismus gesellt sich festliche Beweglichkeit, so daß man von einer Synthese der beiden Ausdrucksmöglichkeiten bei Hildebrandt und Fischer von Erlach sprechen könnte. – An Phantasie und Reichtum des vielgliedrigen Organismus übertrifft die 1715 begonnene, aber nur zur Hälfte ausgeführte *Benediktinerabtei Weingarten* in Württemberg noch Kloster Melk *(Fig. 166)*. Der Urheber des wie ein großartiges Ornament wirkenden Planes war wahrscheinlich Caspar Moosbrugger (1656–1723), der 1703 einen verwandten Plan für Kloster Einsiedeln gemacht hatte. Ihm kommt als Ver-

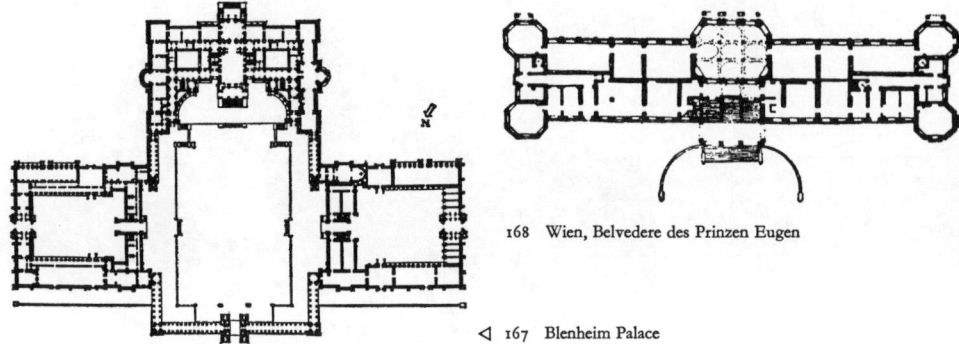

168 Wien, Belvedere des Prinzen Eugen

◁ 167 Blenheim Palace

mittler italienischer Baugedanken für Südwestdeutschland dieselbe Bedeutung zu wie Fischer von Erlach und Hildebrandt im Südosten.

Die Superga

Wie sehr die deutsche Architektur im Gegensatz selbst zu Italien den Hochbarock weiterentwickelte, zeigt der Blick auf eine gleichzeitige italienische Anlage, die mit Melk und Weingarten verglichen werden kann, auf die *Superga bei Turin* von 1717–31 *(Abb. 226)*. Ihr Erbauer, Filippo Juvara (1678–1736), gehört der Generation Balthasar Neumanns an. Obwohl der Gedanke noch durchaus barock ist, wirkt seine Ausführung französischer raison verwandter als allem, was Italien im 17. Jh. geschaffen hatte und Deutschland jetzt schuf. Schon die Einleitung der Entwicklung mit einer rechteckigen Säulenvorhalle verleiht dem Ganzen von vornherein einen ruhigeren, klassischen Charakter. Sie läßt die aus dem mächtigen sechsstöckigen Klosterblock nach vorn drängende Bewegung nicht eigentlich zum Ausströmen kommen, wie sie umgekehrt auch keine wirkliche Bewegung vorbereitet. Daß kein Eindruck lebendigen Wachstums entsteht, liegt an der Härte aller Glieder und der im Ganzen spürbaren Rechenkunst der raison.

V. Spätbarocker Profanbau

England

Der Profanbau des 18. Jh. sei eingeleitet mit dem hochbarockesten Schloß Englands, mit *Blenheim Palace*, das 1705 von Sir John Vanbrugh (1664–1726) entworfen und 1724 von Nicholas Hawksmoor (1661–1736) vollendet wurde *(Abb. 227)*. Form und Größe der Anlage wetteifern mit Versailles. Gestaffelte Flügelbauten, denen die großen Küchen- und Stallhöfe angefügt sind, bilden einen ausgedehnten cour d'honneur *(Fig. 167)*. Geschwungene Kolonnaden verbinden die Flügel gelenkartig mit dem Hauptgebäude, dessen Mittelachse aus Halle und Gartensalon an beiden Enden mit den Tempelfassaden aus Pfeilern und Säulen stark vorstößt. Zwei halbrunde Apsiden in der Mitte der Seitenfronten betonen die Enden einer an der Hoffront entlanglaufenden Querachse, die für die Raumanlage wenig Bedeutung hat und nur wegen der geometrischen Regelmäßigkeit des Grundrisses da ist. Dieser und der Aufbau erwecken in ihrer genau symmetrischen Vielgliedrigkeit den Eindruck eines überaus beweglichen Organismus, dem aber etwas Wesentliches fehlt: Körperhaftigkeit und sinnenhafte Belebung. Die Beweglichkeit wirkt mechanisch, sie rasselt und knackt in den Gelenken, die man weniger als solche denn als Scharniere bezeichnen möchte. Der Baukörper ist unruhig zerrissen, er zerfällt in lauter Einzelteile, die baukastenartig zusammengestellt sind. Eine bezeichnende Einzelheit, der sich viele anfügen ließen, sei herausgegriffen: der vollkommen unorganische, übergangslose Zusammenstoß von Flügeln und Eckpavillon. Es gibt wohl in der gesamten festländischen Barockarchitektur kein Beispiel für ein derartiges 'abstraktes' Denken, das – typisch für die Vorläuferrolle Englands im 18. Jh. – auf die kommende neue Baugesinnung des Klassizismus vorausweist.

Deutschland

Demgegenüber erscheint das obere *Belvedere in Wien* (1721–23) von Lucas von Hildebrandt, dem französischen Pavillonsystem folgend, als ein besonders lebenerfüllter Organismus *(Abb. 228 u. Fig. 168)*. Der dreiachsige Mittelpavillon beherrscht durch weites Vorspringen und Höhe des Daches die sich seitlich staffelnden Trakte der Gartenfront, die mit achteckigen Pavillons heiter-festlich abgeschlossen wird. Die Hoffront gehorcht in etwas differenzierter Form demselben Prinzip und bildet im Gegensatz zu französischen Schlössern keinen cour d'honneur. Die Funktion, die der Mittelpavillon als Zentrum des Baukörpers für die Außenansicht hat, besitzt er auch für die Entfaltung im Innern. Er enthält die kombinierten Treppenanlagen von der Garten- und Hofseite her, die zum Festsaal führen, der über der Sala terrena die ganze Höhe des Pavillons einnimmt. Diese zweckmäßige und zugleich schöne und würdevolle Entwicklung der Mitte des Schlosses, seines wirklichen Herzstückes, offenbart in vollendeter Form den Charakter des organischen Baudenkens. – Das Festliche, zum Rausch bewegtester Körperhaftigkeit gesteigert, bestimmt Inhalt und Form des *Zwingers in Dresden* (1711–22) von Matthäus Daniel Pöppelmann (1662–1736), insofern die Anlage wirklich als

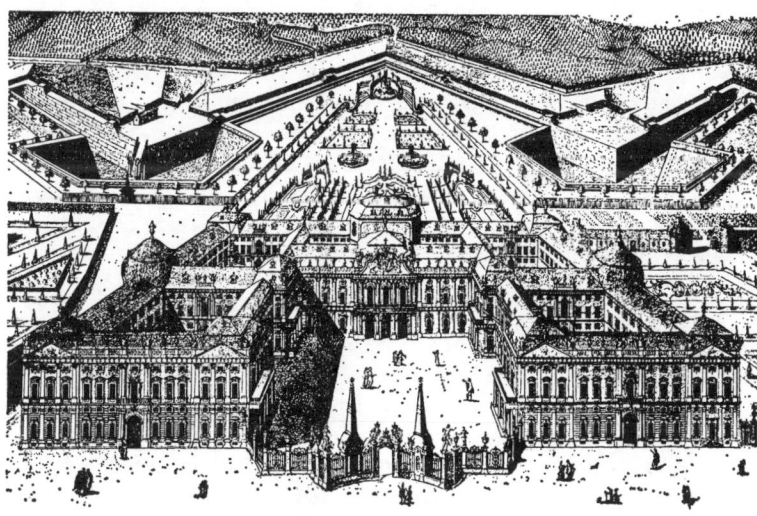

169 Würzburg,
Residenz, Stich von 1760

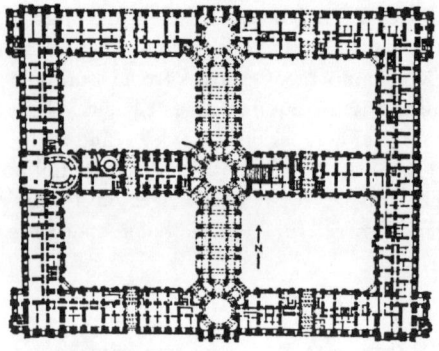

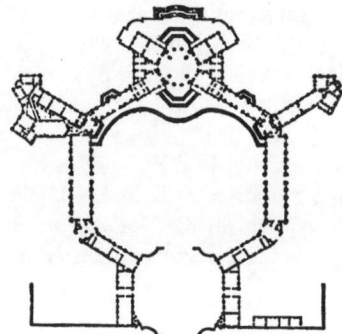

170 Schloß Caserta bei Neapel   171 Jagdschloß Stupinigi bei Turin

Festraum gedacht war *(Abb. 230* u. *Fig. S. 235)*. Sie bildete nur den kleinen Teil eines gewaltigen Planes zum Neubau des königlichen Schlosses mit einer Folge von vier großen Höfen nach der Elbe zu, die sich an die offene Seite des Zwingers anschließen sollten; diese wurde 1847–49 durch Gottfried Sempers Galeriebau in unglücklicher Form geschlossen. An den Enden der 204 m langen Querachse stehen zweigeschossige ovale Pavillons, die unter der Leitung von Balthasar Permoser mit überschäumender plastischer Dekoration versehen wurden. In den bewegten Leibern der Figuren, im blühenden Wachstum der Pflanzen wird der lebendige Organismus der Architektur buchstäblich 'verkörpert'.

Auch in der Profanarchitektur gibt es wie in der sakralen Baukunst eine strengere, majestätische Richtung, die am vollkommensten durch das (zerstörte) *Schloß in Berlin* (1698–1706) von Andreas Schlüter (c. 1664–1714) dargestellt worden ist *(Abb. 231)*. Im Gegensatz zu Versailles und seiner Nachfolge ist der gewaltige Bau rechteckig geschlossen, der italienischen Palasttradition folgend. Michelangelo und Bernini waren die maßgebenden Vorbilder. Alle Formen haben die schwere Fülle des Hochbarock und erscheinen als aus dem Mauerkörper herauswachsende Glieder. – Die Synthese von würdevollem und festlichem Charakter vollzog Balthasar Neumann mit der 1719–44 entstandenen *Residenz in Würzburg (Fig. 169)*. Erfahrungen und Ratschläge vieler Architekten aus Österreich und Frankreich wurden hier verarbeitet, bis der bestehende Bau mit cour d'honneur, vier Innenhöfen, zahlreichen Pavillons und dem beherrschenden Zentrum mit Treppenhaus und Kaisersaal entstand, die 1751–53 den glanzvollen Freskenschmuck Tiepolos erhielten *(Abb. 232)*. Geschlossenheit und dabei reichste, aber vollkommen organische Durchgliederung des Gesamtkomplexes machen die Andersartigkeit von Blenheim Palace noch einmal bewußt.

VI. Ausklang

Italien

Sie lassen auch den Unterschied zum letzten überdimensionalen barocken *Schloß*, dem von *Caserta bei Neapel* (1752–74) von Luigi Vanvitelli (1700–73), deutlich werden *(Abb. 233* u. *Fig. 170)*. Hier hat sich wie bei Saint-Sulpice oft die Frage erhoben, ob dieses Bauwerk schon als Vorstufe des Klassizismus zu betrachten sei. Dagegen spricht alles: Treppenhaus, das

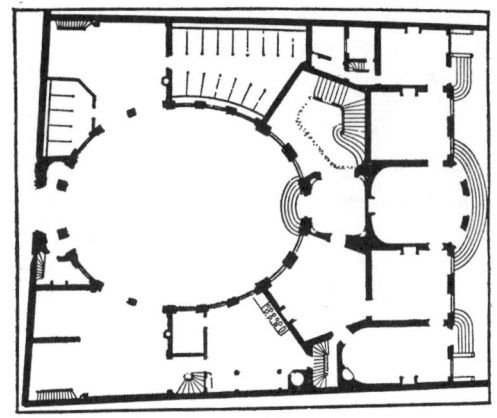

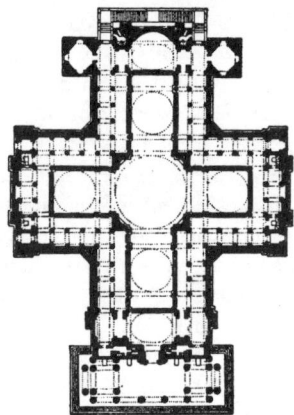

172 Paris, Hotel Amelot   173 Paris, Panthéon

größte Italiens, Kuppelsaal im Schnittpunkt des Achsenkreuzes, Risalitbildungen der Fassaden, regelmäßige Raumfluchten und sämtliche Details sind Erbe des Barocks, aber leblos geworden, tötend vor Kälte und Langeweile. Da ist kein neuer Geist in alten Formen wirksam, sondern der alte Geist ist völliger Erstarrung verfallen.

In Rom zwingt bis zur Mitte des 18. Jh. die Macht der Vorbilder zum stärkeren Festhalten an der Tradition, ja es entsteht sogar etwas, das man als römisches Rokoko bezeichnen könnte, das sein schönstes Werk in der Piazza S. Ignazio (1727–28) von Filippo Raguzzini (c. 1680–1771) gezeitigt hat. Dieses Heitere und Gelöste ist auch an den Bauten von Ferdinando Fuga (1699–1782) sichtbar. Sein *Palazzo della Consultà* von 1732–37 erweckt im Vergleich zu den Palästen des 16. und 17. Jh. den Eindruck des Leichteren und Unbeschwerten *(Abb. 234)*. Die dichte Füllung der Fassade mit Pilastern und Fensterrahmungen ist aber kein Ausdruck dynamischer Spannungen des Baukörpers mehr, sondern eher der eines lockeren Spieles von Ornamenten auf einer an sich indifferenten Fläche. – Dagegen will bei aller Phantastik des Grundrisses das königliche *Jagdschloß Stupinigi bei Turin* (1729–33) von Filippo Juvara nicht recht heiter stimmen *(Fig. 171)*. Hier tritt wieder in Erscheinung, was schon bei der Superga beobachtet werden konnte: die mathematische raison übertönt das Gefühl für organische Körperhaftigkeit, so daß auch hier von einem Erstarrungsprozeß gesprochen werden kann.

Frankreich

Anders sieht es in Frankreich aus, wo die wachsende Wohnkultur nach der repräsentativen Epoche Ludwigs XIV. größere Intimität und Wohnlichkeit verlangte, die sich in kleinen Landschlössern und Stadthäusern des 18. Jh. ausprägte. Kurz nach 1710 begann Germain Boffrand (1667–1754) das *Hotel Amelot in Paris*, das in mustergültiger Zweckmäßigkeit und Schönheit die räumlich beschränkte Gegebenheit ausnutzte und einen Organismus von vollendeter Harmonie zeitigte *(Abb. 235 u. Fig. 172)*. Noch verleihen Kolossalpilaster der geschwungenen Hoffassade eine gewisse Würde, die aber nicht mehr bedrückend ist. Alle Formen sind zart und flach geworden, der Mauerkörper verliert seine Dichte, kultivierteste

Eleganz beherrscht das Ganze. Das gilt ebenso für das *Petit Trianon* (1762–64) im Park von *Versailles* von Jacques-Ange Gabriel (1698–1782), das häufig als früher Vertreter des Klassizismus bezeichnet wird *(Abb. 236)*. Auch hier stammt aber alles aus der Renaissance-Barock-Tradition, die zwar nicht starr wie in Caserta, aber so zart und blutlos geworden ist, daß sie jegliche Dynamik verloren hat.

Wie steht es indes mit dem *Panthéon in Paris*, der Kirche Sainte-Geneviève, 1755 von Jacques-Germain Soufflot (1709–80) entworfen und 1792 vollendet *(Abb. 237 u. Fig. 173)?* Wenn Klassizismus nur im Zusammenhang mit der griechischen Antike definiert werden kann, dann handelt es sich um keinen klassizistischen Bau. Denn alle seine Ideen stammen aus der Renaissance-Tradition, verstärkt durch Rückgriffe auf die römische Antike. Der Zentralbau auf griechischem Kreuz ist das Renaissanceideal, die Bildung von Tambour und Kuppel entspricht Bramantes Tempietto. Die Staffelung der Tempelfassade an den Seiten ist barock. Barock ist auch die komplizierte Raumanordnung im Innern, deren Wirkung in keiner Weise der Übersichtlichkeit des Grundrisses entspricht. Das einzige entschiedene Zeichen einer neuen Baugesinnung von abstrakter Erhabenheit, die stereometrisch-glatte Unbeweglichkeit der Außenwände, ist der Vermauerung der ursprünglich vorhanden gewesenen Fenster, die immer noch Ausdruck eines körperhaften Baugefühls waren, während der Französischen Revolution zu verdanken. Gewiß ist auch sonst alles starr und unbeweglich, was aber als negatives Ergebnis des absterbenden organischen Denkens zu werten ist und nicht als positives Zeugnis eines neuen Bauwillens.

England

Nicht anders darf wohl das 1725 begonnene *Chiswick House bei London* vom Earl of Burlington (1694–1753) und William Kent (1685–1748) beurteilt werden *(Abb. 238)*. Es richtet sich nach Palladios Villa Rotonda und kehrt damit zur englischen Renaissance von Inigo Jones zurück. Der Gegensatz zu Vanbrughs exuberantem Barock scheint groß zu sein, ist es im Grunde aber nicht. Kents Holkham Hall, 1734 begonnen, hat einen verwandten symmetrischen Planreichtum wie Blenheim Palace und dieselbe 'abstrakte' Zusammenfügung; was bei Vanbrugh aber noch phantastisch gesteigert war, ist hier zu äußerster Trockenheit zusammengestellter Bauklötze geworden. »Each section of a design is autonomous, related to the whole only by a general system of ratios and by strict symmetry« (Summerson 204). In diesem Stakkato weist vieles auf Soane und die 'Revolutionsarchitektur' voraus. Noch bedeutungsvoller für die Zukunft war Kent als Landschaftsgärtner, indem er am entscheidendsten gegenüber dem geometrisch-strengen französischen Garten die Entwicklung des 'natürlichen' Parks, des 'englischen' Gartens, einleitete. – Im Zusammenhang mit dieser völlig neuen Auffassung des Verhältnisses von Architektur und landschaftlicher Umgebung steht auch das, was John Wood d. Ä. (1704–54) und John Wood d. J. (1728–81) mit dem *Circus (Abb. 239)* und dem Royal Crescent in *Bath* 1754–75 schufen. Der geschlossene regelmäßige Stadtorganismus wird frei aufgelöst, die Natur in die Stadt hereingenommen. »Natur ist nicht länger der Diener der Architektur, sondern sie ist ihr gleichgesetzt; wir stehen im Beginn der Romantik« (Pevsner 606).

Mit Klassizismus und Romantik setzt ein neues Kapitel der Architektur ein, das den Anfang einer totalen Veränderung der abendländischen Tradition bedeutet.

11   Romantischer Klassizismus

Vorbemerkung: Rückführung der Architektur auf die einfachsten Grundformen von Raum, Wand, Decke, Gewölbe unter Anlehnung an die griechische Antike und zum Teil an ägyptische Architektur. Sparsame oder keine Gliederungen und Dekorationen.

Gegenüber Renaissance und Barock kann man nicht mehr von einem bewegten Bau-'Körper' oder lebendigem Organismus sprechen; es sind eher die Kennzeichnungen 'vernünftig' und 'abstrakt' zu verwenden.

Material: Werkstein, Backstein, Holz, Eisen.

Potsdam, Nicolaikirche ▷

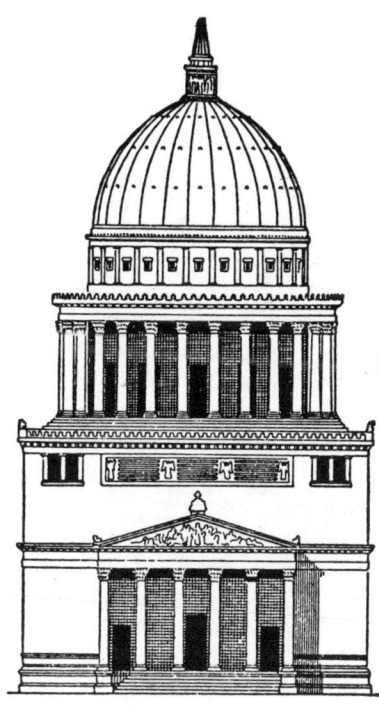

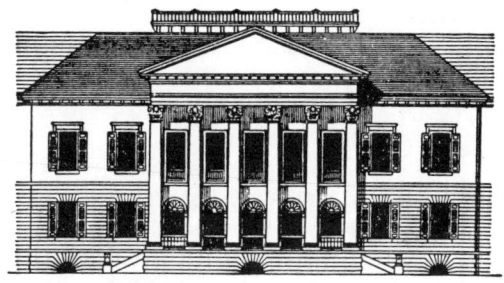

Karlsruhe, Markgräfliches Palais

Die ureigenste schöpferische Leistung der christlich-abendländischen Kultur war zweifellos die Gotik gewesen, hervorgegangen aus der romanischen Architektur, die über die vorromanische und karolingische auf die christlich-römische der Spätantike zurückging. Die Renaissance bedeutete noch keine Aufgabe dieser Voraussetzungen, da sie zum Teil auf der romanischen 'Protorenaissance' der Toskana basierte, andererseits die heidnisch-römische Antike einbezog, die als eigene Vergangenheit begriffen und erlebt wurde. Was jetzt am Ende des 18. Jh. entsteht, wächst nicht mehr aus einer unmittelbaren oder mittelbaren Tradition, sondern beruht auf einem neuen historischen Bewußtsein und einer philosophisch-ideologischen Ästhetik, mit anderen Worten auf Theorie und Abstraktion. Wie immer man das Neue bezeichnet – Klassizismus und Romantik oder romantischer Klassizismus –, es will abstrakte Ideen oder Gefühle darstellen: absolute Schönheit als ethische Norm nach der Idealvorstellung der griechischen Antike, die ein für allemal der Menschheit das nicht zu überbietende Vorbild geliefert hat, damit verbunden Tugend und geistige Reinheit; Erhabenheit und Majestät des Todes, wofür ägyptische Bauformen dienen konnten; Naturvergötterung, Sehnsucht nach dem Unaussprechlichen und Melancholie der Vergänglichkeit, ausgedrückt durch neugotische Ruinen und Neugotik überhaupt.

Folge der philosophisch-ideologischen und nicht mehr primär christlichen Forderungen war außer der Wahlmöglichkeit historischer Vorbilder, die zunächst ja nicht willkürlich erfolgte, aber jede Willkür, wie sich bald herausstellte, in sich beschloß, ganz generell eine radikale Abwendung von dem organisch-körperhaften Baudenken der vorhergehenden Epoche von Renaissance und Barock. Das Bauwerk durfte keine sinnenhafte 'Verkörperung' mehr sein, die als unrein und verlogen empfunden wurde, sondern mußte den Geist darstellen, in diesem Sinne also 'abstrakt' werden. Hinzu kamen Bauaufgaben, die es früher nicht gab, von denen jeweils anläßlich der Beispiele gesprochen werden soll, wie auch das, was als abstrakte Vergeistigung bezeichnet wird, sich besser am Bauwerk erklären läßt.

I. Anfänge

Frankreich

Selbstverständlich war das Neue nicht mit einem Schlag da, sondern bedurfte einer gewissen Inkubationszeit. Die Grenzen zwischen dem zu ziehen, was noch alt und was schon neu ist, ist kaum mit absoluter Eindeutigkeit vorzunehmen. Gegenüber Saint-Sulpice, dem Petit Trianon und dem Pariser Panthéon steht vielleicht ein Kirchenbau wie *Saint-Philippe-du-Roule in Paris* (1769–84) von J. F. T. Chalgrin (1739–1811) schon diesseits der Grenze *(Abb. 240)*. Neu ist die Wiedereinführung des reinen Basilikalplanes, hier noch mit tonnengewölbtem Mittelschiff, und die vollkommene Schmucklosigkeit, also 'Reinheit', neu der Charakter des Starr-Unbeweglichen und Nicht-Massiven. Das ist nicht mehr Erstarrung als Absterbeprozeß wie in Caserta u. a., sondern gewollte Form. – Im *Theater von Bordeaux*, das 1773–80 von Victor Louis (1731–1800) errichtet wurde, sind Eingangshalle, Empfangs- und Aufenthaltsräume, Treppenhaus, Zuschauerraum, Bühne und Bühnenhaus in einem langgestreckten Kubus verborgen, der nichts von der inneren Anordnung und Zweckbestimmung der Räume nach außen dringen läßt *(Abb. 241)*. Der starren Masse des Blocks ist eine ebenso starre Säulenfront vorgelagert, die ursprünglich um das ganze Gebäude herumgeführt werden sollte, womit ein ins Übermäßige gesteigerter Peripterostempel entstanden wäre, allerdings mehr römischen als griechischen Charakters. Das Theater wird zum 'Musentempel' und erfährt eine unchristliche Heiligung, die es vordem nie besessen hatte. Dieselbe Form diente anschließend Kirchen und Börsen.

Bedeutung der Theorie

Die Kenntnis der bisher vollkommen unbeachtet gebliebenen griechischen Baukunst setzte um die Mitte des 18. Jh. ein. Selbst in der Nähe vielbesuchter Städte liegende Tempel wie die von Paestum südlich Neapel wurden erst jetzt entdeckt. Die dorischen Säulen ohne Basen erregten größtes Aufsehen. Das erste Werk moderner Kunstgeschichtsschreibung, Winckelmanns ›Geschichte der Kunst des Altertums‹ von 1764, beschäftigte sich mit griechischer Kunst. Gleichzeitig begannen Architekturtheoretiker die Forderungen nach einer neuen Baukunst zu formulieren. Einer der ersten und entschiedensten war Carlo Lodoli (1690–1761), der bereits in den vierziger Jahren seine Gedanken äußerte, die jedoch erst nach seinem Tode von Andrea Memmo 1786 als ›Elementi di Architettura Lodoliana‹ erschienen. Schon zu Lebzeiten hatte seine Theorie aber auf Francesco Milizia (1725–98) gewirkt. Die Architektur habe rein funktional und materialgerecht zu sein. Beides wendet sich scharf gegen die bisherige Auffassung. Materialechtheit hatte überhaupt nicht interessiert, sie wird jetzt zu einer moralischen Forderung nach Wahrheit. Funktional ist etwas anderes als organisch, ist rein rationalistisch und meint praktischste Erfüllung der Zweckbestimmung, auf moralischer Ebene wiederum Wahrheit. Gleichzeitig mit dem venezianischen Franziskaner Lodoli vertrat in Paris der Jesuitenpater Marc-Antoine Laugier dieselben Ansichten.

Edle Einfalt und stille Größe

Tugend muß groß und streng sein, aber auch einfach und edel. Sie darf nicht repräsentieren, sondern hat Gesinnung zu zeigen. Auch wo noch ein aus der Renaissancetradition ererbter Gedanke wie der des Triumphtores wirksam war, durfte er nicht mehr die Form des pathetischen römischen Triumphbogen annehmen, es sei denn, imperatorischer Wille wie bei Napoleons Arc de Triomphe in Paris stände dahinter. Für die Darstellung von »edler Einfalt und stiller Größe« waren indes nur griechische Formen geeignet. Das schönste Beispiel ist das *Brandenburger Tor in Berlin*, das 1789–94 von Carl Gotthard Langhans (1732–1808) errichtet wurde *(Abb. 243)*. Vorbild waren die Propyläen der Athener Akropolis. Die dorischen Säulen aber erhielten entgegen der griechischen Ordnung noch Basen; darin wirkte barocke

Gesinnung nach. Neu ist die Unbeweglichkeit des Ganzen. Das Tor steht mit den seitlichen Tempeln der Wachtgebäude in einer Verbindung, die nicht mehr gelenkhaft wirkt, sondern wie Scharniere. Die Teile sind funktional aneinandergefügt, nicht organisch auseinander entwickelt. Statt eines Baukörpers entsteht eine Konstruktion; Sinnenhaftigkeit wird durch geistige Abstraktion ersetzt. Die Symbolkraft der Architektur ist nicht unmittelbar mit der Ganzheit von Körper, Seele und Geist zu erfassen, sie liegt im Gedanken.

Robert Adam

Derselben Generation wie Chalgrin, Louis und Langhans gehört Robert Adam (1728–92) an. Sein auch städtebaulich bedeutendstes Werk, der Häuserkomplex von Adelphi an der Themse in *London* (1768–72), ist 1937 abgerissen worden. Zu den wenigen erhaltenen Gebäuden gehört das *Haus in der John Adam Street 7 (Abb. 242)*. Man könnte an das Petit Trianon denken, wird aber des Unterschiedes sofort gewahr. Die eigentümlich hochgestelzte Pilasterfront ist kein Organ des Baukörpers, sondern eine angeheftete Applikation, gleichsam ein Zitat. Die Zartheit der Glieder erscheint wie ein Nachklang des Rokoko.

Neugotik

Die zunächst unvereinbar andersartig wirkende Seite des neuen Geistes kommt recht früh in dem um 1750–70 erweiterten und gotisierten Landsitz *Strawberry Hill in Twickenham* zum Ausdruck *(Abb. 244)*. Die Ideen stammen vom Besitzer Horace Walpole (1717–97), dem Verfasser des ersten modernen Schauerromans; ausführender Architekt war William Robinson (ca. 1720–75). Abgesehen von der angewandten phantastischen Neugotik ist wesentlich die totale Unregelmäßigkeit von Grund- und Aufriß. Auch das verrückteste spätbarocke Gebäude war noch vollkommen regelmäßig gewesen. »In this imitation of the fortuitous, Walpole started something of more far-reaching significance than he can have guessed. He opened the door to the architecture of the Picturesque« (Summerson 243). Das 'Picturesque' hängt eng mit einer neuen Einstellung zur Natur zusammen, wovon schon im letzten Kapitel anläßlich des 'englischen' Gartens die Rede war, selbstverständlich auch mit dem Romantischen. Die Aufgabe von Regelmäßigkeit und Geschlossenheit des Baukörpers aber greift weit in die Zukunft voraus, sie wird zu einem Signum der Architektur des 20. Jh.

II. Revolutionsarchitektur

Architecture parlante

Dasselbe gilt für die französische 'Revolutionsarchitektur', deren Hauptvertreter L.-E. Boullée (1728–99) und C.-N. Ledoux (1736–1806) noch der älteren Generation angehören. Das meiste ihrer Ideen blieb Entwurf und war mit den damaligen Mitteln auch kaum ausführbar. Das ist ebenfalls etwas Neues in der Geschichte der Architektur. Unausgeführte Entwürfe hat es immer gegeben, unausführbare aber nicht. Die Idee nimmt keine Rücksicht auf die Realität: weiteres Zeichen der 'Abstraktion'. Unter den verwirklichten Bauten ist die *Barrière de la Villette in Paris* (1784–89) von Ledoux bezeichnend für die radikale Durchsetzung des neuen Geistes *(Abb. 245)*. Einem flachen Quadrat werden vier Pfeilerfronten vorgesetzt und ein arkadengeöffneter Zylinder aufgestülpt. Von gegenseitiger Durchdringung der Bauteile

174 Berlin, Werdersche Kirche, Entwurf von K. F. Schinkel

ist keine Rede. Alle Öffnungen (Fenster, Arkaden) werden ohne verbindende und modellie-
rende Rahmungen hart in die Wände geschnitten, die dadurch die in sich widersprüchliche
Wirkung hervorrufen, aus einfach übereinandergeschichteten Blöcken zu bestehen und gleichzeitig eine undefinierbare Materie zu sein, die man gleichsam wie mit einer Schere ausschnei-
den kann. »Architecture parlante«: Zollbarrieren am Stadtrand müssen streng und erhaben
sein, um die Macht des Staates zu manifestieren.

Soane: Tabula rasa

Diese neue Baugesinnung, von Ledoux und Boullée in den siebziger und achtziger Jahren
verwirklicht, wird für die nächste Generation bestimmend. Das 1794 entstandene Consols
Office der Bank of England in London von Sir John Soane (1752–1837) unterscheidet sich von
sämtlichen Zentralräumen der Vergangenheit durch die 'Körperlosigkeit' seiner Umhüllung.
Die Begrenzungen sind derart masse- und schwerelos, daß auch der Raum ins Fluten gerät
und nicht mehr als geformte 'Materie' behandelt wird. Die Sichtbarmachung des gußeisernen
Rahmenwerkes bei den Verglasungen ist ebenso revolutionär wie die rein lineare Behandlung
der Gliederungen. Daß damit Prinzipien des 20. Jh. vorausgenommen sind, ist offensichtlich.
Noch radikaler tritt diese Gesinnung in Soanes *Dulwich Gallery bei London* von 1811–14 auf,
einem Ziegelbau, bei dem die schon am Blenheim Palace beobachtete baukastenartige Zusammenstellung der Teile zur äußersten Konsequenz getrieben ist *(Abb. 246).* Daß alle
Wandeinschnitte rahmenlos erfolgen und die Ornamentierung von schärfster linearer Abstraktion ist, darf dabei gar nicht anders sein. – Der in der Bank of England zutage getretene
Geist bestimmt auch, nicht ganz so entschieden, die 1805–18 entstandene *Katholische Kathedrale
in Baltimore*, Maryland, *(Abb. 247)* von Benjamin H. Latrobe (1764–1820). Der aus England
stammende, dort und in Deutschland geschulte Architekt hatte auch einen neugotischen Entwurf vorgelegt, »one of the finest projects of the 'Sublime' or 'High Romantic' stage of the
Gothic Revival; yet in its vast bare walls, carefully ordered geometry, and dry detail it is also
consonant with some of the basic ideals of Romantic Classicism« (Hitchcock 6). Etwas später
wird Schinkel für die *Werdersche Kirche in Berlin* ebenfalls einen klassischen und einen
gotischen Entwurf vorlegen, nur daß hier der gotische zur Ausführung gelangte *(Fig. 174).*
Klassizismus und Romantik sind keine Gegensätze. – Zu welcher erstaunlichen Modernität im
Sinne des frühen 20. Jh. der Klassizismus gerade in Amerika führte, zeigt das 1816 von Alexander Parris (1780–1852) errichtete David Sears House (Somerset Club) in Boston.

Friedrich Gilly

Anregungen französischer Revolutionsarchitektur sind in den 1797 entstandenen Entwurf von Friedrich Gilly (1772–1800) für das *Denkmal Friedrichs des Großen* auf dem Leipziger Platz in *Berlin* eingegangen *(Abb. 249)*. Er zeigt insgesamt Verwandtschaft mit dem Weggedanken ägyptischer Tempelanlagen, die Isolierung der Mitte aber ist akropolishaft, betont durch die Krönung mit einem dorischen Tempel. Ägyptisch sind nicht nur die Obelisken und Sphinxe, sondern auch die glatten Kuben, die weder in der griechischen noch in der römischen Antike vorkommen, wohl aber bei den Pylonen und Tempelwänden Ägyptens. Das Ägyptische als das die Toten- und Unterwelt Kennzeichnende bildet die unteren Zonen des Monuments, in denen das Mausoleum des Königs verborgen ist, während der griechische Tempel den hellen und unsterblichen Geist veranschaulicht. Die ornamentlosen starren Blöcke stoßen hart mit den eingestellten Säulenhallen zusammen, jede Form ist scharf und ohne Übergänge geschnitten, Öffnungen wirken wie ausgestanzt. Der König ist nicht als Abbild gegenwärtig, sondern als reine Idee. Das Denkmal zur Verherrlichung des Herrschers wird zum Monument einer in ihm gesehenen überpersönlichen geistigen Macht. Von Gottesgnadentum ist nichts mehr zu spüren. Dieses war bis zuletzt noch an christliche Vorstellungen gebunden, die hier kein einziges Symbol mehr gefunden haben. Damit ist das Sakrale nicht ausgeschlossen, da alle Elemente einer zwar unchristlichen, aber doch sakralen Baukunst entstammen. Das Religiöse erweitert sich über die partikulare christliche Religion hinaus zu einer Weltreligiosität, die als geistig-ethische Bestimmung aufgefaßt wird. Es ist bei diesem Beispiel etwas länger verweilt worden, weil an ihm die umstürzende Verwandlung menschlichen Denkens und Fühlens formal und 'inhaltlich' geradezu programmatisch deutlich wird. – Nachfolge in der Türmung eines griechischen Tempels auf der Substruktion von stereometrisch-glatten Terrassen und Treppen, jetzt jedoch in freier Natur, fand Gillys Entwurf mit der 1831–42 von Leo von Klenze (1784–1864) errichteten *Walhalla bei Regensburg (Abb. 248)*. Auch hier handelt es sich um ein Monument abstrakter Bestimmung: es ist dem deutschen Geist gewidmet.

Architecture parlante in Deutschland und Italien

'Architecture parlante': das *Frauenzuchthaus in Würzburg* (1809–10) von Peter Speeth (1772–1831), das ursprünglich als Kaserne gedacht war *(Abb. 250)*. Der einen wie der anderen Bestimmung war die Form angemessen, die Macht, Gewalt und Gehorsam symbolisiert. Die in die kahle Wand gestellte dorische Tempelfront erinnert weniger an Griechisches als wieder an Ägyptisches. Der Charakter von 'Zitaten' ist aufschlußreich. Die Gültigkeit der neuen Baugesinnung für alle Nationen zeigt sich ebenso stark an einem italienischen Werk, der 1810–12 von Antonio Niccolini (1772–1850) errichteten Fassade des *Teatro S. Carlo in Neapel (Abb. 251)*. Die völlige Zusammenhanglosigkeit aller Teile im Sinne organischer Bindung und Entfaltung von Körper und Gliedern ist offensichtlich. Die neue Form kann als geordnete Gemeinschaft bezeichnet werden, in der jeder Teil eine Funktion als Ausdrucksträger übernommen hat: Ernst und Strenge im Erdgeschoß, eine zarte Kantilene in der Reliefkette, edle und gemessene Gelockertheit im Obergeschoß, verhaltener Triumph der Kunst in der Attika. – Einen ganzen Komplex von Gebäuden dieser Gesinnung konnte Friedrich Weinbrenner (1766–1826) 1804–24 mit dem *Marktplatz von Karlsruhe* bauen *(Fig. 175)*. Weinbrenner

175 Karlsruhe, Marktplatz mit der Evangel. Kirche (nach H. Koepf)

ist sowohl von der französischen Revolutionsarchitektur als auch von Gilly beeinflußt worden. Frühere Entwürfe sind kühner als die Bauten am Marktplatz, denen in ihrer vereinzelnden Zusammenstellung indes das gleiche Verfahren zugrundeliegt, das eben an der Fassade des Teatro S. Carlo beobachtet werden konnte (vgl. auch das markgräfliche Palais *Fig. S. 253*).

III. Vollendung

Schinkel
Der neben Soane wohl bedeutendste und mehr als dieser wirksame Architekt des romantischen Klassizismus war Karl Friedrich von Schinkel (1781–1841). Seine *Neue Wache in Berlin* von 1816–18 ist ganz im Geiste Gillys erbaut *(Abb. 252)*. Ein Kubus mit glatten Eckbildungen, die sowohl an ein römisches Kastell wie an Pylonen erinnern, ist mit einer dorischen Tempelfront verbunden, die nicht eigentlich nur vorgeblendet erscheint, sondern als die Fassade eines im Kubus steckenden ganzen Tempels. Diese Formdurchdringung könnte an barocke Prinzipien erinnern. Daß es sich aber um etwas völlig anderes handelt, wird deutlich, wenn man ein gedankliches Experiment vornimmt. Wollte man dem barocken Schloß einen Pavillon abtrennen oder aus Vierzehnheiligen einen Raumzylinder herausziehen, so würde das unmöglich sein oder zumindest die tödliche Verstümmelung des Organismus bedeuten. Könnte man bei der Neuen Wache den Tempel aus dem Kubus entfernen, dann würden beide für sich unverletzt weiterbestehen. Gewiß ist das eine Abstraktion, die aber der ebenfalls aus Abstraktionen entstandenen Idee dieser Durchdringung zweier Gestalten entspricht. Sie sollte Macht und Adel zugleich darstellen, dem Ideal soldatischer Disziplin und Ehre entsprechend, denen das Gebäude gewidmet war. Das Sakrale in der alten Form christlicher Tradition konnte dabei wie in Gillys Monument keine Rolle spielen. – Ebensowenig war es einer anderen, völlig neuen Bauaufgabe dieser Zeit angemessen, die man geradezu als Ersatz der Kirche bezeichnet hat, dem 'Kunsttempel' des Museums. Es ist kein Zufall, daß die gleichzeitig mit der Neuen Wache begonnene *Glyptothek in München* (1816–34) aus denselben Elementen wie diese besteht, aus Kubus und griechischem Tempel *(Abb. 253)*. Die Architekten waren Leo von Klenze und Friedrich von Gärtner (1792–1847). Der Tempel verwendet hier die ionische Ordnung, die besser dem Geiste des Museums entspricht als die dorische. Der Kubus ist fensterlos und nur mit Aedikulennischen für Statuen geschmückt.

259

Diese Nischen sitzen wie eingefroren auf der spiegelglatten Eisfläche eines Sees, auf der sie sonst hin- und herschwimmen könnten. Der Innenraum ist völlig unabhängig von den stereometrischen Außenformen. Mit der Errichtung der gegenüberliegenden Gemäldegalerie (1838–48) von G. F. Ziebland (1800–73) und der Propyläen (1846–63) von Klenze entstand das Ensemble des Königsplatzes, kälter, aber doch auch großartiger in seiner Abstraktion als Weinbrenners Marktplatz in Karlsruhe.

Mit den Theatern in Bordeaux und Neapel war schon jene Bauaufgabe in Erscheinung getreten, die neben der des Museums zu den führenden dieser und der kommenden Zeit bis heute gehört. Sie fand in Schinkels *Schauspielhaus in Berlin* von 1818–21 eine Lösung, die alles Vorhergehende weit übertraf *(Abb. 254)*. Der Bau vereint mit den Ausdrucksträgern (griechische Tempelfront, Giebel usw.) eine neue Funktionalität der Bauteile, die als stereometrische Gebilde zusammengestellt werden und in sich selbst wiederum aus vielen selbständigen Teilen bestehen. Die Balken, die die Fenster voneinander trennen, erwecken nicht den Eindruck stehengebliebener Wandreste in der Form von Pfeilern, sondern erscheinen wie lauter einzelne aufrechtgestellte Bauklötze, gewissermaßen präformierte Teile, die je nach Bedarf konstruktiv zusammengesetzt werden. Das gilt für alle Elemente, für Eckteile, Säulen, Gebälke und Giebel. Die Teile werden aus einem Bausteinkasten für ihren jeweiligen Zweck ausgesucht. Der Vergleich ist absichtlich gewählt, weil der 'Ankerbausteinkasten' später ein weltbekannter Begriff geworden ist, der dann allerdings negative Bewertung erfahren hat, über deren Gründe noch zu sprechen sein wird. Es darf aber nicht verkannt werden, daß er aus einem echten Gestaltungsprinzip der neuen Baukunst hervorgegangen ist, das an Schinkels Schauspielhaus in seiner schöpferischen Form erlebt werden kann, die noch den ganzen Adel und das Ethos der neuen Baugesinnung zeigt.

England

Gleichzeitig mit Schinkels Berliner Altem Museum, 1824, wurde in *London* von Sir Robert Smirke (1781–1867) der größte englische griechisch-klassizistische Bau begonnen (1847 vollendet), das *British Museum (Abb. 255)*. 48 ionische Säulen umgeben die repräsentative Südfront des Bauwerkes, die einen Höhepunkt der 'klassischen' Phase des europäischen Klassizismus darstellt. – Dieselben Formen, die für Museen, Theater, Kirchen und Börsen benutzt wurden, mußten vorzüglich auch den Akademien und Universitäten als Stätten des reinen Geistes dienen. Ein vorzügliches Beispiel dafür entstand ab 1825 von Thomas Hamilton (1785–1858) mit der *High School in Edinburgh (Abb. 256)*. Mittelpunkt ist ein dorischer Tempel, dessen Säulenfront weit vor die niedrigeren Seitenflügel tritt, die ihrerseits an kubischen Blöcken enden. Ihr Gebälk stößt verbindungslos auf die Wände (vgl. Blenheim Palace!). Das Ganze ist aus stereometrischen Gebilden zusammengesetzt und auf einen ungegliederten glatten Sockel gestellt, dem ein zweiter niedrigerer auf dem Niveau der Straße vorgelegt ist. Die Straße vollführt eine Biegung, auf die die Architektur keine Rücksicht nimmt. Große Teile von Edinburgh stellen noch heute das vollkommenste Beispiel einer klassizistischen Stadt überhaupt dar. – Mit *Cumberland Terrace* (1826–27) in Regent's Park, *London*, von John Nash (1752–1835), einem Vertreter von Soanes Generation, ist ein Werk entstanden, dessen klassizistische Mittel mit dem 'Picturesque' verbunden sind und Wirkungen hervorrufen, die wiederum an Blenheim Palace erinnern *(Abb. 257)*. Noch einmal erweist sich die eigentümliche Vorläuferrolle dieses hochbarocken Schlosses. – Das Picturesque von Cumberland Terrace steht außerdem in engstem Zusammenhang mit Nash's Gesamtplanung für Regent's Park, die man als erstes Beispiel einer 'Garden-City' betrachten kann, einer Idee, die bis heute nicht ihre zeugende Kraft verloren hat. – Etwas von dieser Verbindung von Freiheit und Formalismus ist auch in der 1832–34 errichteten *Börse (Merchants' Exchange) in Philadelphia* von William Strickland (1788–1854) zu spüren, dem begabtesten amerikanischen Architekten nach Latrobe *(Abb. 258)*. Im Gegensatz zu der in der Blütezeit des Klassizismus beliebtesten Verwendung des reinen griechischen Peripterostempels für Börsen (Beispiele von A.-T. Brongniart 1808–15 in Paris und von Thomas de Thomon 1804–16 in Petersburg) ist in Stricklands Werk die Phantasie beweglicher und liebenswürdiger.

Frankreich

Entsprechend dem römischen Charakter des Arc de Triomphe wurde für die schon seit 1761 geplante Kirche *Sainte-Madeleine in Paris*, als sie endlich unter Napoleon I. 1808 von Pierre Vignon (1762–1828) – nun nicht mehr als Kirche, sondern als Temple de la Gloire – begonnen wurde, die Form eines römischen korinthischen Tempels auf hohem Podium gewählt *(Abb. 260)*. Sie wurde nach der Rückverwandlung in eine Kirche ab 1813 beibehalten (1843 vollendet). Das Innere, aus einer Reihe feierlich-düsterer kuppelüberwölbter Quadrate mit Pendentifs bestehend, hat mit der Außengestalt nichts zu tun. Diese Diskrepanz, notwendige Folge rein ideologischer Absichten, war ebenso bei dem Theater in Bordeaux wie bei der Münchner Glyptothek festzustellen gewesen. Um so bedeutender heben sich dagegen die Leistungen der beiden genialsten Architekten des romantischen Klassizismus ab, Soanes Dulwich Gallery und Schinkels Berliner Schauspielhaus.

München

Mit dem Beispiel der Ludwigstraße in München (im wesentlichen 1829–40 entstanden) werden die Grenzen dieser ersten Periode neuen Bauens erreicht und bereits überschritten, so daß damit der Übergang zur folgenden Entwicklung des 19. Jh. gegeben ist. Die Ludwigkirche (1829–40) von Friedrich von Gärtner stellt eine Mischung von frühchristlicher und romanischer Architektur dar, seine anschließende Staatsbibliothek (1831–40) folgt den Anregungen toskanischer Frührenaissance-Paläste, deren Vorbild auch in anderen Gebäuden der Ludwigstraße wirksam war, wozu noch Nachahmungen italienischer Gotik traten. Die Einheit der weiten, großzügigen und vornehmen, wenn auch etwas trockenen Anlage wird durch die durchgehende Verwendung des Rundbogens erreicht. Dieser 'Rundbogenstil' wirkte sich schnell auch im Ausland aus.

Wenn die Blütezeit des Klassizismus um 1830 vorbei war, so reichten Nachwirkungen weit in die 2. Hälfte des Jahrhunderts hinein. Er wurde nicht nur für Theater, Museen, Universitäten, Parlamentsgebäude und Börsen benutzt, sondern ebenso für anspruchsvolle Privathäuser und Schlösser, so wenig deren jetzt auch gebaut wurden. Gelegentlich erhielten selbst Kirchen noch die Form antiker Tempel. Da mit diesen Mitteln in keinem Fall Lösungen gefunden wurden, die über die schöpferischen Leistungen des halben Jahrhunderts von 1780–1830 hinausgingen, kann auf Beispiele verzichtet werden. Mehr oder weniger ist der Klassizismus nach 1830 in das Konglomerat historischer Stile eingetreten, das die nächste Zeit beherrscht.

12 Historismus

Vorbemerkung: Verwendung aller historischen Stile von der Antike bis zum Barock und Einbeziehung auch der außereuropäischen Baukunst von Ägypten und Mesopotamien über Indien, China, Japan bis zum Islam. Die historischen Formen dienen fast ausschließlich der Fassadengestaltung, während die eigentliche Baukonstruktion und die Raumgestaltung der »vernünftigen Abstraktion« gehorchen und häufig mit den neuen technischen Mitteln von Eisen und Glas arbeiten.

Daneben entstehen Ingenieurbauten, die nicht als 'Baukunst' betrachtet werden, aber bereits alle Möglichkeiten einer neuen 'technischen' Architektur zeigen.

Kaufbeuren, Rathaus

Paris, Eiffelturm

Die Klassifizierung der Entwicklung ab 1830 als 'Historismus' ist eine Notlösung. Diese Bezeichnung hätte auch schon der ersten Periode der Neuzeit zukommen können, da der romantische Klassizismus imgrunde ebenfalls bereits auf der Verwendung historischer Stile beruhte. Das setzt sich jetzt nur in erweitertem Maße fort, indem – wie man an der Münchner Ludwigstraße sah – frühchristliche und romanische Architektur, italienische Frührenaissance und italienische Gotik hinzukamen, bis schließlich durch die wachsende Vertrautheit mit der Vergangenheit sämtliche Stile vom Alten Orient und Ägypten bis zum Spätbarock für den Formenapparat zur Verfügung standen und benutzt wurden. Dieses ungeheure Konglomerat adaptierter und applizierter Formen verdeckt, was unter der Oberfläche vor sich ging und nur selten offen in Erscheinung trat: die neuen technischen Konstruktionsmöglichkeiten mit Eisen und Glas. Hier setzte eine zunächst verhängnisvolle Trennung von Ingenieur und Architekt ein. Was der Ingenieur machte, war keine 'Kunst', die in der öffentlichen Meinung allein dem Architekten vorbehalten war. Alles Konstruktive und Funktionale mußte verkleidet werden, was bis zur Herstellung 'gotischer' Maschinen ging. Staat und Gesellschaft bis zu den kleinsten Gemeinden, getragen von dem jetzt voll zur Herrschaft gelangten neuen demokratisch-kapitalistischen Bürgertum, fanden für die unzähligen Bauaufgaben, die sich durch die rasend wachsende Bevölkerungszahl und Ausdehnung der Städte, durch die neuen Verwaltungsorganisationen, Industrie und Handel ergaben, zunächst keine eigene Form. Die neue Gesellschaft konnte nicht anders als in der Vergangenheit nach Entsprechungen suchen. Damit geschah auf einer allerdings völlig verschiedenen Grundlage des Welt- und Menschenbildes etwas Ähnliches wie am Beginn der abendländischen Kultur, als die Baukunst ihre Formen aus römischer Spätantike, frühchristlicher und byzantinischer Architektur zusammensuchte. Auch damals hatte es lange gedauert, bis ein wirklich eigener 'Stil' entstand, obwohl von Anfang an das Eigene schon in den 'Nachahmungen' wirksam wurde, die niemals Kopien waren – genau wie beim romantischen Klassizismus. Der grundsätzliche Unterschied aber besteht darin, daß einst der christliche Glaube, als das Sakrale, die treibende Kraft war, aus der alles entstand, so daß selbst noch das barocke Schloß Ausdruck einer letztlich vom Sakralen durchsetzten Ordnung war, während jetzt alles von der menschlichen Vernunft, also vom Profanen, bestimmt wird. Daß zahlreiche Menschen des 19. Jh., genau wie noch heute, gläubige Christen waren, kann nicht bezweifelt werden, auch nicht, daß die Kirche in vielen Staaten äußerlich noch eine Macht darstellte. Daß aber der Staat selbst und die in ihm vertretene neue Ordnung der Menschen nicht mehr vom Sakralen durchsetzt sind, kann ebensowenig bezweifelt werden. Die Weltordnung ist ganz und gar profan geworden.

Vom Kirchenbau ist keine einzige schöpferische Idee mehr ausgegangen, geschweige denn, daß er überhaupt Maßstab für die Architektur geworden sei. Das war schon beim romantischen Klassizismus so.

I. Neugotik

Das Parlament in London

Wenn dieser Abschnitt nunmehr mit einem neugotischen Bau eingeleitet wird, so kommt darin der Zusammenhang mit der unmittelbaren Vergangenheit zum Ausdruck. 1840 wurde das *Parlament in London* begonnen, eine Anlage von gewaltigen Ausmaßen *(Abb. 259)*. Die Gesamtlänge beträgt 275 m, die Höhe des Victoria Tower 103 m; die zahlreichen Trakte umschließen 11 Höfe und enthalten 1100 Zimmer. Der Architekt Sir Charles Barry (1795–1860) hatte zunächst als Klassizist gearbeitet. Für die Innengestaltung war A. Welby Pugin (1812–52) entscheidend. Was in der Gotik eine übersichtliche Ordnung war, die auf der durchgehenden Einheit des Gliedergerüstes beruhte und aus der Baumasse ein entmaterialisiertes Gehäuse als Abbild der jenseitigen Wirklichkeit des Himmlischen Jerusalem machte, das wird hier zu einem unübersichtlichen, nur rational-abstrakt zu erfassenden System von lagernden und stehenden stereometrischen Teilen. So wenig man von einem einheitlichen Gliedergerüst sprechen kann, so unmöglich ist es auch, sich in diesem Gebäudekomplex einen einheitlichen Raum oder eine zusammenhängende Raumentwicklung vorzustellen. Und von einem Himmlischen Jerusalem kann überhaupt nicht mehr die Rede sein. Die ausschließlich dem Sakralen entstammende Formenwelt ist für eine ebenso ausschließlich profane Bestimmung benutzt, die man allerdings als ein 'Irdisches Jerusalem' bezeichnen könnte, da das Londoner Parlament schließlich der Kopf eines Weltreiches war, das am entschiedensten eine neue Weltordnung eingeleitet hat.

Kirchen

War beim Parlament das schon in Strawberry Hill aufgetretene Prinzip der Unregelmäßigkeit von Grund- und Aufriß fruchtbar geworden, so befähigte es durch seine Möglichkeiten neuartiger Freiheit William Butterfield (1814–1900) in sehr origineller Form zum Bau von *All Saints', Margaret Street, in London* (1849–59, *Abb. 261*), wobei der Komplex von Kirche, Schule und Pfarrhaus auf beschränktem Gelände zu einer sich in die Höhe staffelnden Gruppierung entwickelt wird. Die unregelmäßige Verteilung der Fenster etwa, durch die Funktion der Innenräume bedingt, wirkt geradezu modern im Sinne des 20. Jh. Butterfields Neugotik zeichnet sich ferner durch die Verwendung farbiger Backsteine (rot und schwarz) aus, der im dreischiffigen Kircheninnern eine reiche Polychromie entspricht. Die Formen sind hier nicht mehr dem Perpendicular Style entnommen, sondern der englischen Gotik des 13. und 14. Jh., deren 'abstrakte' scharfe Linearität der 'Unsinnlichkeit' des neuen Baudenkens entgegenkam. – Ebenfalls auf das 14. Jh., indessen auf den französischen Style Rayonnant zurückgehend, entsteht gleichzeitig in *Paris* von F.-Ch. Gau (1790–1853) und Théodore Ballu (1817–74) 1846–57 die einer Kathedrale ähnelnde Kirche *Sainte-Clotilde (Abb. 262)*. Entgegen der Neugotik des romantischen Klassizismus, Butterfields und anderer englischer Architekten um die Jahrhundertmitte wird an diesem Beispiel die Gefahr des immer kenntnisreicheren

Historismus deutlich: bis in alle Details hinein den gewählten vorbildlichen Stil genau nachzuahmen, wobei es zu einer jegliche Phantasie tötenden Mechanik der Exaktheit kommen
mußte.

Die Spannweite des Historismus wird deutlich, wenn man daneben die in denselben Jahren
entstandene *Friedenskirche in Potsdam* sieht, die 1845–48 nach den Plänen von Ludwig Persius
(1803–45) errichtet wurde *(Abb. 263)*. Die Kirche, zu einer Gruppe unregelmäßig angeord-
neter Bauten gehörig, ist die 'Kopie' einer frühchristlichen Basilika, bedingt gewissermaßen
durch ein aus Murano stammendes byzantinisches Apsismosaik. Der Gesamtkomplex indessen »is a masterpiece of the classically ordered Picturesque, rivalling Schinkel's Gardener's
House in subtlety and elegance« (Hitchcock 35). Das Gärtnerhaus war 1829–31 im Zusammenhang mit der Anlage von Schloß Charlottenhof in Potsdam entstanden und stellte einen
Höhepunkt asymmetrischer Entwicklung eines Gebäudes des romantischen Klassizismus dar.

Unter den unzähligen neugotischen Kirchen der zweiten Jahrhunderthälfte sei nur noch
auf zwei kurz hingewiesen. Die Votivkirche in Wien (1856–79) von Heinrich von Ferstel
(1828–83) folgt dem mit der Sainte-Clotilde beschrittenen Weg getreuer Nachahmung. Die
Kathedrale in Edinburgh (1874–79) von G. Gilbert Scott (1811–78), dem berühmtesten 'Gotiker'
des 19. Jh., zeichnet sich durch eine andere Art von Trockenheit und Starrheit aus, die schärfer
als die Kopien der Hochgotik den untergründig wirksamen abstrakt-stereometrischen Geist
erkennen läßt *(Abb. 264)*.

Kommunalbauten

Dieselbe Entwicklung zum Doktrinären macht die Neugotik auch bei ihrer Verwendung für
Profanbauten durch. Gegenüber dem Londoner Parlament mit seiner noch dem Picturesque
verhafteten Freiheit ist das *Rathaus in Wien* (1872–83) von Friedrich von Schmidt (1825–91)
ein typisches Beispiel jener Bausteinkasten-Gesinnung, von der früher die Rede war, jetzt

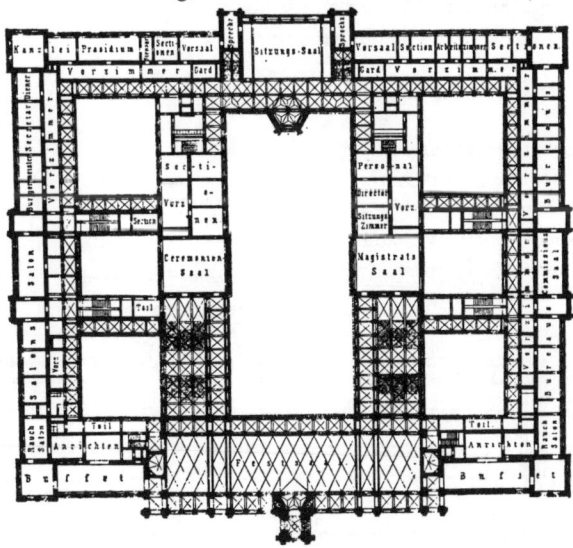

176 Wien, Rathaus (nach Schmitt:
Handbuch der Architektur)

aber ins Negative einer phantasielosen Mechanik gewendet. Was bei der umfangreichen Anlage indes positiv zu bewerten ist, ist die perfekte Funktionalität des Grundrisses, der trotz der
starren Symmetrie eine beachtliche rationelle Zweckerfüllung erlaubt *(Fig. 176)*. – Die Ver-
bundenheit der Spätgotik mit dem mittelalterlichen Bürgertum ließ die Neugotik als besonders geeignet erscheinen, kommunale Bauaufgaben zu vertreten. So wurden nicht nur mit
Vorliebe Rathäuser in diesem Stil errichtet, sondern auch Postämter, Schulen und selbst
Bahnhöfe, während für andere Gebäude, in denen sich der Geist von Staat und Gesellschaft
bedeutungsvoll manifestieren wollte – Theater, Museen, Justizpaläste, Hotels und mehr –,
die 'repräsentativeren' Stile von Renaissance und Barock gewählt wurden.

II. Neurenaissance

Theater und Schloß
Neben Gottfried Sempers erstem Dresdner Opernhaus von 1837–41 kann als gutes Beispiel
einer noch von Klassizismus und Rundbogenstil abgeleiteten zurückhaltenden und vorneh-
men Auffassung das *Opernhaus in Hannover* (1845–52) von G. L. F. Laves (1789–1864) gelten *(Abb. 266)*. Obwohl der Architekt zur Generation Schinkels gehört, ist es bezeichnend für die Situation der Jahrhundertmitte, daß von der genialen Kühnheit des Berliner Schauspielhauses so gut
wie nichts mehr zu spüren ist. – Gleichzeitig, 1844–57, entstand das Großherzogliche *Schloß
in Schwerin* von G. A. Demmler (1804–86), u. a. eines der so überaus selten gewordenen Beispiele
fürstlichen Bauwillens *(Abb. 265)*. Es ist in doppelter Hinsicht aufschlußreich für die Situation der Jahrhundertmitte, indem es einmal in extremster Weise den Prinzipien völliger
Unregelmäßigkeit des Picturesque folgt, dafür aber andererseits weder neugotische noch
klassizistisch-italienische Formen verwendet, sondern die französische Renaissance des 'Style
François I'. Es ist darauf hingewiesen worden, daß damit eine vollständigere Verwirklichung
dieses Stiles geschaffen wurde als in Frankreich selbst, wo die Vorliebe für diesen historischen
Stil nach 1830 entstanden war.

III. Architekt und Ingenieur

Bibliothek und Bahnhof
In diesen Jahren trat die einleitend angedeutete Diskrepanz zwischen Ingenieurbau und
Architektur in eklatanter Weise offen zutage. Eine Zwischenstellung nimmt der kühne und
sensationelle Versuch ein, den Henri-P.-F. Labrouste (1801–75) mit der *Bibliothèque Sainte-
Geneviève in Paris* von 1843–61 unternahm *(Abb. 267 u. Fig. 177)*. Das zweigeschossige Gebäude

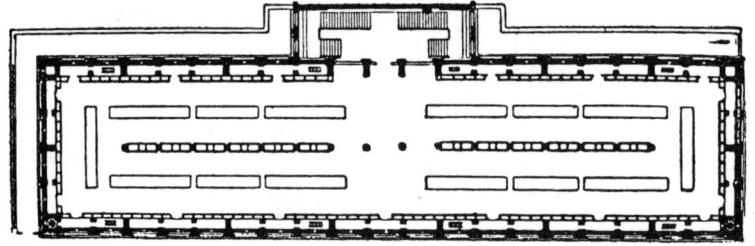

177 Paris, Bibliothèque
Sainte-Geneviève

enthält eine Eisen-Glas-Konstruktion, die von einem steinernen Mantel verborgen wird, dessen 'Rundbogenstil' in seiner außerordentlich vornehmen Eleganz die besten Eigenschaften eines späten romantischen Klassizismus zeigt. Der Lesesaal im Obergeschoß ist zweischiffig. Seine Wände öffnen sich allseitig in ununterbrochenen Reihen großer Bogenfenster. Die gewölbten Glasdächer werden von durchbrochenen eisernen Gurtbögen getragen, die an der Wand auf Konsolen, in der Mitte auf dünnen eisernen Säulen über hohen pfeilerartigen Sockeln ruhen. Die sparsame Ornamentik ist der Antike entlehnt. Schon 1830 hatte Labrouste an seinen Bruder geschrieben, daß man eine vernünftige und ausdrucksvolle Ornamentierung von der Konstruktion selbst ableiten müsse. »Ich wiederhole ihnen (den Schülern) oft, daß die Künste die Macht haben, alles schön zu machen, aber ich bestehe darauf, daß sie verstehen, daß in der Architektur die Form immer der Funktion angepaßt sein muß, für die sie beabsichtigt ist.« Hier tauchen die schon öfter gebrauchten Begriffe Konstruktion und Funktion auf. Die Gedanken von Labrouste sind radikaler, als es die etwa gleichzeitig entstandene Theorie von Semper ist; sie verwirklichen, was Carlo Lodoli schon ein Jahrhundert früher gefordert hatte. Die durch den steinernen Mantel noch zurückgehaltene neuartige Raum- und Licht-wirkung der Glas-Eisen-Konstruktion tritt bei anderen Aufgaben reiner in Erscheinung. Eine der eindrucksvollsten und glücklichsten Lösungen ist die Fassade der *King's Cross Station in London* von Lewis Cubitt (1799–1883), 1851–52. Zwei gewaltige Bögen zwischen glatten Mauer-kuben lassen die anschließenden Glas-Eisen-Konstruktionen der beiden Bahnhofshallen voll zur Geltung kommen. Die Komposition der Fassade enthält etwas von Soanes revolutio-närem Geist *(Abb. 268)*.

Der Kristallpalast

Als reiner Ingenieurbau kann der von Sir Joseph Paxton (1803–65) entworfene und von den Ingenieuren Fox und Henderson ausgeführte epochemachende *Kristallpalast in London* von 1850–51 gelten, der 1936 durch Feuer zerstört wurde *(Abb. 269)*. Er war für die erste Welt-ausstellung 1851 in knapp vier Monaten errichtet worden. Diese kurze Bauzeit war durch präformierte Standardeinheiten von Gußeisenteilen, Holzbögen und Glasplatten ermöglicht, die an der Baustelle zusammengesetzt wurden. Die Konstruktion bestand aus einem dreifach in die Höhe gestaffelten Rechteck von 600 m Länge und 120 m Breite bei 21 m Höhe des Mitteldaches und einem gleichgestaffelten Querschiff, dessen gewölbtes Glasdach 34 m Höhe erreichte. Verwendet wurden 3300 Säulen und 2300 Binder, die in der Überzahl 7,87 m (24 Fuß) lang waren. Da der Säulenabstand ebenfalls 7,87 m betrug, war dieses Maß gewisser-maßen das Modul der Konstruktion. Der Raumeindruck war, wie aus zeitgenössischen Schil-derungen hervorgeht, überwältigend. Da Licht und Raum von außen fast ungehindert ein-drangen, wurde deren Unermeßlichkeit plötzlich als Ordnung erlebt. Zum ersten Mal taucht in diesem Ausmaß ein derartiges 'funktionales' Raumerlebnis auf, das den heutigen Menschen durch die neue Wohnweise, ihre tägliche Arbeit in entsprechenden Fabrik- und Büroräumen und durch die ständige Benutzung von Bahnhofshallen, Schalterräumen und unzähligen anderen funktional geordneten Durchdringungen von Außen- und Innenraum zur Selbst-verständlichkeit geworden ist. Daß der Kristallpalast aber etwa etwas mit Architektur zu tun haben könnte, wurde nicht erkannt. Bis beides sich zu einer Einheit verband, sollte noch fast ein halbes Jahrhundert vergehen.

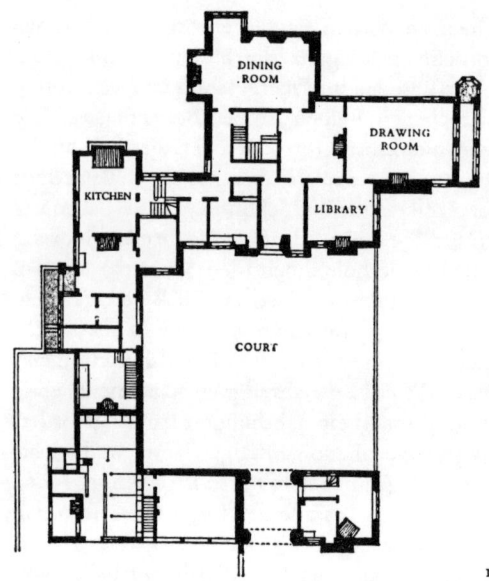

178 House Leyswood in Sussex

Villen

Nur wenige Jahre später setzte, ebenfalls in England, auf den Grundlagen der Tradition des Picturesque für die gänzlich andere Aufgabe des privaten Landhauses eine Entwicklung von ebenso großer Zukunftsträchtigkeit ein. 1859–60 baute Philip Webb (1831–1915) für seinen Freund William Morris das Red House in Bexley Heath, Kent. Die Bedeutung liegt in der Freiheit des völlig informellen Planes, der sich aus den gewünschten Funktionen der Räume ergibt, und in dem Verzicht auf jegliche Ornamentierung oder Skulpierung der einfachen roten Ziegelwände. Noch einflußreicher in der unmittelbaren Wirkung über Jahrzehnte hinaus, zunächst nur in England und Amerika, war das von Richard Norman Shaw (1831–1912) 1868 begonnene *Leyswood in Sussex (Fig. 178)*. In mancher Hinsicht ist es vom heutigen Standpunkt aus weniger 'modern' als das Red House, in anderer aber – vorzüglich des Planes und der Durchfensterung – radikaler. Hier tauchen Möglichkeiten auf, die zu Frank Lloyd Wright, Mies van der Rohe u.a. führen.

IV. Hypertrophie des Historismus

Was sich in den letzten Beispielen, mit der Bibliothek von Labrouste beginnend, anbahnte, steht im denkbar größten Gegensatz zur gleichzeitig einsetzenden Entwicklung der 'offiziellen' Architektur des zweiten französischen Kaiserreiches, der hoch- und spätviktorianischen und der wilhelminischen Zeit.

Der Neue Louvre in Paris

Die Ouverture lieferte der 1852–57 von L.-T.-J. Visconti (1791–1853) und H.-M. Lefuel (1810–80) errichtete *Neue Louvre in Paris*, der die Rue de Rivoli flankierende und zum Tuile-

268

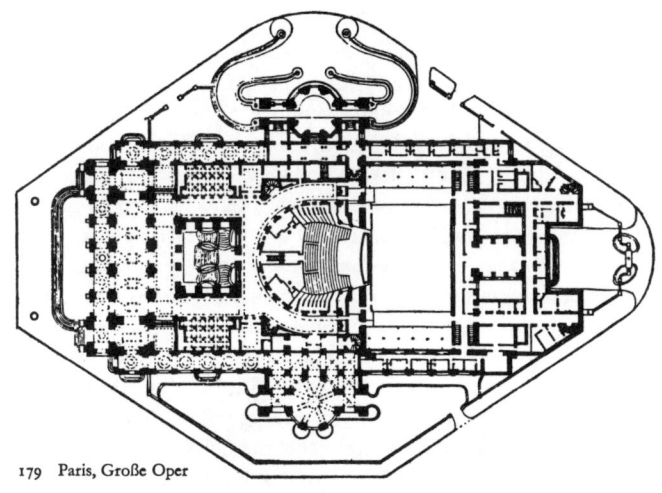

rienpalast führende Nordwestflügel *(Abb. 270)*. Obwohl Elemente vom alten Louvre übernommen sind, handelt es sich um keine Nachahmung eines bestimmten historischen Stiles,
sondern um ein Konglomerat von Renaissance und Barock insgesamt, das besonders in den
Pavillons mit einer Überfülle plastischer Formen versehen wird, die so tun, als ob sie organische Auswüchse des Baukörpers seien, es aber in keinem Fall sind. Die sinnlosen und nur
der Füllung wegen vorhandenen Voluten über den Doppelsäulen des Eckpavillons sind eine
für alles bezeichnende Einzelheit. Was hinter den Fassaden installiert wurde – zwei Ministerien, eine Bibliothek, Pferdeställe –, findet nicht den geringsten Ausdruck im Äußern. Da alle
Welt fasziniert auf den Glanz des zweiten Kaiserreiches starrte, wurde der hier eingeschla-
gene Weg vorbildlich für die nächsten Jahrzehnte, am wenigsten allerdings in Paris selbst.
Bei dieser Art von Eklektizismus waren der Phantasie in der Kombination von Formen aus
Stilfibeln keine Grenzen mehr gesetzt.

Die Große Oper in Paris
Glücklicher in der Gesamtkomposition und vor allem in der Entwicklung des Grundrisses
ist die 1861–74 von J.-L.-C. Garnier (1825–98) erbaute *Große Oper in Paris (Abb. 271 u. Fig.
179)*, die einen Höhepunkt des Ausdrucks öffentlichen Geschmacks und Lebens der zeitgenössischen Gesellschaft ist. Dem gesellschaftlichen Leben ist mit einer riesigen Eingangshalle,
dem bis zum Dach reichenden Treppenhaus und einem großen Foyer mehr als ein Drittel
der ganzen Anlage gewidmet. Stellt man sich diese Räume ohne den maßlosen Eklektizismus
ihrer Dekoration vor, ohne Marmor, Porphyr, Bronze, vergoldeten Stuck, Kandelaber,
Kronleuchter, Malerei, dann würden die Großartigkeit der Konstruktion und die Neuartig-
keit des Raum- und Gestaltdenkens reiner in Erscheinung treten. Das verwendete Komposit-
gewand von Renaissance- und Barockformen ist hier vorzüglich der venezianischen Kunst
entnommen.

Justizpaläste
Zu den großen Bauaufgaben der Neuzeit gehören staatlicherseits Ministerien, Verwaltungsgebäude, Ämter und dergleichen, die es früher entweder überhaupt nicht gab oder die eine
untergeordnete Rolle spielten, wenn sie nicht mit dem fürstlichen Schloß verbunden waren.
Es gehören ferner dazu die Justizpaläste, auf die besonderer Wert gelegt wurde, da Rechts-
pflege zu den Grundpfeilern staatlich-menschlicher Ordnung gerechnet werden muß. Der
Justizpalast soll die Erhabenheit des Rechtsgedankens darstellen. Den imposantesten Ausdruck fand er im *Justizpalast zu Brüssel*, der 1866–83 von Joseph Poelaert (1817–79) errichtet
wurde *(Abb. 272)*. Die stereometrische Zusammenstellung der zahlreichen Bauteile scheint sich
hier in besonders komplexer Weise ineinander zu verschachteln. Würde man den beunruhigen-
den Reichtum des entlehnten Formenapparates entfernen, entstünde ein Gebilde, dessen Baugesinnung sowohl den klassizistischen Bauten um 1800 als denen des 20. Jh. entspricht. Was
den Formenapparat betrifft, so ist die Stilmischung erstaunlich. Barock, Renaissance, Römisches, Griechisches und Assyrisches sind miteinander verbunden. Hierin zeigt sich eine Ausweitung des historischen Überblicks, die bei anderen Bauten dieser Zeit auch das Islamische,
Indische und Ostasiatische einbegreifen konnte, so daß nahezu alles, was die gesamte Menschheit an Architektur geschaffen hat, benutzt wurde. Die europäische Architektur hat sich damit
zu einer 'Weltarchitektur' eigentümlicher Art entwickelt, die eine solche jetzt auch im buch-
stäblichen Sinne des Wortes wurde, indem sie sich in gleicher Form über die ganze Welt aus-
breitete. Sie konnte deshalb überall eindringen, weil alle alten Hochkulturen, die noch neben
der abendländischen bestanden hatten, fast gleichzeitig mit dieser im Laufe des 18. Jh.
zugrundegegangen waren. Dieser gemeinsame Untergang aller älteren Kulturen, der nicht
auf gewaltsame Unterdrückung durch die Europäer zurückzuführen ist, muß durch einen die
ganze Menschheit umfassenden einheitlichen Prozeß bedingt gewesen sein. Von den zahlreichen gewaltigen 'Pälasten', die sich im letzten Jahrhundertdrittel in jeder größeren Stadt
jeden Landes und Erdteiles erhoben, sei ohne weitere Analyse eine kurze, aber typische Auswahl angefügt. Dem Vorbild des Brüsseler Justizpalastes folgt der 1888–1910 von Giuseppe
Calderini (1837–1916) errichtete Palazzo di Giustizia in Rom. Er gleicht ihm in der Megalo-
manie und Gewaltsamkeit der Formen, nicht aber in der glücklichen Komposition. Das Beispiel stellt einen einzigartigen Höhepunkt von Abirrungen des Historismus dar. Nicht ganz
so unglücklich, aber im Geiste des überladenen Neubarock ähnlich, ist der 1884–94 von Paul
Wallot (1841–1912) gebaute *Reichstag in Berlin (Abb. 273)*.

Staat, Kultur und Gesellschaft
Eine Mischung von Spätgotik, französischer Renaissance, holländischer Tradition des 16. Jh.
und Picturesque stellt das 1877–85 entstandene *Rijksmuseum in Amsterdam* von P. J. H. Cuijpers
(1827–1921) dar *(Abb. 276)*. Es hebt sich von den anderen Beispielen durch größere Leichtigkeit
und Eleganz der Zeichnung wohltuend ab. Zwei Binnenhöfe verwenden unverhüllte Eisen-
Glas-Konstruktion, so daß in einer für diese Jahrzehnte typischen Weise Ingenieurbau und
Architektur unverbunden nebeneinander stehen. Schließlich zeigt das *Grand Hotel in Scarborough* (1863–67) von Cuthbert Brodrick (1825–1905) als erstes weithin wirkendes Beispiel
derartiger Hotelschlösser, wie der anspruchsvolle 'imperiale' Historismus jede Bauaufgabe
ergriff, gleich für welchen Zweck sie bestimmt war *(Abb. 274)*. Das gilt ebenso für die Erfin-

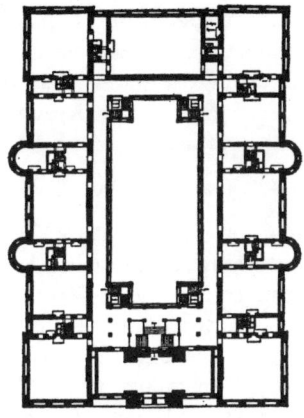

180 Pittsburgh (Penns.), Allegheny County Jail, Grundriß und Ansicht

dung von großen Anlagen, die dem öffentlichen städtischen Leben dienen und zugleich Durchgangs- und Aufenthaltsräume darstellen: für die besonders in Italien eine bedeutende Rolle spielenden Galerien. Das noch heute im Zentrum täglichen Lebens stehende eindrucks-vollste Exemplar dieser Gattung stellt die 1865–77 von Giuseppe Mengoni (1829–77) errich-tete *Galleria Vittorio Emanuele II in Mailand* dar. Die Eisen-Glas-Konstruktion der Dächer *(Abb. 275)* steht in unverhülltem Gegensatz zu den reichdekorierten Fassaden. – Wie auch der Kirchenbau dieser Zeit demselben Zwang zu pompöser Aufwendigkeit unterlag, zeigt das 1874–c. 1900 von Paul Abadie (1812–84) erfundene 'Monument' von *Sacré-Coeur in Paris (Abb. 279)*. Seine exponierte Lage auf dem Montmartre hat es zu einem Wahrzeichen der Stadt gemacht neben dem gleichzeitig für die Weltausstellung von 1889 entstandenen Eiffelturm, einer reinen Ingenieur-Konstruktion *(s. Fig. S. 262)*. Das Auseinanderklaffen der beiden Ver-fahrensweisen in diesem Zeitraum kann kaum eindrucksvoller verdeutlicht werden. Wenige Jahrzehnte später wird dieser Gegensatz verschwunden sein; seine Überwindung bahnt sich schon jetzt in Amerika an.

V. Amerika

Architecture parlante

Ehe auf diese Entwicklung eingegangen wird, sei eines gänzlich verschiedenartigen eindrucks-vollen Bauwerkes gedacht, das an die 'architecture parlante' des romantischen Klassizismus erinnert: des 1884–88 von Henry Hobson Richardson (1838–86) errichteten *Allegheny County Jail in Pittsburgh, Penns. (Fig. 180)*. Seinem Zweck entsprechend ist der reine Granitbau von düsterer Würde, aus frei zusammengefügten Baublöcken bestehend und darin den Prinzipien des Picturesque gehorchend. Die mittelalterlich-romanischen Anklänge sind keine historische Verkleidung, sondern eher 'Zitate' wie bei der Revolutionsarchitektur um 1800. Dieses Auf-greifen einer verschütteten Linie ist symptomatisch für die sich vorbereitende neue Klarheit des Baudenkens. Nicht anders steht es mit der von Frank Furness (1839–1912) 1879 gebauten Provident Life and Trust Company in Philadelphia. Die Verwendung gotischer Elemente erfolgt

271

derart undoktrinär und persönlich, daß das Gebäude keiner Neugotik des 19. Jh. mehr gleicht, sondern wiederum eher an die stereometrische Phantasie des romantischen Klassizismus, besonders Soanes, erinnert und zugleich in völlig eigener Weise auf die Phantastik Gaudís vorausweist. Beide Werke sind erstaunliche Leistungen schöpferischer Begabungen, denen in Europa während dieser Jahrzehnte nichts an die Seite zu stellen ist.

Hochhäuser

In dem 1890 mit vier Stockwerken begonnenen und 1894 auf 13 Stockwerke erhöhten *Reliance Building in Chicago (Abb. 277)* sind die Grenzen des Historismus erreicht, ja bereits überschritten. Die Horizontalbänder enthalten letzte Erinnerungen an eine der Vergangenheit entlehnte Ornamentik; die voll zur Wirkung gebrachte Skelettkonstruktion aber stellt die Überwindung des Zwiespaltes von Ingenieurbau und Architektur dar. Die Ingenieur-Architekten waren D. H. Burnham (1846–1912) und J. W. Root (1850–91). Unmittelbar danach, 1894–95, entstand das Meisterwerk von Louis H. Sullivan (1856–1924) und Dankmar Adler (1844–1900), das *Guaranty Building in Buffalo, N.Y. (Abb. 278)*. Die zurückhaltende geometrische Ornamentierung der Terrakotta-Verkleidungen erweckt keine historische Erinnerungen mehr, die Ornamentik des Attikageschosses unter der Deckplatte wirkt dem genau in diesen Jahren in Europa entstehenden 'Jugendstil' (Art Nouveau) verwandt. Von eminenter Bedeutung für die Zukunft ist die Behandlung des Erdgeschosses mit seinen fast freistehenden Stützen. Einmal wird dadurch die ungehinderte Verbindung von Außen- und Innenraum erreicht, wie sie im 20. Jh. zu einem wesentlichen Prinzip der Architektur werden sollte; andererseits wirkt das darüber befindliche vielstöckige Gerüst gleichsam wie vom Boden gehoben, so daß es trotz seiner höhen- und breitenmäßigen Ausdehnung einen Eindruck von selbstverständlicher Schwerelosigkeit erweckt, was ebenfalls eines der Charakteristika der modernen Architektur ist. Die volle Bejahung und Offenlegung der schon seit Jahrzehnten benutzten technischen Konstruktionsmöglichkeiten des Ingenieurs hat nunmehr den Weg zu einer Entwicklung freigemacht, die, echter und schöpferischer, als es der Historismus vermochte, die schon keimhaft im romantischen Klassizismus verborgene Baugesinnung verwirklichen konnte.

13 Das 20. Jahrhundert

Vorbemerkung: Unter Aufgabe aller historisierenden Verkleidungen treten Vernunft und Abstraktion (Bedingungen der Technik) unverhüllt in Erscheinung und bestimmen den Charakter der Architektur.

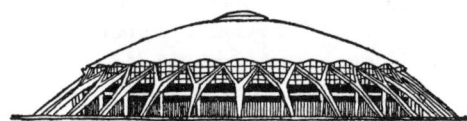

Rom, Olympiapalast

Notre Dame du Haut bei Ronchamp

Alfeld a. d. Leine, Faguswerke

An verschiedenen Stellen – Amerika, England, Holland, Belgien – vollzog sich im letzten Jahrzehnt des 19. Jh. eine Abwendung vom Historismus, deren Tendenzen man jetzt allgemein unter dem Begriff 'Jugendstil' oder 'Art Nouveau' zusammenfaßt. Die Bewegung betraf zunächst vorzüglich das 'Kunstgewerbe' jeglicher Art, war also im wesentlichen auf die Regeneration des 'Ornamentes' gerichtet, das sowohl von historischer als auch von naturalistischer Nachahmung befreit werden sollte. Das bedingte eine Stilisierung, die den Hauptwert auf Klarheit und Reinheit der Linie legte. Von hier aus war der Schritt zur Architektur möglich, die – vor allem durch Anerkennung der technischen Konstruktionsmittel von Eisen, Stahl, Glas, Beton – denselben Forderungen nach Klarheit der 'Linienführung' gerecht werden konnte, die geradezu automatisch zutage treten mußte, sobald man jede historische Verkleidung verwarf und allein den Gesetzen der Konstruktion gehorchte. Es ist kein Zufall, daß einige der führenden Architekten nicht als solche, sondern als Zeichner – als Illustratoren, Ornamentisten, auch als Maler – begonnen haben.

I. Übergang

Hendrik P. Berlage
Der erste zu erwähnende Architekt, Hendrik Petrus Berlage (1856–1934), hätte auch noch am Ende des vorigen Kapitels auftreten können. Seine *Börse in Amsterdam* von 1898–1903 stellt

181   Hendrik P. Berlage, Börse in Amsterdam

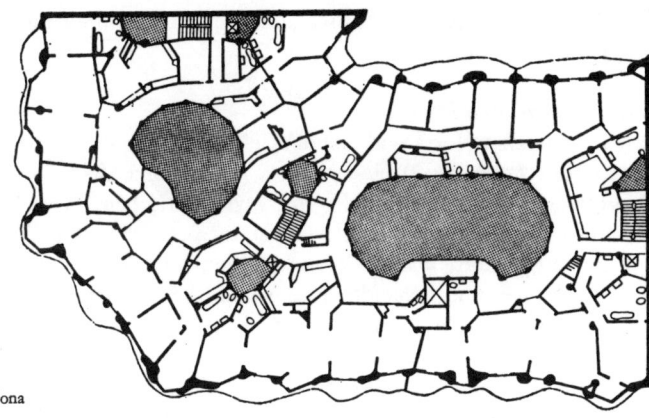

182 Antonio Gaudí, Casa Milá in Barcelona

letztlich wie die Bibliothek von Labrouste eine Kombination und nicht eine Synthese von 'Architektur' und 'Ingenieurbau' dar, nur daß die architektonischen Formen weitgehend ohne historische Reminiszenzen leben und die Glas-Eisen-Konstruktion im großen Börsensaal inniger mit der Raumgestalt verschmolzen ist *(Abb. 280 u. Fig. 181)*. Man hat auf eine Verwandtschaft mit den Werken von Richardson in Amerika hingewiesen (vgl. *Fig. 180*); man könnte aber auch sagen, daß hier wieder Keime aufgehen, die der romantische Klassizismus gelegt hatte, vor allem Soane. Die Wirkung Berlages in Holland war während der nächsten Jahrzehnte groß.

Victor Horta
Das gilt weniger für die gleichzeitigen Bauten von Victor Horta (1861–1947) in Belgien, die bedeutend radikaler sind. Horta war ein Hauptvertreter des Art Nouveau, was sich besonders in der ornamentalen Bewegung aller offen gezeigten Metallstrukturen in sämtlichen Interieurs zeigte. Diese Beweglichkeit konnte sich sowohl auf den Grundriß als auch auf den Aufriß übertragen. Die Fassade seines einheitlichsten Werkes, des *Solvay-Hauses in Brüssel* von 1895–1900, gerät durch die Verwendung dünner Eisenelemente in lebhafte Schwingungen, denen die gemauerten Teile folgen *(Abb. 281)*. Man kann dabei unmöglich von plastischer Ausformung eines festen Baukörpers im Sinne des Barock sprechen. Dafür sind Glieder und Häute zu dünn. Die zum Ausdruck kommende Schwerelosigkeit, die auch für die Innenräume kennzeichnend ist, entspricht dem, was am Guaranty Building in Buffalo beobachtet wurde.

Antonio Gaudí
Eine verwandte Gesinnung hatte sich schon vorher in Bauten des phantastischen Katalanen Antonio Gaudí (1852–1926) geäußert und fand einen Höhepunkt in dem großen Mietshaus der *Casa Milá in Barcelona* von 1905–07 *(Abb. 283 u. Fig. 182)*. Hier ist nun alles derartig in Bewegung geraten, daß jede klar faßbare Form verschwunden zu sein scheint. Wenn irgendwo, müßte bei diesem Werk von Plastik gesprochen werden. Aber auch von organischem Baukörper? Wo steckt er? Das Ganze wirkt wie aus Ton geknetet, eine abstrakte Plastik, die man mit Henry Moore verglichen hat. Damit ist etwas vorausgenommen, das später in der 'expres-

sionistischen' Architektur Deutschlands eine kurze Blüte fand und in jüngster Zeit erneut als Möglichkeit auftaucht.

Charles Rennie Mackintosh

Im Gegensatz zu Horta und Gaudí spielt die bewegte ornamentale Linie bei Charles Rennie Mackintosh (1868–1928) eine geringe Rolle. Seine *School of Art in Glasgow* von 1897–99 (Nordflügel 1907–08) verbindet mit asymmetrischem Grund- und Aufriß (Tradition des Picturesque!) die Verwendung fester stereometrischer Bauteile (Soane!) und weitgehend in Fenster aufgelöster Kuben *(Abb. 282)*. Daraus ist eine 'Komposition' kräftiger und zugleich in Proportionen und Behandlung sehr feinfühliger Elemente entstanden, die – moderner als bei Berlage – die bereits im romantischen Klassizismus wirksam gewesene Baugesinnung deutlich macht. Wenn hier immer wieder auf diesen Zusammenhang, der ja nicht bewußt zu sein brauchte, hingewiesen wird, so geschieht dies in der Überzeugung, daß es sich bei der Entwicklung seit 1770–80 in der Tat um einen einheitlichen 'Stil' handelt, der um 1900 durch die Anerkennung der Technik in eine neue Phase tritt, die keinen Bruch, sondern volle Entfaltung bedeutet.

Frank Lloyd Wright

So muß man auch das 1897 entstandene *Isidore Heller-Haus in Chicago* von Frank Lloyd Wright (1869–1959) in die Tradition des Picturesque seit Strawberry Hill stellen, die mit der Entwicklung des englischen Landhauses seit Webb und Shaw in die Moderne führte *(Fig. 183)*. Wenn man will, ist sogar bei Wright noch etwas von 'Historismus' zu spüren, insofern als gewisse japanische Einflüsse festzustellen sind. Diese haben sich nicht nur auf die Abfolge der Dachlinien ausgewirkt, sondern auch auf die Plangestaltung, die erstmals die Abkapselung der einzelnen Räume entschieden aufgibt und Halle mit Eß- und Wohnzimmer durch weite Wandöffnungen verbindet, so daß die Räume ineinanderfließen können. Deren Größe und Lage wiederum wird durch die Funktion bestimmt, die ihrerseits die Außengestalt hervorruft. Zu noch weitgehenderer Freiheit bei gleichzeitiger strikter Entwicklung aller Bauelemente aus Konstruktion und Funktion ist Wright 1909–10 im *Robie-Haus in Chicago* gelangt *(Abb. 284 u. Fig. 184)*. Die oft gebrauchten Begriffe 'Abstraktion' und 'Stereometrie', die aus dem Gegensatz zum körperhaft-organischen Denken von Renaissance und Barock gewonnen wurden, haben jetzt, so scheint es, ihre volle Berechtigung erlangt. Die vielfältig ge-

183   Frank Lloyd Wright, Isidore Heller-Haus in Chicago

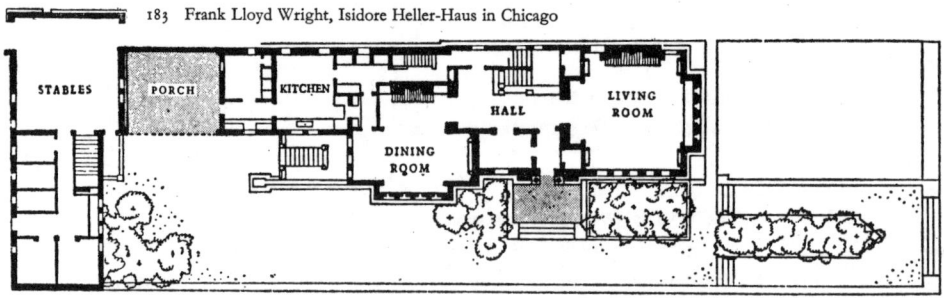

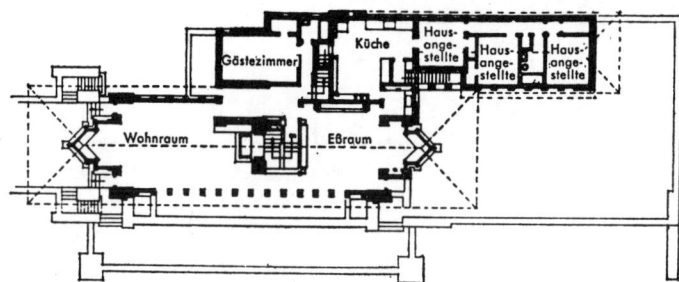

184 Frank Lloyd Wright,
Robie-Haus in Chicago

schachtelten Kuben umschließen Innen- und Außenräume, die dadurch zur Einheit verschmolzen werden. Von allen Seiten her wird der Freiraum gleichsam ins Haus genommen und zu dessen Gestaltung benutzt. Blickt man auf die stereometrischen Bauteile im einzelnen, so wird man an Schinkels Berliner Schauspielhaus erinnert, das prinzipiell bereits diese Möglichkeiten in sich enthielt.

Josef Hoffmann

Gleichzeitig wandte der Wiener Josef Hoffmann (1870–1956) diese Grundsätze auf einen umfangreicheren Bau an, der als Stadthaus nicht so zur Natur geöffnet sein konnte wie Wrights Villa, auf das *Palais Stoclet in Brüssel* von 1905–11 *(Abb. 285)*. Die Wände scheinen von gleicher unkörperlicher Materie zu sein wie die Fenster, die in derselben Ebene liegen, so daß beide ihre Rollen vertauschen können, wie der vertikale Fensterstreifen am Treppenturm zeigt. Obwohl Hoffmann im Mittelpunkt des Wiener Jugendstils stand, hat er auf Ornamentik fast vollständig verzichtet.

Adolf Loos

Noch radikaler in dieser Hinsicht war der Wiener Adolf Loos (1870–1933), dessen *Steiner-Haus in Wien* von 1910 stereometrisches Denken in fast reinerer Form als Wright zeigt *(Abb. 286)*. Daß Fensteröffnungen wie bei der Revolutionsarchitektur glatt in die körperlosen Wandebenen geschnitten werden, sei als eine Selbstverständlichkeit nur am Rande vermerkt.

Otto Wagner

Während Loos sich auch theoretisch gegen jedes Ornament in der Architektur wandte (›Ornament und Verbrechen‹ 1908), gehörte Otto Wagner (1841–1918) so wie Hoffmann anfänglich durchaus zum Jugendstil. Seine Wiener Stadtbahnhöfe von 1894–1901 sind wie die Bauten Hortas und die Métro-Stationen in Paris (1898–1901) von Hector Guimard Höhepunkte des architektonischen Art Nouveau. Ein Nachklang dieser bewegten Linearität ist noch in den Kurven der Glas-Eisen-Konstruktion im Schalterraum des *Postsparkassenamtes in Wien* von 1904–06 zu spüren *(Abb. 287)*, der im übrigen aber die außerordentlich schnelle Integration von Technik und Architektur in diesen Jahren zeigt. Vergleicht man diesen Raum mit dem verwandten der Amsterdamer Börse, wird eminent deutlich, wie die dort noch vorhandene Grenze endgültig überschritten ist. Die Fassade des Gebäudes dagegen erinnert in ihrer leichten Ornamentierung an das Guaranty Building in Buffalo.

Peter Behrens

Mit der *Turbinenfabrik der AEG in Berlin* (1909) von Peter Behrens (1868–1940) erscheint erstmals ein reiner Industriebau *(Abb. 288)*. Die Stirnseite mit den beiden Eckpylonen und dem vortretenden Glaskubus erinnert an die Neue Wache Schinkels und an andere Bauten und Entwürfe des Klassizismus. Tatsächlich haben Behrens und andere Architekten vom Anfang dieses Jahrhunderts bewußt am Klassizismus angeknüpft, weil sie in ihm klar den Anfang der neuen Baugesinnung erkannten. Wenn später Diktaturen wie Bolschewismus und Nationalsozialismus auf dieselbe Quelle zurückgingen, so standen sie damit zwar nicht ganz außerhalb ihrer Zeit, nahmen aber keine schöpferische Verwandlung vor, sondern ahmten nach und sanken damit auf das Niveau der von ihnen gehaßten kapitalistisch-demokratischen Bourgeoisie der zweiten Hälfte des 19. Jh. zurück. Bei der Turbinenhalle wird die Konstruktion des Stahlrahmens, der die Glaswand trägt und den Raum verspannt, deutlich sichtbar gemacht. Sie tritt im Glaskubus der Stirnwand hervor und in den Glasflächen der Seiten, die der Neigung der Pylonen folgen, während die kaum Licht wegnehmenden Betonstützen die Vertikale der Glasfront an der Stirn begleiten und gleichzeitig der Verankerung des Stahlgerüstes dienen. Der Giebel gibt genau die Form des aus Stahl und Glas bestehenden Daches wieder. Der Innenraum in seiner Weite und Höhe wird nicht als lagernde Gestalt empfunden, sondern als eine in Funktionen von Raum und Licht verwandelte tätige Ordnung, deren Lebendigkeit und Bewegtheit erst im Vollzug der Arbeit sichtbar werden, wenn alle Maschinen in Betrieb sind und die Kräne durch den Raum gleiten.

Walter Gropius

Einen Schritt weiter ging der aus der Schule von Behrens gekommene Walter Gropius (1883 geb.), als er mit Adolf Meyer ab 1911 die *Faguswerke in Alfeld a.d. Leine*, eine Schuhleisten- und Stanzmesserfabrik, schuf *(s. Fig. S. 273)*. Die Leistung von Gropius bestand darin, daß er die Anlage konsequent aus ihrer Bestimmung und den technischen Bedingungen von Material und Konstruktion heraus entwickelte, ohne einzelne Teile – wie die Stirnwand der

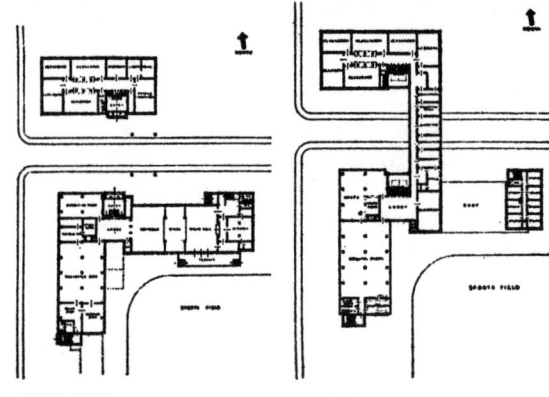

GROUND FLOOR   SECOND FLOOR   185   Walter Gropius, Das Bauhaus in Dessau

186   Antonio Sant'Elia, Kraftstation der Neuen Stadt.
Zeichnung aus der ›Città Futura‹

Turbinenfabrik – 'symbolisch' zu erhöhen. Es ergab sich ein Komplex von vollkommener Ordnung der stereometrischen Gebilde, die in Form, Farbe und Material jeweils nach ihrem Zweck differenziert sind. Das inhaltlich und formal den Kopf des Ganzen darstellende Büro- und Verwaltungshaus ist auf den ersten Eindruck hin ein vollständig aus Glas bestehender durchsichtiger Würfel *(Abb. 289)*. Die vom Sockel aus gelbem Ziegelstein glatt aufsteigenden Bänder geben Halt und Ordnung; sie sind das verblendete Stahlskelett, das trägt und verstrebt. Es wird von einem Dachband abgeschlossen, in das die Glasplatten eingehängt sind, so daß Abschlußband, Glaswände und die horizontalen dunklen Stahlbänder, die die Geschoßein- teilung angeben, in einer Ebene liegen, die etwas über Sockel und Gerüst vorragt. Der Ein- druck der Schwerelosigkeit wird dadurch erheblich verstärkt. Die hier verwirklichten Gedan- ken entwickelte Gropius seit 1919 in der Lehre des Bauhauses (zuerst in Weimar) und in dem von ihm 1925–26 errichteten Gebäude des *Bauhauses in Dessau* weiter, von dem eine weltweite Wirkung ausging. Wegen dieser, jetzt schon historisch gewordenen Bedeutung sei das Dessauer Bauhaus wenigstens abgebildet, ohne daß weiter darauf eingegangen wird *(Abb. 290* u. *Fig. 185)*.

Sant'Elia

Nicht ohne Einfluß seitens der Wiener Architektur des ersten Jahrzehnts sind 1914–16 die Zeichnungen des Futuristen Antonio Sant'Elia (1888–1917) entstanden. Der aus der ›Città Futura‹ stammende Entwurf für die *Kraftstation der Neuen Stadt* erinnert in manchem an das Palais Stoclet von Hoffmann und weist andererseits sowohl auf den Expressionismus der zwanziger Jahre als auch auf Realisationen der Gegenwart voraus *(Fig. 186)*.

'Offizielle' Architektur

Der Hauptstrom aller öffentlichen und privaten Gebäude, sowohl in Europa als in anderen Erdteilen, war bis 1914 noch von einem gemäßigten Historismus oder von einer Auffassung bestimmt, die zwar den Prunk des Neubarock ablehnte, aber an dem Gedanken festhielt, daß Architektur und technische Konstruktion nicht identisch sein dürfen, da Architektur als 'Kunst' einer repräsentativen Form bedürfe. Unter den unzähligen Werken dieser Art sei ein einziges Beispiel erwähnt, das *Piccadilly Hotel in London* (1905–08) von Richard Norman Shaw, der Jahrzehnte zuvor zu den Bahnbrechern des modernen Villenbaus gehört hatte *(Abb. 291)*. Eine klassizistische Säulenkolonnade ist mit Elementen toskanischer Frührenaissance und nordischer Spätrenaissance verbunden, so daß sich trotz beachtlicher Vereinfachungen noch dasselbe Stilkonglomerat wie im letzten Drittel des 19. Jh. ergibt.

III. Ausbreitung der 'Moderne'

Auf breiterer Basis setzte sich die neue funktionale Architektur erst nach 1918 besonders in Holland und Deutschland durch, etwas weniger in Frankreich und zunächst gar nicht in England, Amerika und anderswo, ganz vereinzelte Beispiele ausgenommen. Der Strömungen gab es anfänglich so viele und verschiedenartige, daß es unmöglich ist, diese außerordentlich komplexe Situation hier auch nur anzudeuten. Die Auswahl muß sich auf ein Mindestmaß von Werken beschränken, die bezeichnend für einige Möglichkeiten sind.

Expressionismus
In Deutschland entstand neben der von Behrens, Gropius u.a. eingeschlagenen Richtung für kurze Zeit eine Art von expressionistischer Architektur, die vorübergehend auch von Erich Mendelsohn (1887–1953) mit dem *Einsteinturm in Neubabelsberg* bei Potsdam von 1919–21 vertreten wurde *(Abb. 292)*. Der ursprünglich in reinem Betonguß geplante Bau wurde dann in Ziegeln mit Zementverschalung ausgeführt, behielt aber die plastische Gestaltung bei, so daß eine Verwandtschaft mit Gaudís aus Haustein errichteter Casa Milá entstanden ist, wenn auch Klarheit und Geschlossenheit des tatsächlich wie gegossen wirkenden Werkes größer sind.

Siedlungshäuser
Gewisse Elemente dieser Formenphantasie sind auch in den *Arbeiterreihenhäusern der Siedlung Hoek van Holland* (1926–27) von Jacobus Johannes Pieter Oud (1890–1963) zu spüren *(Abb. 293)*. Die an den Enden der Reihen verwandten Kurven mögen auf den Jugendstil zurückgehen, ordnen sich aber der Klarheit und Einfachheit der stereometrischen Formen vollkommen unter. Proportionierung und Detaillierung sind von äußerster Sensibilität, so daß ein Meisterwerk für eine Bauaufgabe entstanden ist, die erst nach dem zweiten Weltkrieg von größter Bedeutung wurde, die des 'sozialen Wohnungsbaus'.

Privathäuser
Demgegenüber vertritt Gerrit Th. Rietveld (1888 geb.) in dem *Schröder-Haus in Utrecht* von 1924 in konsequentester Form die 'abstrakten' Ideale der De Stijl-Bewegung, die sich mit gleichzeitigen Ideen des Bauhauses (Mies van der Rohe) und von Le Corbusier in Paris trafen und verbinden konnten *(Abb. 294)*. Die entscheidende Vorläuferschaft von Wright wird deutlich, nur daß das abstrakt-geometrisch-kubische Denken hier radikalste Erfüllung gefunden hat. – Gemildert und damit einer allgemeineren Verwendung zugänglicher gemacht, ohne Kompromisse zu schließen, erscheint diese Gesinnung im *Haus Tugendhat in Brünn* von 1930 *(Abb. 295* u. *Fig. 187)*, einem Meisterwerk von Mies van der Rohe (1886 geb.). Der Architekt

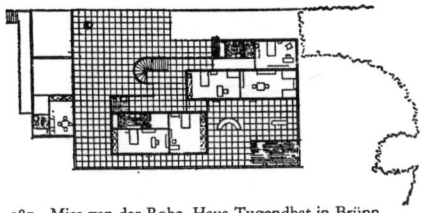
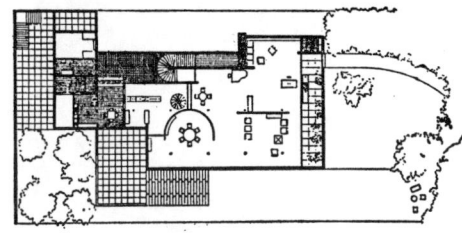

187 Mies van der Rohe, Haus Tugendhat in Brünn

hatte 1908 mit Gropius und Le Corbusier bei Behrens gearbeitet. Der Grundriß des Erdgeschosses zeigt eine völlig freie Behandlung der stereometrischen Form. Das Rechteck ist
vielfältig ein- und ausgewinkelt, um verschiedenen Wohnfunktionen gerecht zu werden.
Diese verlangten einen möglichst großen Raum, der sich in Fensterwänden weit nach dem
Garten öffnet und außerdem durch Terrassen mit ihm verbunden ist. Die Einwinkelungen
des Raumes und die Einfügung von freistehenden geschwungenen und geraden Wänden
ermöglichten Differenzierung und Gliederung, ohne den Zusammenhang des Ganzen zu
zerstören. Was das japanische Haus durch bewegliche und transparente Wandschirme erreicht,
wird hier mit verwandten Mitteln erzielt. Das Gerüst der Konstruktion steht frei im Raum.
Das Obergeschoß ist keine Wiederholung, sondern eine wiederum funktionelle Zusammenstellung kleiner Bau- und Raumeinheiten, die als Schlafzimmer usw. dienen.

Kirchen
Neben den verwandten Villenbauten Le Corbusiers aus den zwanziger Jahren sei für Frankreich an dieser Stelle einer gänzlich anderen Bauaufgabe gedacht, der Kirche *Notre Dame du
Raincy bei Paris* (1922–23) von Auguste Perret (1874–1954). Mit Hilfe des jetzt majorenn
gewordenen Betons wird der besonders stark dem Historismus verhaftete Sakralbau von
diesen Fesseln befreit und der modernen Architektur angeschlossen. Obwohl die Dreischif-
figkeit traditionell ist und die Glaswände schon von der Spätgotik erstrebt wurden, ergibt
sich durch die extrem schlanken Betonstützen und die Gewölbeformen doch ein von allem
Mittelalterlichen total verschiedener Eindruck, der schwer zu definieren ist. Daß der Geist der

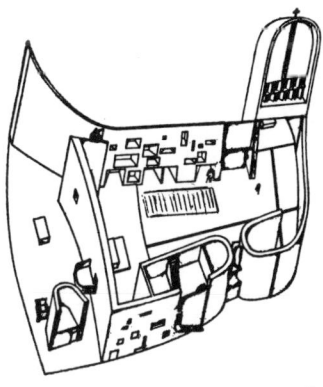

188 Le Corbusier, Notre Dame du Haut bei Ronchamp

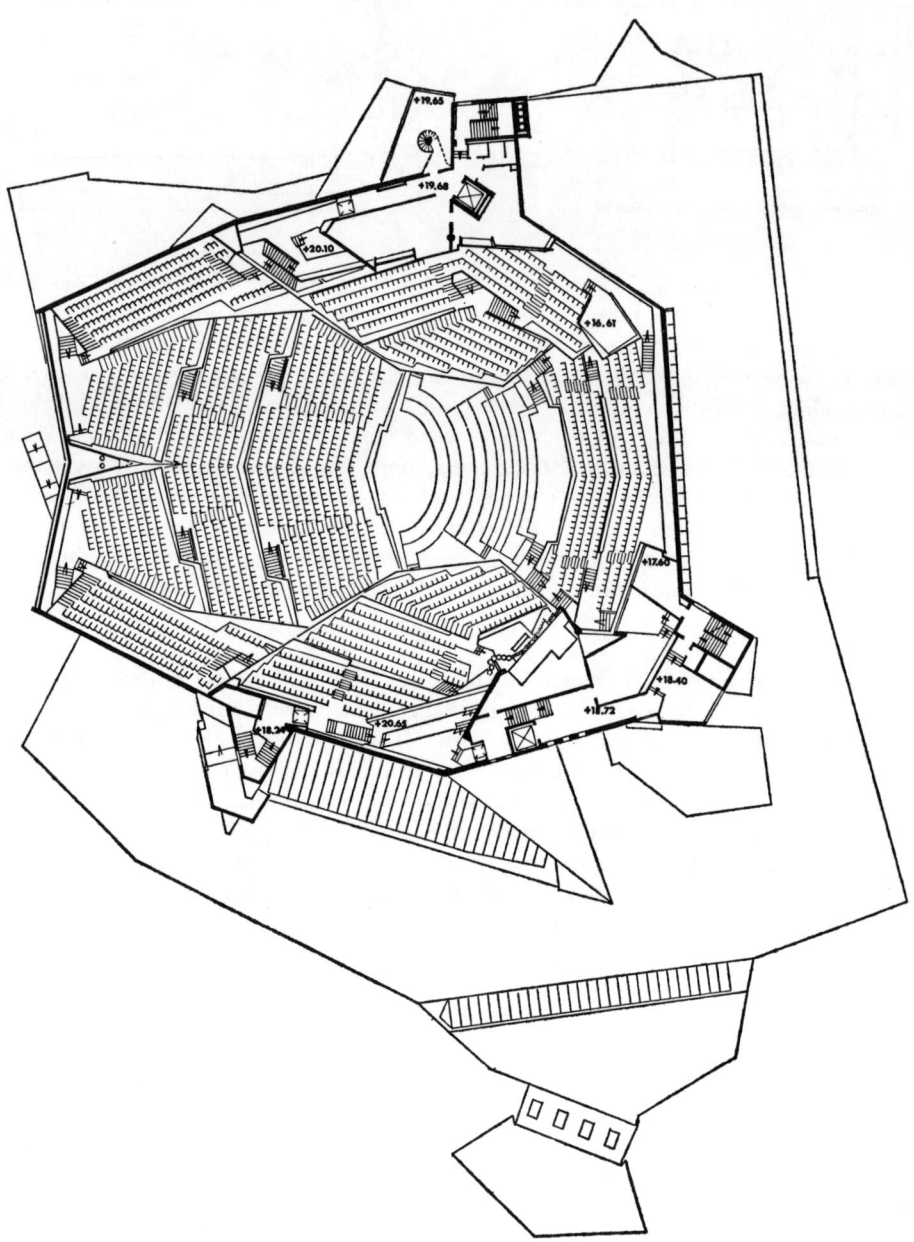

189   Hans Scharoun, Philharmonie in Berlin

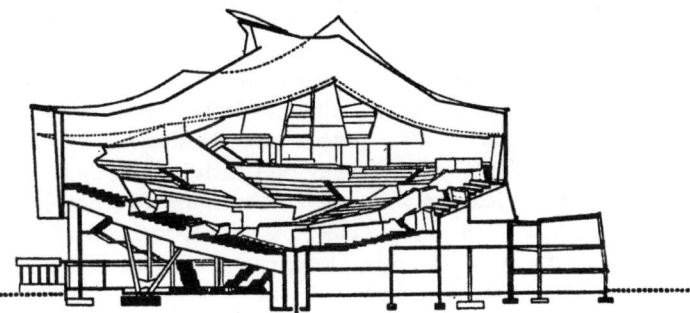

190 Hans Scharoun
Philharmonie in Berlin,
Außenansicht

Funktionalität, Schwerelosigkeit und Unkörperlichkeit des Technischen spürbar wird, steht außer Frage. Wie weit auch das Sakrale damit ausgedrückt wird, bleibt eine Frage, um deren Beantwortung sich der Kirchenbau in aller Welt seitdem intensiv beschäftigt *(Abb. 296)*. – Eine gänzlich andere Lösung, die in der Linie von Mendelsohns Einsteinturm liegt, hat Jahrzehnte später Le Corbusier (Edouard Jeanneret, 1887–1965) mit der 1950–55 entstandenen Wallfahrtskirche *Notre Dame du Haut über Ronchamp* gegeben *(Abb. 297, Fig. 188* u. *Fig. S. 273)*. Eine durchhängende braune Betondecke überdacht den unregelmäßig gestalteten Innenraum, der sich von Westen nach Osten verbreitert und erhöht (von 4,80 auf 10 m). Das Dach besteht aus zwei Schalen mit einem Abstand von 2,26 m und kragt an Süd- und Ostseite weit vor, um Schutz für Außenaltar und Kanzel zu bieten, die für größere Pilgerscharen benutzt werden. Die mit unregelmäßig angeordneten Fensterluken durchsetzte Südwand besteht ebenfalls aus zwei Betonschalen, die nicht in paralleler Stellung und gleichem Abstand gegossen wurden, so daß sich innen und außen verschiedene Neigungen und Kurven ergeben. Die übrigen Mauern und die Türme sind aus Bruchstein errichtet und mit der Betonspritze behandelt. Die Türme bieten Raum für abgesonderte Kapellen, die Privatandachten dienen. Alle für den Gottesdienst nötigen Funktionen sind beachtet; aus ihnen ist eine völlig frei wirkende Gestalt entwickelt, die an eine gewaltige abstrakte Plastik erinnert. Hier ist versucht worden, für das Sakrale eine Form zu finden, die den Geist unserer Zeit nicht verleugnet, dem Religiösen aber als einer besonderen Möglichkeit dieses Geistes durch sondernde Heraushebung aus dem Allgemeinen Rechnung trägt. Daß dieses gelungen und damit ein echter sakraler Ausdruck erreicht worden sei, wird von vielen bezweifelt. Das Erlebnis der Wirklichkeit ist jedoch überzeugend durch die geistige Kraft der Persönlichkeit, die dahinter steht.

In anderer Weise ist ein Zeugnis 'gemeinschaftstragender' Kraft der schöpferischen Persönlichkeit 1960–63 mit der *Philharmonie in Berlin* von Hans Scharoun (1893–1972) entstanden *(Abb. 298* u. *Fig. 190)*. Die vollkommen unregelmäßige und wie ein gewaltiges Zelt wirkende Außengestalt ist nichts als Hülle der Funktionen des Inneren, das zwei Zentren hat: Das Foyer mit Treppen, die sich frei je zu ihrem Ziel hin entwickeln, und der Aufführungssaal, in dem die ansteigenden Sitzareale sich um das Orchesterpodium nach allen Seiten entfalten *(Fig. 189)*. Hier kann man nicht, wie bei Ronchamp, von einer abstrakten Plastik der Gestalt sprechen, sondern muß eher den Raum selbst als eine Art von modelliertem Gebilde betrachten, das allerdings, statt in statischer Ruhe zu verharren, sich unaufhörlich wechselnd darbietet. Diese Raumphantastik stellt in gewisser Weise eine Entwicklung der im Expressionismus der zwanziger Jahre enthaltenen Möglichkeiten dar, die noch keineswegs erschöpft zu sein scheinen und vielleicht den heute fraglos vorhandenen Erstarrungsprozessen entgegenwirken können.

Eine weitere Aufgabe von repräsentativen, der Gesellschaft dienenden Anlagen ist der Theaterbau, für den überall vielfältige Lösungen versucht worden sind. Das hier gewählte Beispiel stammt aus den Vereinigten Staaten und ist Anfang der siebziger Jahre entstanden: das *Alley Theatre in Houston, Texas,* von Ulrich Franzen and Associates *(Abb. 298a).* Wenn bei Scharoun das Hauptgewicht auf der Gestaltung des Innenraumes lag, so ist hier auch die Außengestalt des Gebäudes in eine eminent plastisch-räumliche Bewegung geraten. »Alles wurde darauf abgestellt«, so ist hierzu gesagt worden, »die Erregung und das Zeremoniell eines Theaterbesuchs zu steigern«.

Mit der Berliner Philharmonie und dem Alley Theatre ist mitten in die Entwicklung des letzten Jahrzehnts vorausgegriffen worden, in dem in der ganzen Welt eine derartige Unzahl von Bauwerken entstanden ist, wie es in einem so kurzen Zeitraum nie zuvor in der Geschichte der Menschheit der Fall war. Daß die überwiegende Mehrzahl der Konstruktionen aus phantasielosen Standardgebilden besteht, ja bestehen muß, ist dabei selbstverständlich. Aber auch der wertvollen schöpferischen und weiterweisenden Leistungen gibt es so viele, daß eine auch nur andeutend ordnende Übersicht in Kürze unmöglich ist. Die Auswahl wird immer persönlich sein und kann nur mit Rücksicht auf einige verschiedene Bauaufgaben aus möglichst vielen Ländern getroffen werden, um Vielfalt und Einheit des heutigen Schaffens zu zeigen.

IV. 'Gegenwart'

Sonderaufgaben

Einer Aufgabe, für die es noch kaum eine Tradition in der Moderne gab, stand der Finne Alvar Aalto (1898 geb.) gegenüber, als er 1929–33 in Zusammenarbeit mit seiner Frau Aino Aalto das *Tuberkulose-Sanatorium in Paimio* (Finnland) errichtete *(Abb. 299* u. *Fig. 191).* Auf Konstruktion und Bauformen braucht nicht eingegangen zu werden, da sie sich selbstverständlich der seit 1910 entwickelten Sprache bedienen. Hingewiesen sei nur auf die Funktionalität der Planentfaltung. Der sechsstöckige Haupttrakt für etwa 290 Patienten liegt nach Südsüdwest mit einem in leichtem Knick anschließenden Solarium aus freischwebenden Balkonterrassen. Der nach rückwärts führende gleichhohe Trakt enthält Treppen und Aufzüge und bildet das Verbindungsglied zu Eß- und Gesellschaftsräumen. Die klinischen Stationen, Verwaltungsräume, Wohnungen der Ärzte, Schwestern und des sonstigen Personals sind in einem niedrigeren Gebäude untergebracht, das schräg von dem Verbindungstrakt ausgeht. In wieder anderem Winkel dazu stehen die noch niedrigeren Bauten für Küche, Wäscherei und Kraftstation, als praktisch-technische Betriebe vollkommen vom eigentlichen Sanatorium getrennt und doch in einem ununterbrochenen Ablauf des 'Mechanismus' der Arbeitsfolge mit ihm in Verbindung stehend. Wie das Ganze mit Hilfe zahlreicher Spezialisten auf das zweckmäßigste geordnet ist, so erfährt jede Einzelheit in Proportionierung und Form die klarste und sinnvollste Gestaltung, die Schönheit bedeutet.

Wie aus den Möglichkeiten der Technik auch bei einem reinen Nutzbau ein Höchstmaß von Schönheit der Form und der Raum- und Lichtbewältigung erzielt werden kann, zeigt die 1947–51 entstandene *Stazione Termini in Rom* von Eugenio Montuori (1907 geb.) und

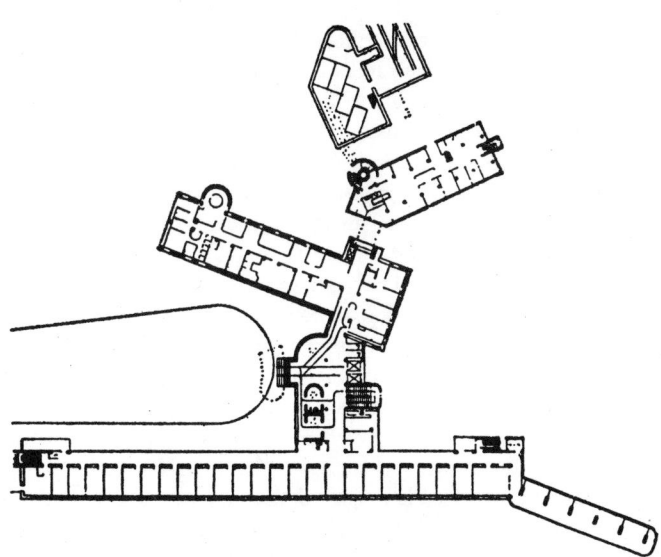

191 Alvar Aalto,
Tuberkulose-Sanatorium in
Paimio (Finnland)

seinen Mitarbeitern *(Abb. 300)*. – Die hier wie auch in der Berliner Philharmonie sich ankündigende Freiheit der Phantasie scheint an die 'expressionistischen' Tendenzen der Zeit unmittelbar nach dem ersten Weltkrieg anzuknüpfen, nur daß jetzt die unendlich verfeinerten und kühneren technischen Konstruktionsbedingungen Erfindungen erlaubten, die mehr denn je den Eindruck völliger Körper- und Schwerelosigkeit erwecken. Dem Zweck der Anlage entsprechend sind diese Möglichkeiten ausgenutzt und bewußt symbolisch geformt worden in dem 1956–62 errichteten *Flughafengebäude der TWA auf dem Kennedy Airport, New York* von Eero Saarinen (1910–61). Die von Mies van der Rohe herkommende Gesinnung hat eine bezeichnende Wendung zum Ausdruckhaften genommen, indem das mit vier großen Betonschalen konstruierte Gebäude die Form eines auffliegenden Vogels annimmt *(Abb. 301/02)*. – Gänzlich andersartig, dabei aber in gleicher Weise Leichtigkeit und Geschmeidigkeit zeigend, ist die 1964 entstandene *Große Olympiahalle in Tokio (Abb. 303)* von Kenzo Tange (1913 geb.). Um den 'Inhalt' der Anlage würdigen zu können, bedürfte es vieler Aufnahmen des Innenraumes, mehr noch des realen Erlebnisses dieses Raumes, was imgrunde für alle Raumgestaltung gilt, jetzt aber besonders, wo jeder Zwang von Vertikalen und Horizontalen ausgeschaltet ist und damit jeder willkürlichen und unerwarteten Bewegung freies Spiel gegeben zu sein scheint. Das Wunder, das Material und Konstruktion hervorrufen, ist die innige Verbindung von genauester Berechnung und Phantasie. Wissenschaft und Kunst bilden wieder eine Einheit, wie sie einen kurzen Augenblick zu Beginn der Renaissance bei Leonardo da Vinci vorhanden gewesen war. Es ist zu hoffen, daß diese Möglichkeit, die sich vorerst noch an derartigen 'Sonderaufgaben' der Architektur verwirklicht, sich auf sämtliche Gebiete der Baukunst ausdehnt. Jedenfalls geht Kenzo Tange selbst in seinen Plänen zur Erweiterung von Tokio über die Meeresbucht Wege, die zum 'Gesamtkunstwerk' des Komplexes einer Millionenstadt führen sollen. – Eine weitere Sonderaufgabe, die bereits seit dem Londoner Kristallpalast von 1851 (vgl. *Abb. 269*) eine Rolle spielt, betrifft Ausstellungspavillons. Obwohl der Kristallpalast eine für seine Zeit ungewöhnliche Leistung darstellte, war sie doch nicht eigentlich epoche-machend, da ihr zunächst nichts Entsprechendes folgte. Erst der deutsche Ausstellungspavil-lon von Mies van der Rohe in Barcelona 1929 war wirklich epochemachend. Seitdem lösen immer phantasievollere Lösungen einander ab. Als letztes Beispiel dafür, das sich sehr wohl dem Flughafengebäude der TWA und der Großen Olympiahalle anreihen läßt, mag der *Deutsche Pavillon auf der Weltausstellung* in Montreal 1967 von Frei Otto (1925 geb.) dienen. Mit den Mitteln von Leichtbaustoffen und pneumatischen Konstruktionen werden die freie-sten Raumphantasien verwirklicht *(Abb. 304)*.

Zu Sonderaufgaben anderer Art, die je verschiedene Lösungen bedingen, gehören Univer-sitätsanlagen, die bei dem wachsenden Bedarf an Hochschulen heute eine große Rolle spielen. Wie auch hier dem Schema einförmiger Raster- oder Kastenbauten entgangen werden kann, zeigt das *Jadwin Physical Laboratory der Princeton University* in New Jersey von Hugh Stubbins and Associates aus dem Anfang der siebziger Jahre *(Abb. 304a)*. Dem viergeschossigen Hauptbau gliedern sich nach verschiedenen Richtungen niedrigere Trakte an, die das Ganze in lebendiger Form den vorhandenen Campusgebäuden anpassen.

Eine andere Art der Phantasie, die sich entsprechend der Aufgabe nicht in linear bestimm-ten Raumbewegungen äußert, aber ebenso frei ist, zeigt sich in der Verwendung zweckvoll bedingter 'Verschachtelungen', was einen Reichtum an 'Kompositions'-Möglichkeiten erlaubt, der sowohl an Wright und Mies van der Rohe als auch an Rietveld erinnert. Nur werden jetzt, wie das Rathaus in Tatebayashi 1964 von Kiyonori Kikutake (1928 geb.) zeigt, durch die Verbindung geschlossener und offener Teile völlig neue Wirkungen erzielt, wobei die Ausnutzung vielfältigen Vorkragens der Glasgehäuse eine bedeutende Rolle spielt. – In der Phantasie des 'Komponierens' prinzipiell verwandt, wenn auch mit sehr verschiedenen Mitteln ausgeführt und einem anderen Zweck dienend, ist das *Habitat 67* von Moshe Safdie (1938 geb.) als Wohnkomplex für die Weltausstellung in Montreal aus 158 Fertighäusern zu-sammengesetzt *(Abb. 305)*. Es wird die Lösung einer fast unmöglich scheinenden Aufgabe versucht: Massenwohnblock und privates Einfamilienhaus zu kombinieren. – Diese Idee hat in schneller Folge zu verschiedenartigen Lösungen geführt, die je nach dem städtebaulichen Zusammenhang besondere Formen annehmen mußten. Ein Beispiel dafür ist das 1971 fertig-gestellte *Terrassenwohnhaus »Girondelle« in Bochum* von Albin Hennig, das 211 Wohneinheiten enthält *(Abb. 305a)*. Es ist im Rahmen einer durch die Anlage der Bochumer Universität hervorgerufenen Gesamtplanung entstanden. Wenn das Habitat 67 von Safdie ein Areal zur Verfügung hatte, das eine vollkommen freie Entfaltung erlaubte, mußte bei der »Girondelle« auf Einordnung in Straßenzüge Rücksicht genommen werden. In glücklichster Weise ist dabei die Eintönigkeit starrer Fassaden üblicher Wohnblocks vermieden worden. – Wie mit diesem Prinzip auch in einem bestehenden Stadtinnern eine vielgliedrige plastische Gestaltung des Baukörpers möglich ist, zeigt die *Wohngruppe in Brühl*, Kölner Str. Ecke Comesstr., von Reinhard Stapper *(Abb. 305b)*.

Hochhäuser

Einen Hauptbestandteil großstädtischer Bauaufgaben stellt die von den Vereinigten Staaten inaugurierte Errichtung von Hochhäusern dar, wobei an einer Reihe vorzüglicher Lösungen in allen Erdteilen ebenfalls das Bestreben zu beobachten ist, sich von starren und phantasielosen Schemata zu befreien, was verständlicherweise bei derartigen Massenaufgaben nicht ganz leicht ist. – 1937–43 errichteten Lúcio de Costa (1902 geb.) und Oscar Niemeyer (1907 geb.) mit Le Corbusier als Berater das *Ministerium für Erziehung und Gesundheit in Rio de Janeiro*, den bahnbrechenden Bau der modernen brasilianischen Architektur *(Abb. 306)*. Die erstmals von Mies van der Rohe 1919 entworfene Form des vollständig von Glas umhüllten Wolkenkratzers erfährt hier, den klimatischen Bedingungen angepaßt, durch die horizontalen 'Sonnenbrecher', deren Idee von Le Corbusier stammt, eine sowohl funktionell als auch ästhetisch neue Formulierung. Die rhythmische Belebung der oft maßlos eintönig wirkenden Riesenflächen derartiger Konstruktionen ist außerordentlich wirksam. – Zu einem der neuen Wahrzeichen von *New York* ist der 1947–50 errichtete Wolkenkratzer der *Vereinten Nationen* geworden *(Abb. 309)*. Er ist von Wallace K. Harrison (1895 geb.) und Max Abramowitz (1908 geb.) gebaut worden, denen ein beratendes Komitee beigegeben war, zu dem Le Corbusier und Niemeyer gehörten. Die dünne Scheibe, deren Langseiten fast vollständig aus eingehängten Glaswänden bestehen, empfängt Belebung weniger durch sich selbst als durch den weiten Fluß- und Landschaftsraum, dem sie gegenübersteht, während das Wolkenkratzerzentrum von Manhattan sie gleichsam hinterfängt. – Noch isolierter ist das *Edificio Polar in Caracas* 1953–54 von Martin Vegas Pacheco (1926 geb.) und José Miguel Galia *(Abb. 307)*. Alle vier, mit verschiedenartigen Füllungen versehenen Seiten des Riesenwürfels kragen um einige Meter über die beiden Untergeschosse vor, so daß das Gebäude nicht nur im, sondern auch auf dem leeren Raum zu stehen scheint, was im Prinzip mit dem Guaranty Building von Adler und Sullivan vorausgenommen worden war. Im Gegensatz dazu wird in *Düsseldorf (Abb. 308)* die Stadtmitte betont. Drei verschieden hohe Scheiben geben einen differenzierten Akzent ab, der infolge der außerordentlichen Leichtigkeit und fast Transparenz der Wirkung nichts Bedrückendes hat. Die utopischen Visionen der Stadtkrone Bruno Tauts vor einem halben Jahrhundert haben, wenn auch zur nützlichen Realität ernüchtert, doch eine Art von Verwirklichung erfahren. Was an gesamtgestalterischer Bewegung fehlt, wird durch die wohltuende Proportionierung und Zueinanderordnung der Scheiben ausgeglichen. – Mit denselben Elementen erfährt das Zentrum von *Toronto* durch das *Rathaus* von dem Finnen Viljo Revell (1910 geb.) und John B. Parkin Associates 1958–65 seine sinnvolle 'Erhöhung' *(Abb. 310)*. Auf verhältnismäßig kleinem Gelände von etwa 200 zu 300 m werden um den flachen Rundbau des Sitzungssaales zwei scheibenförmige Bürohäuser von verschiedener Höhe hochgezogen, die sich der Kreisbewegung der Mitte anschließen. Starke glattgerippte Vertikalen an den Enden und breite Horizontalbänder in halber Höhe und am Abschluß bewirken den Eindruck fester Verspannung und belebender Gliederung. – Ebenfalls auf Bewegung, wenn auch in ganz anderer Form, zielt das 1971 fertiggestellte *BMW-Verwaltungsgebäude in München* von Karl Schwanzer *(Abb. 310a)*, ganz in der Nähe des Olympiageländes gelegen. Die vier Rundtürme enthalten die großen, variabel einteilbaren Büroräume, während im verdeckten Kern die Versorgungseinrichtungen untergebracht sind. – Gänzlich verschiedenartig, ebenfalls aber von einer kastenförmigen starren Form abgehend, ist das 1968–70 entstandene *Verwaltungsgebäude der Rank Xerox GmbH in Düsseldorf* von Hentrich, Patschnigg und Partner gestaltet *(Abb. 310b)*. Auch hier ist ein Kern mit den versorgungstechnischen Einrichtungen vorhanden, der jedoch von drei großen Sechsecken umlagert wird, die jeweils um ein Drittel der Geschoßhöhe gegeneinander versetzt sind, so daß sich eine spiralförmige Staffelung der Ebenen ergibt. Nicht nur der Grundriß zeigt also eine reich aufgegliederte Form, auch der Aufriß ist durch Bewegungszüge belebt. Ohne phantastisch zu sein, ist eine lebendige Bauphantasie spürbar, die die Anlage tötender Einförmigkeit zu entziehen vermag.

Städtebau

Mit diesen letzten Beispielen ist unausgesprochen ein Problem angeschnitten worden, von dem hier wenig die Rede sein konnte, das des Städtebaus im Ganzen. Die Anlagen der beiden John Wood in Bath aus der Mitte des 18. Jh. ließen erstmals ein Prinzip erkennen, das im Gegensatz zum geschlossenen und regelmäßigen Stadtorganismus von Renaissance und Barock stand. Die Garden-City im Londoner Regent's Park von John Nash aus dem Anfang des 19. Jh. kennzeichnet einen weiteren Schritt in der Auflösung der geschlossenen Siedlung. Zur vollen Auswirkung gelangte dieses Prinzip erst in diesem Jahrhundert in zahllosen Gründungen an den Rändern bestehender Städte oder, wo es sich durch Zerstörung ergab, auch in Kerngebieten. Was 1927 auf relativ beschränktem Gebiet mit der Weißenhof-Siedlung in Stuttgart unter Beteiligung der international fortschrittlichsten Architekten (Behrens, Gropius, Le Corbusier, Mies van der Rohe, Oud u. a.) unternommen worden war, wurde 1957 mit dem *Hansa-Viertel in Berlin* (Interbau) in größerem Umfang wiederholt *(Abb. 311)*. Architekten vieler europäischer und außereuropäischer Länder beteiligten sich daran und schufen ein Modell, dessen Lebensfähigkeit sich durchaus bewährt hat. Der Grundgedanke entspricht dem, was für die kleinste Gemeinschaft der Familie Wright, Rietveld, Le Corbusier, Mies van der Rohe u. v. a. im Villenbau gestaltet hatten, für die Gemeinschaft der Arbeit in einer Fabrik Gropius in Alfeld, für die Gemeinschaft von Kranken Aalto in Paimio usw.: die funktionale Ordnung der größeren Gemeinschaft einer Stadtbevölkerung unter den unerläßlichen Bedingungen einer Raum- und Lichtweite, die Außen- und Innenräume miteinander verbinden. Offenheit und Durchlässigkeit der Einzelstruktur mußten notwendig auf die Gesamtstruktur des Städtebaus übertragen werden.

Oft wird angesichts der heutigen Massenproduktion ungemein langweiliger Wohn-, Verwaltungs- und Geschäftsbauten besorgt gefragt, ob diese weltweite Uniformität nicht jedes Persönliche im Menschen töten muß. Man darf aber nicht immer nur auf das Nichtssagende starren, das in der Überzahl ist, weil es in einer Massengesellschaft anscheinend nicht anders geht, sondern muß jene Leistungen sehen, die sich über den Durchschnitt erheben und auf die allein es ankommt. Die Massengesellschaft ist eine Tatsache, ihre Ordnung durch Technik und Bürokratie eine Notwendigkeit. Wie sich dieser Zustand einmal ändern wird, wissen wir nicht. Eine Tatsache ist es aber ebenso, daß diese Ordnung der neuen Massengesellschaft ohne den schöpferischen Geist in seinen vielfältigsten Erscheinungsformen, also auch denen des Architekten, überhaupt nicht möglich gewesen wäre und in Zukunft nicht möglich sein wird. Die Verantwortung des Architekten ist heute eher größer geworden, als sie es je war.

Verzeichnis von Fachausdrücken

Abakus: quadratische Abdeckplatte über Kapitellen.

Ädikula: tempelförmig umrahmte Nische.

Akanthus: Blattmotiv vor allem an korinthischen Kapitellen.

Altane (Söller): unterbaute offene Plattform.

Apsis: Altarnische am Ende des Chors (Chorhaupt).

Aquaedukt: Wasserleitung, Wasserleitungsbrücke.

Architrav: Tragbalken über Säulen.

Archivolte: plastische Bogenläufe im Gewände von Portalen und nach innen abgetreppte Gliederung von Rundbögen (Stirnbogen).

Arkade: auf Pfeilern oder Säulen ruhender Bogen.

Atrium: Kernstück des röm. Hauses. Vorhof bei frühchristlichen Kirchen.

Attika: niedrige geschlossene Wand über dem Kranzgesims.

Auskragung: Vorspringen eines Bauteils.

Baldachin: Prunkhimmel auf Säulen oder Stangen über Altar, Thron usw.

Balustrade: Geländer auf kurzen Stützgliedern.

Baptisterium: Taufkirche.

Basilika: langgestreckter, aus drei oder fünf Schiffen bestehender Bau.

Basis: ausladender Fuß von Säulen oder Pfeilern.

Blendbogen: Bogen ohne Öffnung auf Wandfläche.

Bündelpfeiler (= Säule): Bündelung mehrerer dünner Säulen oder Dienste um einen Kern.

Caldarium: Heißbad.

Campanile: freistehender Glockenturm von Kirchen.

Cardo: Nordsüd-Achse römischer Legionslager.

Cella: geschlossener Kernraum antiker Tempel mit Götterbild.

Chor: Raum zwischen Apsis und Quer- bzw. Langhaus.

Decumanus: Ostwest-Achse römischer Legionslager.

Diagonalrippen: Diagonal über die Gewölbefläche verlaufende Rippen

Dienst: langes dünnes Säulchen, der Wand vorgelegt

oder um einen Kern angeordnet (vgl. Bündelpfeiler).

Dipteros: Tempel mit doppelten Säulenumgang

Domikalgewölbe: kuppelartig überhöhtes Gewölbe mit Diagonal- und Scheitelrippen.

Dormitorium: Schlafraum im Kloster.

Dreiapsidenchor: halbrunde Apsiden als Abschluß des Mittelschiffs und der Seitenschiffe (oder des Querschiffs).

Dreikonchenanlage: halbrunder oder polygonaler Abschluß an drei Seiten eines Chors oder an Chor und Querhausarmen.

Dübel: kleiner Zapfen aus Bronze oder Holz.

Echinus: wulstförmiger Ring des dorischen Kapitells.

Empore: tribünen- oder galerieartige Anlage in Kirchenräumen über Seitenschiffen und Umgängen.

Enfilade: Aufreihung von Zimmern an einer durchlaufenden Achse (Türen).

Exedra: Nische, Nischenwölbung, Halbrund.

Fächergewölbe: Gewölbe mit Rippen, die fächerförmig von einem Punkt ausgehen.

Fachwerk: Holzbauweise mit senkrechten und waagerechten Pfosten, Querverbindungen und Streben, die Zwischenräume (Fache) mit Lehm oder Ziegel gefüllt.

Feldsteinmauerwerk: aus Fundsteinen unregelmäßig zusammengesetzt.

Fiale: schlanke spitze Pyramide über Strebepfeilern und an Wimpergen (Gotik).

Flachkuppel: von einem kleineren Kugelabschnitt (Kalotte) gebildetes Gewölbe.

Flamboyant: Spätphase der franz. gotischen Architektur nach dem flammenartig züngelnden Maßwerk benannt.

Frigidarium: Kaltwasserbad.

Galerie: Arkaden oder Blendarkaden als oberer Abschluß einer Fassade.

Gebundenes System: Quadrat als Maßeinheit für Kirchenbau.

Gesims: waagerechte streifenförmige Gliederung und Abschlüsse eines Baus (s. Kranzgesims).

Gewände: schräge Mauerführung an Portalen und Fenstern.

Glasierung: mit glasartigem Überzug versehen, beglasen.

Grat: Kante zwischen zwei Gewölbeflächen.

Griechisches Kreuz: Kreuz mit vier gleich langen Armen.

Gurtbogen: Verstärkungsbogen bei Tonnengewölben.

Hallenkirche: mehrschiffige Anlage, deren Gewölbe gleich oder annähernd gleich hoch sind.

Hängekuppel: Kuppel, bei der die Pendentifs zur Kuppel selbst gehören.

Helm: spitze Dachform über mehreckigem Grundriß.

Impluvium: Sammelbecken für das Regenwasser im Atrium des röm. Hauses.

Inkrustation: Verblendung von Wänden mit kostbarem Material.

Interkolumnium: Säulenabstand.

Joch: Raumabschnitt zwischen den Stützen einer Kirche.

Kämpfer: Zone, in der die Bögen oder Gewölbe ansetzen.

Kannelüre (kannelieren): lotrechte Vertiefung, Hohlkehle, an Säulenschäften und Pilastern.

Kapitell: oberer Säulen- oder Pfeilerabschluß.

Kassettendecke: In vertiefte Felder aufgeteilte Decke.

Kielbogen: mit zunächst konkaver, dann konvexer Krümmung (Form eines Schiffskieles), auch Eselsrücken genannt.

Klostergewölbe: Überwölbung ohne Pendentifs mit Graten an der Wölbefläche.

Kolonnade: Säulengang mit geradem Gebälk.

Kolossalordnung: Säulen oder Pilaster, die über mehrere Geschosse einer Fassade reichen.

Kompositkapitell: aus verschiedenen Ordnungen zusammengesetztes Kapitell.

Konche: Halbkuppel der Apsis, auch diese selbst.

Konsole: aus der Mauer hervortretender Tragstein als Stütze für ein Gebälk oder Gewölbe.

Korbbogen: aus Kreisbogenstücken zusammengesetzt (kein Halbkreis).

Kragkuppel: unechtes Gewölbe, das aus vorkragenden Steinschichten gebildet wird.

Kranzgesims: oberster waagerecht hervorspringender Abschluß des Baus.

Kreuzgewölbe (Kreuzgratgewölbe): aus zwei rechtwinklig einander durchdringenden Tonnen entstandenes Gewölbe.

Krypta: halb unterirdischer Raum unter dem Kirchenchor für Reliquien oder als Grabstätte.

Kuppelgewölbe: aus einer Folge von Kuppeln bestehendes Gewölbe.

Kurvatur: Krümmung.

Laterne: Aufbau mit Lichtzufuhr, meist über der Scheitelöffnung einer Kuppel.

Leibung: innere Mauerfläche einer Wandöffnung.

Lettner: Trennwand in Kirchen zwischen den Räumen für Geistliche und für Laien.

Lisene: wenig vortretender vertikaler Mauerstreifen.

Lukarne: Dachfenster.

Lünette: Bogenfeld über Portalen und Fenstern.

Mansardendach: Dach mit Wohnung.

Mastaba: bankförmiger Grabbau in Ägypten.

Maßwerk: geometrische Steinfüllung gotischer Fenster.

Mauerblenden: Gliederung der Mauer durch Blendbogen, -fenster, -nischen.

Mausoleum: Grabmal.

Megaron: Hauptraum des hellenischen Hauses der Frühzeit.

Metopen: glatte oder mit Relief geschmückte Platten über dem Architrav des antiken Tempels, abwechselnd mit den Triglyphen.

Mezzanin: Zwischengeschoß.

Monolith: aus einem einzigen Steinblock.

Naos: s. Cella.

Narthex: Vorhalle frühchristlicher Kirchen.

Netzgewölbe: mit netzartig angeordneten Rippen.

Obergaden: Fensterwand im Mittelschiff von Kirchen.

Oktogon: Achteck.

Paradies: Vorhof an frühchristlichen und mittelalterlichen Kirchen.

Pendentif: sphärisches Dreieck, das vom Quadrat des Grundrisses zum Kreis der Kuppel überleitet.

Peripteros: ringsum von Säulen umgebener Tempel.

Peristyl: von Säulen umgebener offener Raum.

Pfalz: deutscher Kaiserpalast des Mittelalters.

Pilaster: Wandpfeiler.

Portikus: von Säulen oder Pfeilern getragene offene Vorhalle.

Pultdach: in einer schrägen Fläche geführtes Dach.

Pylon: turmartige, glatte und leicht gebösschte Torbauten ägyptischer Tempel.

Quadriga: Viergespann auf einem Triumphbogen oder Mausoleum.

Refektorium: Speisesaal des Klosters.

Rippengewölbe: auf vier- oder vieleckigem Grundriß konstruierte Gewölbe, bei denen erst die Rippen, dann die Kappen gebaut werden.

Risalit: vorspringender Bauteil.

Rocaille: Ornamentmotiv des Rokoko aus Muscheln und Steinen.

Runddienst: der Wand vorgelegte lange dünne Säulchen.

Rustika: Mauerwerk aus Quadern mit roh bearbeiteten Außenflächen.

Sanktuarium: Raum für das Allerheiligste.

Satteldach: Dach mit zwei Schrägflächen (Giebeldach).

Schildbogen: Bogen an der Durchdringungsstelle von Gewölbe und Mauer.

Schwibbogen: zwischen zwei Mauern frei stehender Bogen.

Sechsteiliges Gewölbe: durch vier Diagonal- und zwei Querrippen unterteiltes Gewölbe.

Segelgewölbe: Gewölbe mit segelartig geblähten Kappen.

Segmentbogen: aus Kreissegment gebildet, kleiner als Halbkreis.

Sterngewölbe: mit sternförmig angeordneten Rippen versehenes Gewölbe.

Stichkappe: Gewölbe, das quer in ein Hauptgewölbe einschneidet.

Strebebogen: äußere offene Abstützung der Hochschiffwand gotischer Kirchen.

Strebepfeiler: an der Außenmauer außen oder innen vorstehende Wandpfeiler oder Quermauern.

Stuck: mit Gipsmischung hergestellte Wandverkleidung.

Sturz: waagerechter Abschluß von Tür- oder Fensteröffnungen.

Stützenwechsel: Wechsel von Säule und Pfeiler.

Tambourkuppel: Kuppel auf zylindrischem Zwischenteil.

Tepidarium: lauwarmes Bad.

Terracotta: gebrannter Ton.

Therme: römische Badeanlage.

Tholos: von einem Säulenkranz umgebener Rundbau.

Tonnengewölbe: im Halbkreis konstruiertes Gewölbe.

Triforium: meist dreifache Bogenstellung vor Laufgang am Obergaden der Kirche.

Triumphbogen: Bezeichnung für einen röm. Ehrenbogen.

Tympanon: Giebelfeld und Wandfläche über einem Portal innerhalb der Bogenrahmung.

Verblenden: Verkleiden einer Mauer mit andersartigem Material.

Verkröpfung: um Vorsprünge von Mauern, Säulen, Pfeilern herumgeführtes Gesims.

Verputz: Mauerbewurf.

Vestibül: Vorhalle im Innern eines Gebäudes.

Viadukt: über ein Tal führende Brücke.

Vierung: Raum, der bei Durchdringung von Lang- und Querhaus einer Kirche entsteht.

Volute: Spiral- oder Schneckenform an Kapitellen, Konsolen und Giebeln.

Walmdach: Dach mit Dachflächen anstelle von Giebeln.

Werkstein: regelmäßig bearbeiteter Naturstein (auch Haustein oder Quader).

Wimperg: giebelartiger Überbau von Portalen, Fenstern u. a. in der Gotik.

Würfelkapitell: aus Durchdringung von Würfel und Kugel entstanden.

Zentralbau: Baukörper, dessen sämtliche Hauptachsen gleich lang sind.

Zikkurat: künstliche Terrassenanlage in Mesopotamien zu Kultzwecken.

Zwerggalerie: an Außenmauern von Kirchen ausgesparte niedrige Arkadenreihe mit Laufgang dahinter.

Zwickel: dreieckiges Verbindungsstück.

Namensverzeichnis

Ortsverzeichnis

Fotonachweis

Ann Münchow, Aachen 54
Jan Versnel, Amsterdam 294
Max Baur, Aschau 263
Renate Toelle, Athen 25, 42
Studio Müller, Augsburg 199

Mas, Barcelona 57, 131, 142, 166, 167, 283
Landesbildstelle Berlin 249, 311
Anton Moortgat, Berlin 7
D. M. Noack, Berlin 73, 110, 144, 168
Ullstein Bilderdienst, Berlin 171, 292, 298
H. und Th. Sieger-Müller, Binningen 117
C. A. Willemsen, Bonn 135
A. C. L., Brüssel 272, 281, 285
Leonard von Matt, Buochs (Nidwalden) 179, 186

Chicago Architectural Photographing Company, Chicago (Ill.) 277, 278
Hedrich-Blessing, Chicago (Ill.) 284
Laenderpress, Düsseldorf 266, 276, 279
Landesbildstelle Rheinland, Düsseldorf 308
Franz Stoedtner, Düsseldorf 165

Alinari, Florenz 39, 69, 84, 89, 90, 102, 133, 140, 143, 160, 174, 175, 176, 177, 180, 183, 184, 185, 192, 193, 207, 226, 251
Canadian Government Travel Bureau, Frankfurt/Main 310
Verlag Karl Alber, Freiburg/Br. 137

Jos. Jeiter, Hadamar/Nassau 138
Opitz-Foto, Hameln 200
Otto Hassenburg, Hannover 289
The Museum of Finnish Architecture, Helsinki 299

Rheinisches Bildarchiv, Köln 70, 86, 121

Herbert Felton, London 128, 203
Foto Gernsheim, London 269
A. F. Kersting, London 77, 97, 98, 114, 134, 151, 152, 162, 164, 173, 202, 222, 223, 227, 239, 242, 244, 246, 255, 256, 257, 259, 261, 264, 268, 282, 291
Edwin Smith, London 99, 129
Wilh. Castelli, Lübeck 125

Bildarchiv Foto Marburg 16, 17, 18, 21, 44, 45, 46, 48, 49, 50, 51, 52, 56, 58, 60, 61, 62, 63, 66, 75, 78, 79, 80, 82, 83, 85, 87, 88, 95, 100, 101, 104, 106, 107, 109, 113, 118, 120, 122, 123, 124, 126, 127, 130, 136, 146, 149, 157, 158, 169, 170, 181, 190, 196, 198, 201, 211, 212, 214, 215, 217, 218, 219, 220, 221, 224, 230, 235, 236, 254, 262, 273, 288
Deutscher Kunstverlag, München 139, 150, 153, 154, 172, 197, 232, 252, 253
DPA, München 305
Walter Hege, München 225
Hirmer Fotoarchiv, München 1, 2, 3, 4, 5
W. von Poswik, München 161
Landesdenkmalamt Westfalen-Lippe, Münster 55

G E Kidder Smith, New York 306
United Nations, New York 309

Alain Perceval, Paris 213
Archives Photographiques, Paris 64, 103, 105, 195, 208, 240, 245, 267, 270
Roger-Viollet, Paris 22 38, 209, 296
Jean Roubier, Paris 23, 59, 65, 74, 76, 77, 81, 94, 108, 116, 119, 145, 159, 210, 260
Jack E. Bouches, Philadelphia 258

Anderson, Rom 40, 71, 72, 132, 147, 148, 163, 191, 233, 234
Gabinetto Fotografico Nazionale, Rom 300

Institut für Denkmalpflege, Dr. Baier, Schwerin 265
Lale Aufsberg, Sonthofen 68
Helga Schmidt-Glassner, Stuttgart 155, 229, 231, 248

Y. Futagawa, Tokio 303
Jean Dieuzaide, Toulouse 241

Österreichische Nationalbibliothek, Bildarchiv, Wien 228, 286, 287

Vilko Zuber, Zagreb 32

Die weiteren Vorlagen wurden vom Verlag zur Verfügung gestellt.

Die Vorlage für den Schutzumschlag stellte Dr. Karl Arno Pfeiff, Oberdollendorf, zur Verfügung.

Von Fritz Baumgart erschienen außerdem in unserem Verlag:

DuMont's Kleine Kunstgeschichte

360 Seiten mit 32 Farbtafeln, 417 einfarbigen Abbildungen und Zeichnungen, Namen- und Ortsverzeichnis (DuMont Dokumente)

»Baumgart vermittelt aus exakter Kenntnis der Details und aus richtiger Einschätzung der Zusammenhänge gedrängte, zuverlässige Information: seine ›Skizze in groben Zügen‹ erweist sich innerhalb der selbstgewählten Grenzen als ein im besten Sinne empfehlenswertes Kompendium. Das ist primär in einer sinnvollen Abstimmung von Text und Bild begründet.«   *Frankfurter Allgemeine Zeitung*

»DuMont's Kleine Kunstgeschichte, eine Geschichte der Malerei, der Bildhauerkunst und der Architektur Europas, setzt mit der ›Vorgeschichte‹ ein und reicht bis in die Gegenwart. Ebenso wichtig wie der Text sind die 32 Farbtafeln und 417 Abbildungen, denn Fritz Baumgarts Darstellung ist im wesentlichen eine Folge kluger erklärender Beschreibungen ausgewählter Beispiele. Das Wissen, das er vermittelt – und dies ist wohl der größte Vorzug dieser anregend geschriebenen Kunstgeschichte –, gewinnt der Verfasser einzig aus dem vorgelegten Anschauungsmaterial. Auch für den mit den Dingen einigermaßen vertrauten Leser ist das handliche Buch mehr als ein Repetitorium.«   *Neue Zürcher Zeitung*

DuMont's kleines Sachlexikon der Architektur

170 Seiten mit 225 einfarbigen Abbildungen, Namenregister (DuMont Taschenbücher, Band 44)

»Der besondere Vorzug dieses in einem Band abgeschlossenen Architektur-Lexikon liegt in seiner Konzeption: Durch die Beschränkung auf Sachbegriffe konnte der Verfasser die stattliche Zahl von rund 800 Stichwörtern aufnehmen und sie präzis erläutern.«   *Neue Osnabrücker Zeitung*

Oberitalien

Kunst, Kultur und Landschaft zwischen den Oberitalienischen Seen und der Adria

288 Seiten mit 12 farbigen und 228 einfarbigen Abbildungen, 24 Zeichnungen, Karten und Plänen, Register (DuMont Kunst-Reiseführer)

»Der bekannte Kunsthistoriker Fritz Baumgart führt den Leser durch Oberitalien, indem er die schönsten und historisch interessantesten Plätze und Kunstdenkmäler dieser einzigartigen Kulturlandschaft zwischen den oberitalienischen Seen und der Adria beschreibt.«   *Weser-Kurier*

»Blumen-Brueghel«

Leben und Werk

183 Seiten mit 20 farbigen und 64 einfarbigen Abbildungen, Literaturhinweisen, Zeittafel (DuMont Taschenbücher, Band 67)

»Der vorliegende Band beschäftigt sich ausschließlich mit dem Blumen-Brueghel, der ungerechterweise durch die beiden Pieter ganz in den Hintergrund trat. Dem Autor gelingt der Versuch, ihm jene Bedeutung zuzuweisen, die ihm tatsächlich auch zukommt.«   *Wiesbadener Tagblatt*

Weitere Bücher zum Thema Architektur in unserem Verlag:

DuMont Dokumente: Gesamtübersicht

DuMont Dokumente: Gesamtübersicht

DuMont Dokumente: Gesamtübersicht